教育部人文社会科学重点研究基地
云南大学西南边疆少数民族研究中心书系

教育部人文社会科学重点研究基地云南大学西南边疆少数民族研究中心资助出版

创意赋能与新质社会关系：
乡村振兴的应用民族学研究

刘从水　主编

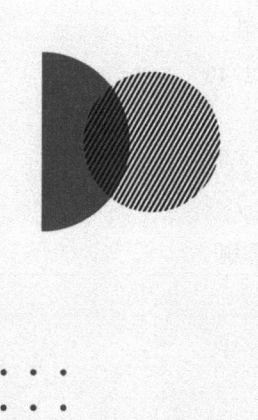

学苑出版社

图书在版编目（CIP）数据

创意赋能与新质社会关系：乡村振兴的应用民族学研究 / 刘从水主编 . -- 北京：学苑出版社，2024.10.
ISBN 978-7-5077-7070-4

Ⅰ . F320.3

中国国家版本馆 CIP 数据核字第 202424C1V8 号

责任编辑：战葆红
出版发行：学苑出版社
社　　址：北京市丰台区南方庄 2 号院 1 号楼
邮政编码：100079
网　　址：www.book001.com
电子信箱：xueyuanpress@163.com
联系电话：010-67601101（销售部）　010-67603091（总编室）
印 刷 厂：北京建宏印刷有限公司
开本尺寸：710 mm×1000 mm　1/16
印　　张：20
字　　数：250 千字
版　　次：2024 年 10 月第 1 版
印　　次：2024 年 10 月第 1 次印刷
定　　价：88.00 元

云南大学民族学与社会学研究生研究成果文库编委会

主　编：何　明

副主编：谢寿光　　李晓斌

委　员（按姓氏笔画为序）：

　　　　马凡松　　马居里　　马翀炜　　王越平　　伍　奇

　　　　李志农　　杨绍军　　胡洪斌　　高万红　　谭同学

目 录

导论 乡村产业振兴的产品创意与变革动力……刘从水 / 1
  一、乡村产业振兴的文化与社会逻辑 / 2
  二、产品创意：乡村产业振兴的文化新生力 / 7
  三、变革动力：乡村产业振兴的新质社会关系 / 11

新华村：鹤庆银器产品的创意赋能研究……萧正怡 / 17
  一、新华村银器产品的生境 / 19
  二、新华村银器产品的创意现状和困境 / 29
  三、新华村银器产品的创意需要 / 37
  四、新华村银器产品的"创意赋能"路径 / 49

狮河村：剑川木雕手工艺品的反脆弱研究……张 茜 / 73
  一、剑川木雕的历史与现状 / 75
  二、剑川木雕手工艺的脆弱性表现及其成因 / 88
  三、剑川木雕手工艺的反脆弱实践策略 / 106
  四、剑川木雕手工艺反脆弱策略的价值趋向 / 125
  结语 / 131

甘庄：苗族难侨经济生活转型研究……胡梦蝶 / 135

　　一、田野点概述 / 139

　　二、甘庄苗族难侨的形成与国家的安置 / 142

　　三、国家主导下的农场发展与苗族难侨的适应过程 / 153

　　四、侨场转型中的苗族难侨经济生活转型 / 172

　　结语 / 193

宾川农场：归国华侨咖啡消费的身份建构与消融研究……于　欣 / 197

　　绪论 / 199

　　一、大理宾川的华侨农场和归侨 / 201

　　二、"农场人"的身份构建 / 214

　　三、宾川县城的咖啡店 / 234

　　四、喝咖啡的"农场人""本地人"和外地人 / 243

　　结语 / 254

那柯里村：乡村旅游经济发展中社会关系变化与社会资本形成研究
　　……赵晓丽 / 257

　　导论 / 260

　　一、"茶马驿站"那柯里 / 262

　　二、政府主导下的那柯里村旅游发展 / 275

　　三、旅游开发后那柯里村社会关系的变化及其原因 / 286

　　四、新社会关系建立与社会资本形成 / 303

　　结语 / 312

导论
乡村产业振兴的产品创意与变革动力

刘从水

人,本为文化人、社会人;又,经济的行为主体是人;因此,经济孕育于文化与社会之中,经济是以文化为底层逻辑和以社会为组织框架来运转的。基于此假定与基点,以应用民族学的理论视角、研究方法、学术范式、田野调查等学科知识践行于乡村产业振兴,立足于产品创意,本书探索、描述、阐释了以新华村、狮河村、甘庄、宾川农场、那柯里村为代表的乡村产业结构调整、社会关系变迁和文化事象流变。无论是乡村文化旅游产品、民族手工艺产品,还是传统农产品,产品的创意、创造、创新都发挥着关键性功能和作用。创意来源于人的思维突破和思想前沿,换言之,民族文化、民俗文化是创意之源,创意来源于人们的日常生活。创意体现着人文情怀、艺术造诣、时代精神、社会追求等文化价值观。产品创意彰显着产品的品牌属性、品质保障、精神诉求、人文尊严,或曰,以人为中心强化产品创意是人文经济的核心指向。具体而言,产品创意是乡村产业振兴的文化力量和支撑载体,产品创意的创造力在乡村产业振兴中发挥着积极作用。在流动的社会中,创意创造力作为日益重要的文化资产，不断衍生出新颖的乡村产品，体现出乡村产业振兴的文化新质生产力特点。相应地，不断调适的新质生产关系和新型社会结构配套于文化创意新质生产力，赋能于乡村产业振兴的业态，昭示着乡村的产业现代化历程。

一、乡村产业振兴的文化与社会逻辑

经济行为的本质是文化，产业发展的根基是社会。乡村产业是社会整体价值的符号载体，内含了乡村文化积淀的"显著性成就"。就个体而言，"文化人"的概念凸显了其优越感；就群体而言，文化是社会成员的价值共议与精神凝聚。或曰，文化相对于群体而言，是一种社会性的概念，是多元社会的符号表征，也是一个复数社会的存在。从文化的行为主体来看，文化是人的关系、群体结构、社会需求的集合样态，即文化与社会密切相关，无论机械团结，抑或有机团结，文化都是社会的另一面。文化与社会共同构成一个有机整体，并展现了各自结构部分的功能性、联动性、互动性。乡村产业振兴所关涉的产品创意与社会文化，对于推进乡村全面振兴、促进乡村经济发展、提升乡村社会文化治理水平，具有较高的借鉴价值与理论意义。

基于经济、文化、社会的内在关联，乡村产业振兴的动力既来自人们的价值追求和发展动力，又来自文化自觉和道德责任；无论是个体的人，还是群体中的人，在事实上并非假定的"理性人""经济人""自私人"，而是处于社会网络之中与道德仪式结构中的"文化人""社会人"。在推进乡村产业振兴过程中，人的社会资本在新的产业形态中获得价值体现和资源配置效率，也成为乡风文明的承继者和乡村秩序的维护者，以其社会公德之心和文化传承之责，奉献于乡土社会。人，是乡村产业振兴的文化与社会逻辑的核心和指向。乡村产品的使用主体是人，以人为中心生产乡村产品是乡村振兴的价值追求。

在乡村产品的生产上不得不考虑消费对象的经济地位、行为特征、生活习惯、社会心态。乡村产品创意需要根据社会阶层文化、分众性的圈层文化乃至类似于萌文化、丧文化进行精准性生产产品，以确保产品创意契合小众消费者的圈层精神和消费心理，诸如新华村银器手工艺盲盒产品契合着消费者的"好奇心理、收藏心理、陪伴心理、社交心理"。乡村"农场人"喝咖啡行为根源于归国华侨曾经对西式生活的接触和认同，从而形成喝咖啡的饮食文化偏好和惯习，这对中国农民而言似乎具有一定的外来文化特征和异文化，却是越南华侨、印度华侨的文化底蕴在宾川华侨农场的彰显，那么，此农场的咖啡创意也不得不契合归国华侨消费文化特点，以获得"农场人"且是归国华侨的消费认同。乡村产品创意通过生产方的内部协同和文化认同来冲破外部壁垒，实现小众社会的聚合和圈层消费者的认可。乡村文化所具有的政治价值、道德价值、文化审美价值、经济价值决定了乡村产业振兴必然依赖于文化资源。乡村传统道德和价值规范是乡村产品的质量保障，也是文化旅游市场价值的一种解码与桥梁，更是产品存在和发挥作用的文化源泉。

乡村产业振兴植根于乡民的日常生活之中，脱嵌于西方工业文明论的经济发展，规避了现代性理论偏见，赋予了乡村繁荣之基和振兴之景。不可否认的是，乡村产品形态也充斥着现世困境，表征着文化流变。毕竟，市场潮流、社会流动所衍生的社会分层和社会转变，导致生产生活中的人们充满了生存焦虑、生活焦心、情感焦灼、情绪焦躁。应对的策略在于，乡村产品创意既要"脚踏实地"，关注乡村人们的现实生存状态及其相对困窘的日常生活，又要"仰望星空"，对创意充满期待和保持信心以适应社会环境与乡村产业政策。

乡村产业融合了生计方式、生产惯习、乡土秩序、民风民俗等文化事象，以其文化资源、生态资源、社会资源的优化配置融入市场体系，嵌合于社会结构。就乡村与农场的个案而言，新华村银器产业的迅速崛起在于其产品的创意赋能，在于其对白族文化、藏族文化的创造性转化，在于其经商网络的构建和民族关系的融洽。狮河村木雕产业是乡村产业振兴的典范，根源于剑川木雕手工艺品历史传承与家庭反脆弱实践。甘庄作为苗族难侨的农场，融合了乡村产业、农场经济的多重形态，甘庄苗族难侨的经济生活转型是国家力量、市场主体、村寨经济、个体生存的综合作用结果，乡村产业振兴也必然面临着产业以外要素的影响。宾川农场的产业发展与"农场人"的社会身份、咖啡消费方式密切相关，作为归国华侨、"农场人"、咖啡消费者的身份建构与消融影响着乡村农场经济发展。那柯里村社会关系变化与社会资本形成是乡村旅游产业发展的因变量，即乡村旅游产业振兴的关键还在于群体关系的和谐和社会结构的优化。

乡村产业振兴的突破点在于以产品为基点的创意。产品创意是根据消费者共同体所具有的稳定的消费惯习及其生产生活的历史渊源、生产方式、心理认同，深入挖掘、凝练、提炼相关元素，提升乡村产品的实用性、精神性、互动性、体验性和趣味性，提升产品的市场价值和附加值的有效路径。产品创意是以文化资源为基石，以创意内容为核心，以文化消费需求为导向，创造具有独特性、差异性的物质形态与精神形态的使用品。产品创意在消耗社会财富的同时，也创造了社会财富，是社会财富的文化形态转化。产品创意作为一种抽象性概念，是整体性文化的具象折射。产品创意必然依赖于基础性的社会结构，或曰依赖于乡村社会结构形态。创意者作为社会人，通过创意在一定程度上改变着产品、消费者与其他社会行动者利益格局与社会关系，并承受相应的反制与反作用。因此，产品创意需要坚持以社会主义核心价值观为引领，大力弘扬民族精神和时代精神，加强乡村优秀传统文化保护和公共文化服务体系建设，繁荣发展乡村文化。

乡村产业振兴常常受限于社会关联的广度和深度、资本控制的力度和强度、市场机制的信度和效度。在社会层面，乡村的空洞化以及家庭结构的变迁导致留守老人、留守妇女、留守儿童规模的扩大，流动性社会以及社会分层在乡村创造了被动性的孤独经济和落寞业态。乡村产业发展不得不关注于具有排遣孤独的功能性和安慰性的文旅产品，乡村产品创意不得不关注于熟人社会中的孤独以及产品个体化和碎片化特征，诸如一人餐桌、孤独饮品、孤独娱乐、自主睡吧、电影、游戏、酒吧、健身、直播、旅行以及具有乡愁属性的民俗节庆。在资本层面，乡村产业发展与资本下乡、产业资本、金融资本的利益追求和生产控制紧密相关，资本对乡村文化旅游产品的所有权控制意味着对利益分配的掌控，对乡村产品使用权的控制意味着对生产流程和流通环节的把握。经济资本的控制、社会文化的规制贯穿于乡村产业链的过程、表征、内涵和结果。在市场方面，乡村产品的市场化过程实际上是城乡发展不均衡的调整过程，乡村市场参与主体则能调适产业结构，改善产业布局失调状况，协调乡村产业发展，适当引导乡村企业，实现优势互补，形成整体合力。市场参与主体之间的关系网络则是社会网络的一种，社会网络、市场机制在乡村经济规范、资源配置、产业振兴等方面发挥着建设性作用。

乡村产业振兴依赖于社会群体的协同支持，尤其是乡村精英的加入和创新。乡村精英通常具有贤德、贤能、贤达的社会地位、乡村身份、经济实力，乡村精英以自己的知识、声望、财富获得较高的社会声望，赢得村民的爱戴，也因而具有较强的影响力、号召力、动员力、凝聚力，从而拥有着文化资本、社会资本、象征资本，并能实现资本的转化，转化为乡村发展的资源、资本、资金。然而，城乡收入的结构性差异、流动社会的机遇多少导致了乡村精英的流出、流失，导致了乡村人才振兴的根基被削弱，而部分乡村精英的坚守、部分妇女的留守成为乡村人才振兴不可忽视的动力和源泉。引导乡土人才的回流、回归则成为乡村产业振兴、人才振兴的重要任务。

乡村产品创意需要根据社会变革而不断地调适产品契合点，以确定性的选择来应对社会关系网络的变动乃至不确定性，从而在社会网络中规避生产的突发性偶然与可能性厄运，从而确保产品创意被社会所认同，以局内人的身份融合于所谓局外人的生产生活。宾川华侨农场的咖啡生产与创意也随着归侨"农场人"身份建构和市场经济体制改革而发生变迁，归侨人、本土人的相互交往与经济交换促使"农场人"身份逐渐被消解，国家制度也在形塑着"农场人"的社会关系，于是形成了"农场人"的咖啡创意生产与集体记忆畅想。就甘庄华侨而言，他们的归属感、幸福感、获得感增强了，他们对中华民族的认同、对中国的认同提高了，他们的身份认同与国家认同强化了。甘庄华侨在安置农场中保持着"集体记忆"，并在流动的社会情境中被建构起新的社会身份，参与到乡村的农场建设与产业振兴之中。

乡村产业振兴的文化逻辑在于乡土社会的传统文化的支撑、思想道德的规制和民风民俗的维护；其社会逻辑在于经济制度的变革、管理体制机制的调适，以及社会关系的和谐、社会结构的优化。乡村产品创意意在以产业发展的方式强化着人们的消费意识以及社会认同，意在固定化了的社会型构上镶嵌上乡村人文精神乃至乡愁文化，以确保产品创意获得社会群体的认可和消费群体的支付。

二、产品创意：乡村产业振兴的文化新生力

创意是乡村产业振兴的新质生产力，是推动产业形态更新的思维力，是促进提升产品样态的创造力，是创造经济价值的文化力，是民族文化符号的变现力。创意是乡村产业振兴的生产要素，潜移默化地改变乡村经济与乡土社会。创意既可以在文化层面强化消费群体的认同、生产消费的价值协调、生活认知的情感转换以及彰显思想观念的自我突破，又可以在社会层面凝聚社会组织网络、理顺乡村社会关系、创新产业体制机制，还可以优化资源配置导向、提升产品经济价值。相应地，乡村产品创意是传统文化、地方性知识、人类智慧和生活灵感在乡村产业的物化表现。乡村产品创意以融入乡民的生活符号、生产智慧、生存技能来生产出高附加值产品，形成具有创造财富和就业潜力的产业，以此趋向于价值链的高端环节。乡村产品创意是推动乡村优秀传统文化创造性转化、创新性发展的重要载体，也是发掘民族文化资源价值内涵和文化元素的依托。强化乡村产品创意是乡村产业迭代升级与产业结构调整的必然选择，肩负着提升民间文化自信的重大历史使命。

文化资源是产品创意的基础。文化资源是社会创造的资源，由遗存资源、产品资源、制度资源、观念资源、习俗资源、人力资源、语言资源等要素组成。[1]多样化文化资源要素构成了乡村产业振兴的基石，成为乡村产品创意的源泉。创意是乡村文创的原动力，理念与价值是产品创意的核心、灵魂、意义之所在。价值观、人生观、世界观，以及道德观、法律观、审美观等诸多方面的产品核心价值，决定着消费者对产品的系统感受。

消费行为是受文化、心理、社会等因素所规制的，经济活动亦

---

[1] 参见胡惠林、施惟达主编：《文创产业概论》，云南大学出版社，2005年，第169—171页。

寓于文化章法之中,对乡村产品创意的消费能够体现出消费者的社会地位与身份,增强消费心理的美感、自豪感和荣誉感,并表现于产品市场的竞争力和购买力。实质上,文化元素影响、引导、诱致甚至控制着产品消费者的消费决策和购买行为,因为消费者不只是"经济人",还是"文化人",不仅仅考虑成本收益,更关注于精神愉悦与幸福体验。产品创意的发展路径既可以超级IP（intellectual property）的形式创新传统文化事象,提升消费者的文化兴趣,促进消费需求转化为消费行为,又可以把文化资源呈现为具有价值变现力的品牌和无形资产。文化符号和产品品牌的价值在于塑造文化形象,建构识别系统,激发潜在的客户群,引导与控制价值观,创造无形资产,提升产品附加值。

创意还能革除守旧的传统思维,用文化的力量打断或阻隔贫困的自然传递,逐渐提高欠发达地区乡村人口的文化素质,改变和提升脱贫人口的思想观念、精神状态、生存技能,增强脱贫人口的可持续致富能力,从而达到巩固拓展脱贫攻坚成果与乡村振兴有效衔接的目的。产品创意实践中常常充斥着价值冲突和文化遭遇,对此,必须正视文化价值观、生活观乃至世界观的差异以及文化惯习持久性、民族民间文化基因恒久性。

产品创意的价值聚合体在于功能拓展,产品功能是产品核心价值的市场信息载体,是产业内容多元化和产品多样化的组成要素。"功能以功效属性为依托,评价以价值为标准。"[1] 功能和情感是构成产品价值的核心要素。认知整合与形象整合是IMC（整合营销传播）运作的基础和关键,是确立品牌战略逻辑结构和营造品牌框架的基点。在功能营销策略上,按照吸引眼球（attention）、引起兴趣（interest）、

---

[1] 梁中国:《品牌感动心灵》,《化工管理》2004年第11期,第15页。

产生需求（desire）、促成购买（action）所组成的 AIDA 消费者购买程序模型，充分利用和组合营销 6P 策略，即产品（product）、价格（price）、渠道（place）、促销（promotion）、政治权力（political power）和公共关系（public relations），在品牌营销的任务、对象、方式、功能、效果等方面突出各自的特点，将文化旅游目的地形象、文化旅游企业形象、文创产品形象、观念形象有效地传达给受众，让受众认知、了解、接纳、选择，促使文化旅游的潜在消费者把"心动"与"行动"相结合。

创意是基于众多人的价值共议和生产共识所衍生的便利性观念，即创意内含了人的社会关系的共议和生产关系的共识。产品创意是为了获得更多生存机会，以及转化文化资本为经济资本的路径，但是并非体现经济价值才是区分创意成功与否的根据，尽管经济价值成为大多数人产品的价值尺度。创意需适度超越并主要契合大多数人习以为常的轨道和模式。诸如，剑川木雕文化应用于恢宏的建筑、日用的良器，依赖于剑川木雕契合了白族的认知图式、价值观念、审美趣味，体现了地方和民族的文化心理，赓续了白族文化的精神涵养，奠定了剑川木雕产业的文化根基。

剑川木雕承载着"千年技艺，手工木雕"文化精神，也是新时代繁荣乡土的民族文化资源和文化新生力。剑川木雕以其坚韧的手工技艺、历久弥新的民族文化生命力，展现出传承主体内在的文化自觉，创新激发文化消费潜力，在现代文化市场中获得了可持续传承和反脆弱发展的新生力。在产业生产力方面，剑川木雕形成的镂空浮雕技艺、手工与现代数字化雕花机密切结合，提高了大众类木雕产品的生产效率，创新了丰富的工艺品类型，演化出大师工作室、家庭非遗体验馆等形态，促使其商品经济属性和文化属性日益凸显，产业化集聚发展明显。剑川木雕产业振兴不仅是以传承核心技艺为基础的经济特质，更是以木雕的现代化消费为创新驱动力的表征；不仅能够实现工艺的"永续利用"和"不走样"，通过积极调适来契合当下文化消费理念，让木雕手工艺品走进人们的现代生活，而且能够拓展剑川木雕的生存空间、改善木雕工艺品的消费环境和木雕匠人的生活境况。剑川木雕手工艺产业振兴有利于增强木雕艺人的文化自信、创新能力和生活收入；有利于技艺的守正创新和可持续传承；有利于实现木雕手工艺品在现代社会中的文化再生、价值增殖和生活意义，有利于促进文化消费、增强家庭的抗风险能力；有利于创造美好生活，提升人们的生活品质和幸福感。

剑川木雕传统文化、新华银器文化、华侨农场咖啡文化是村寨居民和农场居民所共享的文化惯习，而文化共享理念在乡村振兴中发挥着重要作用。所有居民可以通过全面共享文化的方式进行乡风文明建设，以"共建共享"的方式共同打造乡村产业振兴的拳头产品和产业集群，以"渐进共享"的方式构筑乡村文化振兴的"防波堤"和乡村文化产业的"核动力"。以文化共享为价值引领，以民族特色村寨文化资源为基础，以乡村各类产品创意为路径，则有助于发展乡村文化产业和乡村文化旅游产业；扩大乡村社会的现代公共文化服务产品的供给，尊重民族文化发展的内在规律，把"自上而下"与"自下而上"的乡风文明建设相结合，促进民族民间工艺文化资源的创造性传承与创新性发展，则为乡村产业振兴奠定坚实的基础。

产品创意是乡村产业振兴的具象、延伸、拓展。创意是乡村社会可持续的文化资源、文化资本、文化财产。创意的本质是文化，包含了思想、观念、观点、审美、价值、思路的突围和创造。用创意链接生活，生活则有无限可能。创意赋予产品以使用功能、市场价值、生活意义，彰显产品的文化符号、精神意蕴、情感象征。创意以现有的思维模式提出有别于常规或常人思路的见解为导向，利用现有的知识和物质，在特定的环境中，本着理想化需要或为满足社会需求而改进或创造新的事物、方法、元素、路径、环境，表现为"强信心、暖人心、聚民心"的社会功能。产品创意以精神样态进入全国统一大市场以获得社会价值系统、市场产品体系、文化价值体系的认可，把自身建构为社会组织体系的生成要素，并以此划分消费等级、社会阶层，随之，把产品的物系对应于消费的人之体系，从而体现乡村产品的消费圈层和社会层级。

三、变革动力：乡村产业振兴的新质社会关系

新时代变革的乡村社会体制机制、和顺的乡村社会关系、优化的乡村社会结构、和谐的民族关系是乡村产业振兴的持久变革动力。产品必然由各类社会组织、市场组织所生产，必然走向人际交往的社会生活。乡村产品是社会关系构建的载体，是经济效用和社会效用的衡量尺度。然而，经济效用以个体主义为理论基点，社会效用以集体主义为理论起点；个体生活体现了社会价值、村寨文化、经济发展水平，集体实存展示了社会规则调适、社会价值重塑、村寨经济结构调整的样态，可见，无论经济效用的衡量，还是社会效用的评判，乡村产业振兴的社会变革动力依然取决于新质社会关系和新质生产关系。

从社会关系的维度理解产品创新创意可知，创意是在既有的社会结构中催生某种新事物、新形态的理念，创意赋能是以创意为核心，创意主体通过创造性思维赋予事物新观念、新内涵、新意义以形塑新型社会关系，从而实现创意主体的社会化。新华村银器产品创意是以构建市场关系、结合社会转型的方式来推动新华村银器产品转型升级，从而在设计、生产、营销、消费等方面健全市场关系网络，保护和传承银器锻制技艺。新华村银器的产学研协同创新的

前提是企业、高校、研究机构之间的社会联合和情感认同以及目标趋同，即社会关系的联合是协同创新的前置逻辑。新华村银器的产业融合根源于产业间的利益关系融洽、生产关系联合、地域情感认同、市场关系需要、价值关系协同，以此推动银器产业跨区域发展，拓宽银器产业空间，增强银器产品的价值，形成社会合力，助力新华村乡村产业振兴。

从乡村产业所关涉的治理关系看，乡村产业振兴依赖于乡村组织结构的协同和基层社会的善治。新时代乡村居民人生集体意识的觉醒和乡村主体观念的强化，促使乡村居民主动参与、积极嵌合于乡村振兴事业中。基层党组织是乡村产业振兴政策的执行者，群众自治组织并非单纯的自治力量，而是多元化力量的凝聚结果。乡村民间文化组织、信仰力量的统一在一定程度上促使了行为观念的统一和乡村治理的共同参与，改变着乡村既有的社会关系与权力结构，并形成民间组织的公信力，但是，党组织的力量需要在此过程中发挥主导作用。再者，乡村产业振兴的财富积累还来自家庭支持以及基于家庭关系、姻亲关系的代际财富转移。乡村的家庭化生产并非以利益最大化为旨向的，而是以生计改善、家庭维系为主要目的的，家庭常常着力避免成员内卷和精神消耗，而以"家和万事兴"为根本追求。资源配置家庭化是以家庭作为组织方式，以共享财产的方式，以亲缘关系、血缘关系、姻缘关系为纽带的协调化运行机制。乡村各类组织团体的汇聚与协同意味着要努力消解乡村多元力量的博弈以及利益的争夺，避免乡村社会关系和组织体系内部的掣肘，以形成基层社会善治的局面并为乡村产业振兴创造稳定的环境。

从乡村产品创意的规制性来看，产品创意嵌合于乡村社会的基层治理体制，孕育于乡村产业结构体系之中，受制于乡村文化记忆、道德力量、社会规则、乡村秩序等。甘庄华侨农场苗族难侨经济生活和产品生产与国家制度体系、社会认同文化以及市场贸易机制密切相关。甘庄华侨农场的经济转型伴随着华侨文化传统的流变、思想观念的转型、游耕的流动性、民族交往的封闭性。甘庄华侨农场的产业振兴却又得益于其从山地民族到河谷侨民、从难民到体制人、从难侨到国人的身份转换，这些群体的社会身份属性以社会资本的方式促进华侨农场的产业发展和经济转型。在当前的市场多元经济中总体呈现出多民族交融性、快速适应性、传统文化嵌入性等主要特点。甘庄华侨农场的产业振兴是长期的历史因素、山地民族特质、社会环境、制度转型的综合作用的结果，换言之，华侨的群体社会及其社会网络资源是甘庄华侨农场产业振兴的重要基础。国家关系和甘庄华侨身份转变促使甘庄苗族从山地游牧经济转向劳动密集型农业经济。随之，甘庄华侨从单一经济作物的种植到生计的多元化，从为衣食温饱挣扎到物质性闲暇消费，这是历史形塑、制度转型、环境互动、生计变迁、消费分配等方面转变的结果。或者说，甘庄华侨的经济生活与产业转变是制度关系、人与自然关系、市场关系、消费关系等社会结构形态综合作用，更是甘庄苗族难侨依托其亲属关系、跨国婚姻关系等社会网络构建跨境社会资本的折射。诸如，就甘庄苗族生存的多样性与职业的逐渐分化的动因而言，农场的体制转型起着决定性关系。而且，甘庄苗族难侨广阔的海内外亲属网络，以及作为东南亚难侨的优势，使得甘庄经济能够实现更远范围的人口流动、物品流动、信息流动。

从乡村非遗产品创意的社会驱动要素看，非遗创意既可以通过非遗政策调整、文化科技创新、客体化生产、平台化创新、应用场景拓展、功能创新等措施，又可以通过要素驱动、投资驱动、技术驱动、故事驱动、IP驱动、创新驱动等方式，把非遗的文化资本、符号资本、象征资本形式转换为经济资本、社会资本，以适应资源经济、知识经济、文化经济等经济形态。除了经济属性，依据社会关系维度可见，作为非遗产品的剑川木雕逐渐践行着"创意"与"造物"的角色互嵌，实现了"生产者"与"消费者"的有效衔接，构建了个性化、定制化的生产消费关系，优化了原有的生产关系和社会关联。从剑川木雕的生产供给侧、文化消费的需求侧角度来看，积极调适以契合当下消费者的文化消费理念，有效链接工艺制作、产品设计、销售渠道、场景应用，则展示出了产业链、价值链、创新链之间的社会纽带功能。产品创意的价值实现既可以文化流量、私域流量、公域流量的方式夯实乡村产品的传播基础，又可以扩大产品受众和延伸产业链的方式适应"直播+"形式和乡村新业态。

从乡村产品创意者的视角看，乡村产业振兴需要破解产品创意者的圈层化演变、小众化聚集、群体离散化的样态。乡村产品创意者的思维更加活跃，观念更加多元，思想变动更加频繁。在思想上表现出自我阶层认同偏低，以批判性意识认知社会现象，自我认同与社会认同的交合处较少，被吸纳、被团结的共情力弱化，思想非理性成分较多，思想引导和政治整合成本较高。产品创意者广泛存在于各产业之中，表现为个体化诉求、原子化活动。部分乡村产品创意者呈现为"蚁族""洄游"的群体行为规律与生存状态。基于乡村社会关系网络复杂，乡村居民跨界、分化、组合形态多样，家庭自组织能力较强，社会组织纪律约束减弱和集体观念淡化，乡村创意者群体呈现离散化态势。鉴于乡村熟人社会属性，乡村创意者的利益获得必然伴随社会责任的承担，需要共享社会关系和经济利益以获得民众的认可。乡村的人才资源不仅包括乡村精英、致富能手、新乡贤、村干部，还应包括妇女、儿童、老人等。儿童是乡村村寨的希望和未来，也是乡村人口存续的潜在动力。乡村存量人口的相互帮扶、参与乡村振兴则能有效降低治理成本，避免乡村人际关系的内耗。

从乡村产业振兴与社会动态的实践案例来看，社会流动所导致的人地关系改变、经济形态的调整导致的生计方式变迁、社会转型所导致的利益追求与"人情道德"的博弈，促使乡村与农场的社会关系从相对封闭性转向开放性和契约性。依托社会关系网获得社会资源和经济利益，依托强关系进行弱关系的缔造和维持，已成为乡村产业振兴的社会化实践。例如，那柯里村的文化旅游经济发展伴随于社会关系变化与社会资本形成的历程。政府的灾后重建以及那柯里村旅游发展全新规划意味着新的生产关系的塑造，意味着对那柯里村的经济结构与资源配置进行社会关系层面的调适。文化旅游经济与社会关系二者之间是一种双向互动关系，通过重组社会关系、形成新的社会资本来发展旅游经济，旅游经济改变和影响着传统的社会关系。那柯里村农家乐经营者在做生意的过程中弱关系越多，那么就越有可能获得经济效益。再如，甘庄华侨农场的变动，既是市场经济体制改革的结果，也是华侨生计方式转型的结果。在改革开放的中国，甘庄华侨在关联本土与海外方面具有一定的优势，也是侨民生计方式转变的有利条件。大理宾川归国华侨农场的农业生产与"农场人"的身份构建是制度安排和社会场域的规制性表征，是"农场人"共同体关系的经济符号。由于社会交往的随机性和复杂性，人们不可能总是处于一个社会关系之中，在不同的社会关系网中可能得到不同的社会资源以获得经济效益和社会效益。

新型社会关系的调整和优化是乡村产业振兴的社会关键要素和社会治理基础；乡村产业振兴也为乡村社会结构改善、民族团结探索新型发展之路。乡村产业振兴不仅要促进产业融合，还要整合社会关系，以产品创意的方式展现中国式乡村现代化的独特历程，也促使乡村居民在自我生活对比的过程中获得更加强烈的认同感和幸福感。不可否认的是，乡村产业发展的内卷化现象增多，根源于产业资源有限性、体制机制限定性、乡村精英利己性的组合。乡村产业资源涉及财产、家庭关系、生活惯习，资源的使用范围限定于乡村成员资格以及社会关系的拓展程度。产业资源配置需要融合社会生产、经济生产、人口生产，构筑社会组织和工艺技术载体，衔接个体性配置与社会性配置，兼顾市场配置与权益配置。健全乡村产业振兴的体制机制是乡土社会结构优化和民族关系和顺的重要内容，也是乡村产业振兴顺当与否的关键，还是产品创意决策灵活性、追求多元性、自主选择性的外部规制力量。乡村精英以其竞争意识、文化能力、独立人格在乡村产业振兴的过程中期待留下来、留得住、留得久，但基于体制情结和社会认知偏差，乡村精英常以"虚拟人"呈现于网络，隐藏于生活，经历着痛苦、迷茫、流动、逃离的烦恼，亟待"组织起来"以推进乡村人才振兴、组织振兴、产业振兴。

　　总之，从文化整体观、社会系统性的视角看，乡村产业振兴规制于社会文化，推进乡村全面振兴的根基在于以产品创意彰显的乡村的文化新生力和以变革动力为旨向的新质社会关系。而作为乡村产业振兴载体的产品创新和创意赋能要关注于乡村社会体系、民风民俗、民族传统、生计方式、人际关系等社会文化要素，要关注新时代的文化消费潮流和消费价值感知，唯有如此，才能有效促进乡村产品的守正创新和价值变现，才能提升乡村产业振兴项目的效率、效能、效益。乡村社会文化的创造性转化与创新性发展是乡村产业变革的动力。新华村、狮河村、甘庄农场、宾川农场、那柯里村等村寨和农场的乡村产业发展，体现了乡村产品创意与社会文化关联，表明了乡村产业振兴并非仅仅是产品的市场价值实现和经济规模壮大，还要依托于民族文化的调适、社会关系的协同、生计方式的转型、价值认同的转向，依托于文化新生力与社会新关系的有效匹配。

新华村：鹤庆银器产品的创意赋能研究

作　　者：萧正怡
云南大学民族学与社会学学院
2019级民族文化产业专业硕士研究生
指导教师：刘从水

一、新华村银器产品的生境

生境（habitat）本是生态学的概念，被称为栖息地、生物生存的空间。罗康隆、何治民指出："生境指的是个体、群体或群落生活的环境，是生物物种赖以生存的生态环境，它包括了物种所必需的生存条件和其他生物对其作用的因素。"[1]美国文化学者斯图尔德（Julian H. Steward）将生态学理论运用到人类学研究，系统论证了文化与环境对社会和组织的影响，他认为文化变迁适应环境的过程就是文化创造的过程，并将其称为文化生态学（cultural Ecology）。[2]生境理论是文化生态学理论中国化的重要表现，早期民族学将纯自然环境称为生境，随着研究不断深入，人们认识到民族的外部环境并非纯自然的物理空间，而是经过人类加工和改造后的结果，加工改造后的生境具有了社会性。任何一个民族无论是强大还是弱小，富有还是贫穷，先进还是落后，它们在发展的过程中形成了自己生存和发展的空间，创造着自己民族的文化。[3]鹤庆县新华村银器产品的形成与发展离不开当地的自然生境、文化生境、经济生境和社会生境。

（一）新华村历史沿革和地理环境

新华村位于鹤庆县以北 5 千米外的凤凰山下，又称为"石寨子"，是"茶马古道"上"小锤敲过一千年"的古老白族村寨。新华村由南邑、北邑、纲常河三个自然村组成，全村白族人口占总人口的98.5%。1963 年，鹤庆县在行政单位划分上首次使用"新华"作为村

---

[1] 罗康隆、何治民：《论民族生境与民族文化建构》，《民族学刊》2019 年第 5 期。
[2] 江金波：《论文化生态学的理论发展与新构架》，《人文地理》2005 年第 4 期。
[3] 刘玉红：《哈尼族"土布"织染技艺遗产的传承与保护研究》，云南民族大学民族学专业，硕士学位论文，2009 年。

名，隶属城郊乡，目前新华村被划到草海镇下管辖。新华村距离昆明510千米、丽江39千米、大理古城128千米。村子外围经过大丽线，距离丽江机场约12千米、鹤庆火车站10千米，是云南较早同时拥有公路、铁路和航空交通运输网的民族地区之一。

鹤庆悠久的矿冶历史，为新华村后来银器产业的形成奠定了基础。《新纂云南通志》曾记载："产铁之区有中庆、大理、金齿、临安、曲靖、澄江……，往往开办不久，多就停废，最大的原因是交通阻滞或薪炭缺乏，其能继续至百年只有鹤庆北衙厂、邑峨之老鲁关坡脚厂等处。"[1]明成化年间（1465—1487），鹤庆北部大兴银厂，朝廷特地设立南衙、北衙专管炼银，明朝还曾设"太监府""南衙""北衙"分管矿产和矿税。明清时期，云南白族地区采矿冶金行业盛行，是全国冶金行业的中心，在白族地区先后经营的有金厂1个、银厂6个、铜厂8个、铅厂1个、铁厂1个，其中鹤庆北衙银厂规模巨大，总共有数万工人，并在探矿、采矿、冶炼、铸造、锻造、雕刻等方面形成了一套较为成熟的工艺生产流程，[2]为鹤庆金属加工工艺的发展奠定了基础。

鹤庆是连接滇、川、藏地区的重要关口，自南诏大理国时期，鹤庆就是防御吐蕃的重要战略重镇。古代矿冶行业的兴盛促进了交通的发展，而交通的便利又促使当地经济勃兴。明清时期，鹤庆地区"商贾云集"，铜、铁、银的加工赫赫有名，这些工匠主要集中在石寨子、秀邑、河头、三义等村子，金属工艺品除了在本地销售，还销往保山、龙陵、腾冲、畹町等地区。

---

[1] 孙浩：《鹤庆县志》，云南人民出版社，1991年，第260页。
[2] 杨伟林：《中华民族全书 中国白族》，宁夏人民出版社，2012年，第102页。

（二）新华村工匠的生计变迁

新华村受国家政策、地方经济、自然环境等因素的影响，在不同的历史时期呈现出不同的生计特点。新华村小炉匠有过"南走夷方"满足基本生活需求，有过北到"藏族聚居区"满足特殊需求，有过"回到家乡"精工细作传达某种情感等不同的历史阶段。新华村工匠生计方式经历了巨大的变化，主要分为以满足生存需求的萌芽期、改善生活的发展期、寻求财富的自主经营扩展期，以及塑造品牌和实现个人价值的时期。

新中国成立之前，新华村受到自然条件（人多地少）、社会条件（经济落后，社会发展程度低）的限制，手工艺成为主要的谋生手段，很多村民只能延续祖辈的传统"走夷方"，所到之处人们亲切地将其称为"小炉匠"。[1] 新中国成立后，北邑和南邑人多地少，广种薄收，当地男子为了生活不得不挑起行囊，背井离乡偷偷到外面打工。直到现在，新华村的耕地资源依然没有改善，且新华村在开发旅游产业后，当地的耕地面积进一步缩减。有学者统计，新华村人均耕地从 1980 年包产每人 6 分（约 400 平方米）到现在每人只有 4 分（约 266 平方米），正是这个原因，新华村家家积极发展副业。[2]

计划经济时期，白银作为国家物资受到管控，早期民族地区较为封闭，让工匠有了生存的空间，新华村工匠沿着前人的脚印，游击式地到民族地区做手艺，帮人做一些补碗、修锅、打壶的活计。边疆民族有佩戴首饰的习惯，当地人请新华村工匠帮忙修改，重新做首饰，在这个过程中工匠通过拆卸和研究饰品的结构，逐渐掌握了金银细作的方法。打首饰相比铜铁利润高，受村里老工匠的影响，

---

[1] 范霁雯、张睿莲著：《中国白族村落影像文化志：新华村》，光明日报出版社，2014年，第5页。
[2] 杨柳：《依托非物质文化遗产实现乡村振兴：推动云南鹤庆新华村发展的三股力量》，《粤海风》2021年第3期。

新华村工匠从铁匠、铜匠逐渐向银匠转变。

在改革开放之前，新华村加工金银铜被人们认为是"资本主义的尾巴"，曾经多次被叫停，要求全体村民进行农业生产，不能搞副业。尽管如此，有的村民还是想方设法偷偷到外地加工手工艺品，新华村村民也成了当地政府的"眼中钉"。"文化大革命"后期，新华村耕地少加重了当地人的生活负担，当地政府根据新华村的实际状况暗中调整了相关政策，允许工匠到外面打工，但需要补缴工分，此时每位成年男性每天的工分换算不足1块钱，而到外面一天能赚到几块钱，这一政策激发了当地工匠外出的热情，很多工匠都愿意到外面找活计。一些工匠继续偷偷地到民族地区做"小炉匠"，学习和吸纳了不同民族的手工技艺，因为外出做工收入不错，所以新华村从事加工金银铜的人越来越多。

党的十一届三中全会后，农民慢慢有了自主经营权，新华村手工艺也进入新的发展时期，工匠们为改善生活、寻求个人财富，开始探索自主经营。这时，外出打工不但不被禁止，还得到了地方政府的支持。20世纪80年代，改革开放的进程不断加快，大量工业品进入西南地区，一些传统用品逐渐淡出人们的生活，小炉匠西南地区"走夷方"的市场逐渐萎缩，外出打锅、修炉的新华村工匠只能另谋求生之路。一批敢于开拓创新的新华村人将目光放到了藏族聚居区。鹤庆不远处是丽江，丽江以北基本上为藏族聚居区。新华村人抓住藏族聚居区对金银铜制品的需求，到藏族聚居区打制金属器具，并向当地工匠学习银器技艺，那一段艰苦的岁月也成就了许多优秀的工艺师，例如寸发标、母炳林、洪昌钰等工艺大师都曾在藏族聚居区生活多年。早期进藏的工匠慢慢地在藏族聚居区驻扎下来后，亲戚朋友也逐渐跟随进藏。新华村工匠精湛的手工技艺得到当地政府和佛教寺院认可，20世纪90年代后期，在西藏的很多旅游景点都可以看到他们的身影,他们所制作的饰品、器皿、法器等金属器具,价格实惠,品质优良,受到藏族人民的喜爱。大量白族工匠到拉萨、甘孜、昌都、香格里拉等地聚集,他们在那里制作和销售金属器具,逐渐发展成为当地特色产业。随着市场经济体制改革不断加深,背井离乡的白族工匠逐渐掌握了藏族的金工技艺,工匠们的温饱问题得到解决。部分思乡心切的工匠回到新华,在家里制作银、铜器后卖给中间商,再销往藏族聚居区。

1999年恰逢昆明世界园艺博览会(以下简称"世博会"),新华村被评为世博会旅游接待点,就此开启了新华村工艺发展旅游新时期。新华村人紧抓建设云南旅游强省的机遇,将工艺和旅游融合,设计和制作了很多旅游纪念品和工艺品。银器商品在旅游市场中"爆火",新华村工匠转向在家制作和销售银器,并逐渐形成"家家有手艺,户户是工厂,一户一品,一村一业"的生产格局。同时,在藏族聚居区的工匠看到家乡的发展态势逐渐回到家乡,采取"前店后坊"的模式制作和销售银器。新华村通过长年累月的积累,逐渐形成了一批银器企业和品牌,例如,爨银、月辉银器、寸发标银器、千锤佳艺、寸四银庄等银器品牌,他们在各大景区开设店铺,将银器以旅游商品的形式销售到游客手中。

2011年以后,新华村旅游工艺品进入成熟期,新华村人逐渐向追求提高工艺技术转变,很多原来在外经营店铺的工匠关闭铺子,回到家里重拾传统手工技艺。旅游业的发展,帮助新华村银器声名远播,一些外地客商看上了这里的手工技艺,到此定制银器,有的客商拿着日本的铁壶、银壶的照片询问这里是否可以进行定制。从模仿开始,一些新华工匠根据视频和图片慢慢地进行摸索,弥补之前知识上的不足,逐渐把银壶制作出来。2013年前后,金属茶具在茶圈中受到热捧,新华村工匠顺势而为,通过不断地摸索创新研发,制作出许多优质的金属茶器具，开始制作高端银器茶具。新华村制作的茶器从茶壶、公道杯、盖子、茶滤，到品茗杯、茶宠、电陶炉，几乎涵盖了茶器的各个品类。

随着新华村银器的发展，吸引了很多高校的大学生和文化研究者，以及全国各地的工匠到此交流和学习。新华村村落环境、民俗文化、银器工艺等文化旅游资源被进一步开发，2019年云南特色小镇——鹤庆新华村银器小镇授牌，在云南省文化和旅游厅的支持下，鹤庆县文化和旅游局对新华村的村落道路、临街店铺以及旅游景点进行重新规划和整修，当地公共服务设施不断完善，并开辟了艺术小院、网红打卡点、出师巷、大师巷、特色餐厅等特色景点，丰富了新华村的产业内容。

（三）新华村的社会关系网络

银器锻制技艺作为活着的文化形态，它对新华村村民的社会交往产生了深远的影响，新华人为了适应自然、改善生活，形成了复杂而又有序的社会关系网络。

1. 内生性的乡土社会

在中国乡土社会中，人与人之间的交往存在亲疏远近之分，关系近的就亲，关系远的就不亲，从而形成了"差序格局"的乡土社会。传统乡土社会主要依靠血缘和姻缘来维系社会关系，血亲和姻亲是主要的社会交往对象。同时，中国传统村落以聚居为主，村里的人多为同宗族的人，相互认识，关系亲密，千百年的传统文化在村落内部相互交流，互相传承。

（1）拟制血亲——干亲

新华村是传统的白族村落，受汉族文化的影响，当地在社会交往中遗存传统的汉族交往方式，"打亲家"在新华村里是一种常见的社会现象，即为家里的新生儿寻找外姓男子认"干爹"，在举办仪式后请干爹取名字，结成亲家。成为亲家的两家人结合为没有血缘关系的利益共同体，日常生活中关系亲密，互通有无，在银器生意上双方共同交流工艺经验和分享商业信息。重大节日，亲家需要送礼表示祝贺；如果家里有困难，亲家必须主动帮忙。

"亲家"将原本没有血缘关系的工匠与外界社会建立了共同体。一是商业伙伴和朋友转变为关系紧密的亲属，在亲属关系下双方的社会资源得到外拓并转化为社会资本。二是在商业往来上，通过"打亲家"双方形成了家庭联盟，对于做生意的工匠，方便双方资金周转和流通，同时有助于双方交流商业信息。三是社会关系上，通过"打亲家"的方式，与朋友建立亲属关系，密切了朋友关系，增强了朋友之间的稳定度和信任度。新华村盛行的"打亲家"的社会交往方式，帮助他们拓展和整合了社会资源，使他们在走南闯北的商贸往来，以及工艺传承、传播和交流时无往不利。

（2）民间互助组织——"帮辈"

我国历史上曾经出现过很多民间非正式互助组织，北方地区有围绕寺院所建设的邑、会、社；[1]有围绕血缘、地缘和业缘形成的宗族、乡会和商帮。"帮辈"组织是鹤庆地区一种独特的民间互助组织。从字面上看，"帮"在白语中是"一帮人、一群人"，"辈"是指年龄相仿，帮辈即年龄相仿的一群人。在新华村中形成了一群以村社为依托，以血缘、地缘和业缘为纽带的民间互助组织，"帮辈"成员之间年龄相近、背景相似，关系密切。[2]从社会功能上看，"帮辈"跨越了家庭关系，成为群体身份认同的标识，"帮辈"内部成员之间互相帮

---

[1] 陈述：《围绕寺庙的邑、会、社——我国历史上一种民间组织》，《北方文物》1985年第1期。
[2] 李灿松、戴俊骋、周智生：《不在场的地方社会关系再生产——云南省大理州鹤庆村寨中的民间互助组织帮辈调查》，《中南民族大学学报（人文社会科学版）》2017年第4期。

助，对外共同处理村落事务。在"帮辈"里既有权利也有义务，例如遇到办喜事、丧事、秋收和建房等活动时，同一"帮辈"的成员必须无条件帮助，"帮辈"内有人遇到困难，同"帮辈"成员也必须帮忙。在"帮辈"中每个人的身份、地位都是平等的，如果确实因为有事情不能参加，那么需要缴纳一定的"罚款"，"罚款"作为帮内日常的活动经费。"帮辈"组织很大程度上缓解了早期新华村男性工匠因在外打工和做生意，而脱离乡邻，女性在家中没有人帮助的窘境。同时，"帮辈"成员内部互相扶持，共同交流工艺技艺和经商经验。"帮辈"为村里银匠敢于开拓创新、锐意进取提供了社会保障。

新华村"帮辈"组织离不开市场经济的发展，随着乡村生计方式的改变，村民为了增加收入，大量的人口外流，传统村落面临空心化，过去的乡土社会逐渐瓦解。[1]农户成为独立的个体，以"原子"和"分子"的形式存在，农村人口的外流，留下了大量老年人和留守儿童，乡村缺乏劳动力，乡村文化逐渐流失，原来的自组织逐渐涣散，村里丧礼、建房子、娶媳妇以及其他民俗活动没有人帮忙。在这种情况下，具有悠久商业历史的鹤庆人，为了稳定村落关系，减缓老人、妇女和儿童在男性外出经商时的后顾之忧，延续传统民间"帮辈"，借助"帮辈"管理村落事务，传承乡村文化，巩固和强化了民间互助组织。

2. 外延性的商品社会

（1）从行商转变为坐商

改革开放后，新华村工匠从流动在外的行商逐渐向回到家乡或者在某地驻扎的坐商转变。这种变化源于新华村工匠基于地缘和业缘的社会资源进行整合，在异乡时，白族工匠们互帮互助，让他们

---

[1] 李灿松、戴俊骋、周智生：《不在场的地方社会关系再生产——云南省大理州鹤庆村寨中的民间互助组织帮辈调查》，《中南民族大学学报（人文社会科学版）》2017年第4期。

能安稳地驻扎下来。

从行商到坐商的改变，工匠们在一个地方专心做手艺，逐渐有了稳定的客户。在与藏族工匠的交往中，很多工匠的技术得到了大幅度提升。14岁做"小炉匠"的母炳林，足迹遍布云南、四川、贵州、西藏、青海等地。跟随姑父来到四川甘孜藏族自治州后，他在稻城一待就是12年，在这里，他一边学习藏族银器手工艺，一边磨炼自己的技艺，并逐渐形成了自己的艺术风格。颠沛流离的生活让他意识到驻扎在一个地方专心做手艺的瑶瑶行，在稻城开店后，为人勤劳、善良、豁达的母炳林，很快融入当地生活。并因手工做得好、价格实惠，赢得了当地人的好评。像他一样的新华村人，在当地扎根下来后，他们把当地的情况告诉同乡，同乡陆续到藏族聚居区做手工艺。在藏族聚居区各个县、乡镇都能看到他们的身影。工匠们逐渐从原来走街串巷的行商变为驻扎在一个地方的坐商。

（2）从坐商到电商

互联网的发展改变了传统的交易方式，尽管远在千里之外，买家也能买到心仪的商品。新华村银器产品的销售模式也在改变，从原来线下销售，转向线上线下共同发展。新华村电商的发展，离不开当地人敢为人先、笃志好学的品质。例如，杨四维大学毕业回乡创业，开了淘宝店铺，村里的寸四银庄、千锤佳艺和寸银匠等银器品牌也入驻了天猫和京东。同时，新华村人有着敏锐的市场洞察力，在看到移动互联网的发展后，他们通过加微信好友、打造代理分销的方式拓展银器销售渠道。

"流量为王"有强大的市场竞争力，近年来短视频平台因创作门槛低、互动性强、内容丰富、产品碎片化等特征，吸引了大量用户。新华村商户也在利用新媒体营销，通过创作短视频为银器引流，提升店铺关注。2019年后，随着电商直播迅速发展，2021年为推动鹤庆银器产业转型，鹤庆银城文化旅游开发有限责任公司与快手、抖音等短视频平台合作，通过搭建"直播+电商+网红"的营销模式，利用资源共享和流量赋能，合力打造了云南鹤庆银器直播基地，帮助新华村银器拓展营销渠道。

二、新华村银器产品的创意现状和困境

（一）新华村银器产品的创意现状

1. 名师、名匠引领银器产品创新

新华村银器发展至今，培养了很多优秀的金工匠人，他们工艺精湛、思维活跃、创新能力强。在工艺传承、工艺比赛、外出参展和市场经济的重重考验下，他们凭借高超的工艺技艺和别具一格的作品风格，成为当地的名师、名匠。截至2023年8月，鹤庆银器锻制技艺代表性非遗传承人共有82人，国家级工艺大师共有2人，省级3人，州级9人，县级68人。被授予代表性传承人的银匠，他们在传承传统银器工艺的同时，坚持守正创新，不断地创意设计出新的作品，引领新华村银器产品创新。新华村银器非物质文化遗产代表性传承人，在多年的从业经历中，逐渐形成了一套自己的方法。在部分工匠看来，"一窍通，百窍通"，在掌握银器锻制技艺后，简单改造工具就能制作出不同的器物，他们在设计银器产品时不一定需要画一张图纸，也不一定要进行分工合作，只需要在设计银器之前琢磨一番，就能制作出想要的作品。新华村的名师、名匠在制作银器产品时，也不再停留于银器的简单加工，而是利用银器表达个人思想，作品往往"因材施艺""量题定格"。

在人才辈出的新华村，全村人敬佩无比、交口称赞的工匠无疑是董中豪（出生于1946年），其不论是手艺还是人品都被人们称赞。他17岁开始学艺，一年之后就与师父到云南、甘肃、贵州、广西、四川等地区做小炉匠。在他传奇的人生中，一直秉承"工欲善其事，必先利其器"的理念，练就了一身绝活。银铜器产业的发展，对工具的要求越来越高，董中豪在不断精进银器技艺的同时，闲暇时间也在摸索和改良银器制作工具。他制作的凿子、锉刀、火钳，由于

做工精巧、质量好，慢慢地成了新华村的新宠，很多工具一件难求。当地人将这些工具命名为"豪剪""豪钳"。在银铜制作技艺上，董中豪也非常具有巧思，特别是对于大型器物，他从来不用铸模，都是根据产品需求一次性完成，这也让他的作品往往具有极佳的表现力。在创意设计上，董中豪总是能奇思妙想，革新制作方法。新华村村口的大象、石寨子太上老君的炼丹炉、新华村银器博物馆的铜照壁，都是董中豪带领团队设计制作完成的。

如果说董中豪深受全村人爱戴，那么说起白族银匠，鼎鼎有名的还是寸发标和母炳林，2018年两人同时被评为国家级非遗代表性传承人。寸发标20世纪90年代创作的"九龙壶"系列作品，曾经在新华村风靡一时，是银器行业中盛极一时的"爆款"。寸发标最令人称赞的是他高超的绘画水平和对宏大叙事的把握，他设计的作品往往具有浓厚的历史韵味和时代内涵。除了"九龙壶"，他的作品还有"中华民族一家亲同心共筑中国梦""富贵满堂坛"等。另一位国家工艺美术大师母炳林，作为新华村银器产品开拓创新的文化传播者，他在年青一代工匠中享有很高的赞誉，他不仅工艺高超，还勇于创新和敢于挑战传统。母炳林悟性极佳，村里的老人说他自幼喜爱动手，尽管工艺技艺上没有师承，但在四方游历中却能汇集百家之长、融会贯通，这让他在工艺创新方面取得了很大的成就。他所研发的黄金贴银技术、新合金技术，以及对焊接技术的改良、拉丝工艺的革新等，对新华村银器产业的发展产生了深远的影响。他的代表作品如"纯银鎏金护法器""纯银鎏金酥油茶壶"等被云南省民族博物馆所收藏。

新华村银器产品在创意设计中的佼佼者还有段六一，他的作品与新华村其他工匠有着明显的区别，他在业界被称为"中国原创手作银壶第一人"。段六一全面系统地掌握了金、银、铜手工技艺，以及錾刻、鎏金、掐丝等传统金工技艺，其作品最大的特点是将藏族文化、佛教文化、白族文化融入作品。段六一的作品不仅工艺精湛、造型精美，还意蕴悠长，实用性和观赏性俱佳。几十年来，对艺术的追求，精益求精的个性，让他的作品不再是简单的工艺品，而是艺术品。

除了这几位久负盛名的名师、名匠引领新华村银器创新，新华村银器锻制技艺的中青年创意人才也在不断地涌现，例如寸彦同、王华藻、寸光伟等人，他们金属工艺基础扎实，在产品设计上别具一格，带领新华村银器行业持续发展。

2. 产学研协同创新

新华村在20多年的发展历程中，当地工匠借助"产学研"平台，在多方合作联动下，通过协同创新慢慢地走出了一条适合自己的道路。2017年《中国传统工艺振兴计划》（以下简称"计划"）出台不久后，鹤庆银器锻制技艺被纳入第一批传统工艺振兴名录中，新华村在政府支持下，通过与高校合作，如中央美术学院、滇西应用技术大学、湖北美术学院、云南艺术学院、中国地质大学（武汉）、浙江师范大学、上海市城市学院等高等院校，共同开展代表性传承人研修、研培项目。在文化和旅游部资金支持下，政府联合高校对银器从业人员进行设计类、营销类、包装类等多种项目培训。在对代表性传承人开展多期培训后，他们在艺术审美、工艺理论、工艺技艺、产品造型、市场营销等方面的能力得到了大幅度提升。

除了新华村银器从业者到外学习，各大高等艺术院校也与当地工匠签订合同，寒暑假期间到新华村学习银器锻制技艺。高校学生常常有扎实的艺术理论，学习过先进的营销方法，但缺乏银器锻制实践经验，而新华村工匠缺少艺术理论相关知识，工艺经验丰富。高校大学生到村里向工匠学习手工技艺，包括熔银、浇铸毛坯、拉丝、錾刻、焊接等技术，工匠向大学生学习艺术理论、设计原理、绘画方法、时尚潮流等方面的内容。高校和工匠在交往互动时，往往产生新的创意，学生提供艺术设计思路，工匠来实现产品转化，二者在良性互动下，一些具有现代审美，适应现代需求的银器产品不断涌现。

同时，新华村银器企业作为生产基地，通过与高校合作，聘请高校设计团队，与高校签订实习合同，积极招聘高校优秀毕业生，为企业储备产品研发人才。新华村与高校良性的合作机制下，高校帮助企业提供产品研发，银匠和企业帮助高校学生将设计转变为产品，二者在互动中共同成长。近年来，新华村银器产业在协同创新下，不仅设计出了很多优秀的银器作品，还促进了人才的流通、工艺文化的交流。

3. 银器新工艺和新材料的研发

随着全球化和互联网的发展，不同国家和地区的文化交流日益频繁，乡村也逐渐从封闭走向开放，村民的知识边界逐渐被打破，文化知识的获取渠道增多，这也影响着新华村工匠积极学习和研发新材料和新工艺。工匠们除了专注银器制作，他们在闲暇时也喜欢阅读金属工艺、艺术设计理论等方面的书籍，增强工艺知识储备。同时，在新技术的运用上，将激光雕刻、电铸成型、3D扫描、3D打印等技术运用到银器设计和生产中。

金属材料熔点的不同，新华村工匠在研发新材料时，除了改变白银的纯度、硬度，还进行了很多有益的探索。有的工匠将借鉴其他工艺技艺，运用到银器新材料的研发中。近年来母炳林在研究一种古老的工艺材料——木纹金，木纹金工艺是利用银铜层层叠加，不断地锻打和淬火后，金属表面呈现出类似木头的纹理。木纹金在金工界被称为"究极工艺"，其工艺技艺难度大，制作烦琐，成品率低，所形成的木纹金价值可以与黄金媲美。

此外，新华村工匠运用叠金工艺、合金技术、电镀技术，将白银、赤铜、黄铜按不同比例和纯度高温熔化、锻打后形成新的材料；以及将一定比例的化学试剂与白银反应，白银的表面肌理发生变化后，形成新型工艺材料。

4.传统工艺与现代创意设计的结合

白银作为一种有色金属，熔点低，方便冶炼，具有良好的柔韧性和延展性。根据白银的这一特性，新华村工匠在继承传统、延续经典的基础上，将传统工艺与现代创意结合，研发出很多具有现代审美的文化创意产品。

陶瓷与银器的结合。设计师将银与陶瓷相结合，设计制作出很多文创作品。新华村银匠利用鎏银、镀银、包边等技术，制作瓷包银茶具，包括了茶壶、茶杯、茶漏和公道杯等。瓷包银茶具既有瓷器的美丽外观，同时还有银的杀菌作用，解决了纯银茶壶导热性过强，烧水手柄容易烫伤人的弊端。瓷包银是一种实用新型技术，新华村中有专业从事生产瓷包银器皿的工坊，他们通常将生产的产品和配套的银壶销往全国各地。

铜包银。铜包银壶因制作工艺难度大，制作复杂和产品价值高而出名，也被称为银壶中的高级工艺。铜包银从字面上看很难理解其中的难度，被人们简单地认为是将银与铜两种金属材料打制在一起。通过调研了解到，铜与银是完全不同的金属材料，二者的延展性完全不同，要将两种材料完全地黏合起来，需要几万次的锤揲，由于内部的银较软，而又要有细密的锤点，因此工匠在锤揲的过程中需要时刻注意控制力度和频次，如果锤打不到位，那么铜银不能黏合，如果锤揲过多则会将其敲裂。从2013年起，村里有人制作铜包银壶，根据相关被采访人所说，"在新华村里能完整制作铜包银壶的工匠不到30%"[1]，在铜包银壶成型后，银匠还需要考虑如何打磨呈现银器的纹理、颜色、光泽度等要素，例如哑光所呈现的古朴美，镜面所呈现的光泽美，这些都需要银匠进行设计。

刺绣与银器的结合。新华村银匠通过与当地绣娘合作，将白族刺绣与银器结合起来，设计出很多具有现代审美和民族意蕴的戒指、手镯和耳环、镜子等文创产品。白银和刺绣两种原本不同的传统工艺相互融合，让作品不仅具有民族文化魅力，还具有现代审美情趣，这些小而精美的银器，在旅游市场受到欢迎。

除此之外，新华村银匠也在不断地探索银器与其他材料的结合，木材、景泰蓝与银器的结合。在对银器装饰上，除了传统的黄金，工匠们根据器型的大小、使用的场景，选择藤编、竹编、玉石、玛瑙等材料装饰，在保留器物原本的功能的同时，让器物变得更具有观赏性。

（二）新华村银器产品的创意困境

1. 知识产权保护困难

改革开放40多年来，乡村的"熟人"关系在新华村中并没有因为经济的繁荣而削弱，当地人在邻里和亲属关系上依旧保持着原有的"熟人社会"。伴随20多年的银器产业发展，新华村在知识产权的保护上依然存在不足。早期，新华村在专利申请上也曾经探索过自己的发展方式，具有前瞻性的企业或者工匠在申请专利后，不阻止他人模仿和学习，而是借助专利塑造品牌价值，并将其作为品牌传播和工匠身份认同的手段。

当前，新华村银匠相互之间的模仿严重，后期维权困难。虽然

---

[1] 时间：2021年7月30日，地点：南邑，访谈对象：李JZ。

部分企业和工匠逐渐有了申请专利的意识，通过聘请第三方机构帮忙完成注册程序，但当地在专利的保护和维权上还存在很多困难，导致专利申请效果不明显。村里的工匠看到实物之后，很快就能模仿做出来，这也使得新华村工匠专利申请容易，维权困难的窘境，让工匠产生不如不申请的想法。在调研时发现，市场中如果某一产品卖得比较好，很快就会在新华村流行，大大小小的工坊和企业进行大规模的生产和加工。工匠进行维权时，因为对方是亲戚朋友，后期维权不了了之，某种程度上打击了工匠申请专利的热情。如果工匠后期继续进行维权，那么还需要经过法院，所有流程走完又要花费时间和精力，长时间的维权对于工匠而言成本过高。

2. 工匠的总体创意能力较弱

新华村银器巨大的利润空间，吸引了很多年轻人到此学习银器手工艺，这些年轻人普遍是初中毕业就到村里做学徒，虽然只要有草图，很多工匠就能"得心应手"地制作出器物，但在银器产品创意设计、现代审美和营销方法等方面的能力还比较欠缺。

流水线的生产方式，限制了工匠创意才能和想象力的发挥。新华村银器工艺基本包括以下工序：选材—熔炼—开片—下料—拉丝—制模—扩形—画样—錾花—焊接—组装—打磨—清洗—抛光。现代机械的运用，让工艺流程有所削减，例如，拉丝和制模等工序可以用机器代替，但也导致银器产品的生产环节越来越精细化，很多年轻人在银器产品生产端，只从事银器制作的某一个步骤，而没有对银器工序进行系统的学习，一名学徒要掌握整套流程少则三五年，多则七八年。一些年轻人急功近利，没能掌握所有的工序，甚至还有的学徒嫌工资太低，赚不到钱，干了几个月就离开。2021年第一届"鹤阳名匠"银器锻制领域技能大赛中就暴露出这个问题，参赛的工匠大多在业界已经小有名气，但在比赛时却没能完整地做出一件作品，很多工匠在比赛时制作的作品是他们日常的银器产品的风格，而与比赛中给出的题目不相符。其中暴露出来工匠对整套银器工艺流程掌握得不熟悉、创意能力弱的问题。

在新华村，工艺精湛、熟练掌握工艺技艺的工匠集中在30—40岁，年长的工匠在长年累月的银器工艺生涯中，虽然在某些器物制作上可以做到"高精尖"，但对新工艺、新产品学习上很难突破思维上的固化。虽然银壶工艺在新华村已经蔚然成风，但是对部分老银匠来说，依然存在挑战，特别是"铜包银""木纹金"等工艺技术对火候的掌握和银铜的熔点要求非常高，在新华村中能掌握这些技艺的人很少。

3.银器行业协会尚未健全

行业协会是市场经济中一种有效的协商机制，它是同一行业或某一地区的产业为表达共同的利益诉求，从而组建和发展起来的利益共同体。行业协会在市场中具有不可替代的作用，它作为市场与政府的桥梁和纽带，在行业管理和维护市场秩序上提供了有效的路径和手段。新华村银器产业在市场竞争中，企业和工匠的生产经营和产业竞争中不合规的现象时常发生。新华村面临供需矛盾和产能过剩的情况，行业内部尚未形成一套自己的行业标准，在行业治理和处理市场问题上还存在缺位和错位。行业协会是企业连接政府的桥梁和枢纽，近年来国家一直大力支持非公组织发展，国家在行业协会层面给予了很多资金支持和优惠政策。但是，由于行业协会治理能力和治理体系尚未完善，行业协会的管理层主要集中在大企业手中，导致小的家庭工坊并未享受到应有的政策红利。行业管理规范缺失，工匠们抄袭门槛较低，大大小小的银器店铺相互抄袭，在一定程度上影响了新华村银器产品的创意生态。

三、新华村银器产品的创意需要

（一）需要呈现传承、传播、传人的文化价值

鹤庆银器锻制技艺如今已经成为鹤庆新华村白族最为鲜明的民族手工艺，也是其文化内核所在。尽管机器冲击着手工从业者的生存空间，但新华村工匠依旧保留了传统手工银器最为核心的部分进行选择、吸收和改变。创意让地方性、民族性的民族民间工艺品有机会面向大众，帮助大众了解银器的属性和功能，推动传统银器文化的传承和发扬。从工艺传承方式来看，该地区内部家族式传承逐渐被打破，社会性传承的方式越来越凸显，创意赋能为传承方式提供了更多的自主性，原来的家族式传承或师徒传承走向社会性传承，创意扩大了社会参与民族民间工艺的实践，提高了社会的参与度和认知度。从工艺的传承内容来看，传统工艺传承的内容主要在操作层面，而缺乏工艺理论上的指导，创意阶层的进入弥补了传统工艺传承理论的缺憾，他们不仅具有扎实的艺术设计理论，还有高超的工艺技艺，帮助工匠在设计、生产、营销推广的过程中更好地把握好市场。

1.创意需要推动银器传统手工艺现代化传承

随着社会的发展，原有生产、生活、生计方式发生变化，新华村工匠在工艺传承上打破了传统的地域、性别、民族的限制。学习银器锻制技艺的从家人、亲戚、邻居、邻村到来自世界各地的人。同时，在国家政策的支持下，新华村一些工匠主动走出家门，来到校园、社区、城市传播和交流银器锻制技艺。

近年来，国家为振兴传统工艺，发布了《中国传统工艺振兴计划》，原文化部联合非物质文化遗产司针对鹤庆银器锻制技艺传承和创新现状，实施了一系列相关措施：一是扩大传承队伍，其中寸发

标和母炳林同时被授予国家级非遗代表性传承人；二是开展研修研习培训计划，建立文化生态保护区，依托政府、高校、企业和工坊，组织当地工匠参与研修、研习、培训项目，提高工匠的传承能力、工艺技术、设计能力和管理水平；三是建立传习馆，当地工匠与高校达成合作，鼓励学生到工匠家中学习，建立现代学徒制度。除此之外，积极鼓励新华村工匠提高银器产品设计和制作水平，帮助工匠搭建推介、展示和销售平台。

传统手工艺的传承主要利用行为方式或其他非文字传播和教授，以面对面、手把手为特点。过去为了方便，老手艺人依托长期所形成的经验来构建知识体系，把工艺品制作过程中的材料、工艺和形态，以及与之相关产品的规格、配置、规则等方面的内容，编撰成口诀、故事、程序和范式，然后又在父子、家庭、工坊和社会生活中传承。民国时期的"小炉匠"，在工艺的学习上依旧保留着传统的师承制度，大多流传于家族内部，如果外来的人想要学习，需要进行引荐，并有一套繁缛的拜师礼。

新中国成立后，新华村很快打破了传统拜师礼，师徒关系也在逐渐变化，银器锻制技艺从家庭传承、师徒传承向社会性传承转变，传承方式变得商业化、职业化和社会化。报道人说："我做小炉匠的时候，徒弟过来说要学几年，要提前通知他哪天过去，我们在做小炉匠的时候穿的衣服、鞋子、吃的都是自己携带，但到我带徒弟的时候不是这样了，师父要全权负责了。"[1] 现在的师徒关系类似于商业伙伴关系，徒弟不再是对师父一味地服从，师徒双方在社会交往中更加平等，传统师徒之间的不平等义务不断地减少甚至消失。近几年，新华村工匠为了吸引年轻人学手艺，工匠都会付给徒弟一定的

---

[1] 时间：2021年8月5日，地点：星子龙潭，访谈对象：董中豪。

报酬，部分还包食宿，改善他们的学艺环境，并尽可能地传授给他们技艺，当技术达到一定水平，工坊会加工资。在新华村工坊中，对于技艺娴熟的徒弟，他们的工资每月能达到7000—8000元，刚来的学徒每个月也至少有3000元。

随着义务教育的普及，学徒学艺年龄提高的同时，他们的知识水平也在提升，学徒不用从孩童就开始学，相比过去年龄逐渐不再是问题，银器制作分工的精细化，以及现代化机械的辅助，帮助新华村甚至鹤庆周边中青年再就业，他们只需要掌握其中的一环，便可以找到相匹配的工作，银器产业很大程度上缓解了鹤庆周边的就业问题。制作银器所带来的良好的经济收益，让很多年轻人自愿学习银器工艺。接受过教育的年轻人，他们将自己的想法和理念注入银器产品的创意设计中，创意出很多新、优、特的产品。

2.创意需要增强村民的文化自觉和文化自信

金工技艺作为新华村村民主要的生计方式，最基本的功能就是满足当地人温饱、安全和繁衍的需求。鹤庆银器锻制技艺之所以历经千年不衰，并能持续传承的原因是当地金工艺人在解决了温饱问题之后还能继续获得收入，让它继续传承。长期以来，手艺与人们日常生活密切相关，在民间，无论男女都以拥有手艺为荣。

银器已经成为新华村显著的文化标志，当人们谈到"鹤庆"或云南"银器"时，往往会不自觉地将"新华村银器"脱口而出，其深层原因在于新华村银器已经作为产业集群、商业模式受到人们广泛关注和社会认同，而这种关注为新华村工匠赋能，让工匠更加自觉自信地将这门手艺传承下去。新华村工匠从新中国成立前期的四五人发展到现在有几千人，几乎遍及整个新华村，并带动了鹤庆周边村镇的发展。2022年，新华村银器小镇内的银器企业达112家，个体工商户118户，市场主体达579户，直接带动全县1500多户5600

多人从事银器加工，间接带动全县9000多人从业，全县银器加工收入达27亿元。这些工匠从外出打工的"小炉匠"转变为具有普遍社会认同的"工艺大师""非遗代表性传承人""云岭先锋"等社会角色。

工艺传承让工匠在从艺过程中获得自信，在传承工艺文化时获得认同感和归属感，当工匠获得满足后，他在进行传承时会变得更加自觉和自信。很多时候，当文化受到外来文化冲击时，常常被认为是落后或者愚昧的代表，人们往往会直接忽视或者掩藏文化主体的身份识别，当文化能给传承者带来自豪感和认同感时，人们会更加主动和自觉地将文化传承下去。非遗代表性传承人所带来的社会价值在新华村中形成了普遍的社会认同，很多银匠自觉承担起银器锻制技艺传承的社会责任。非遗代表性传承人的增多，使当地银匠积极参与鹤庆银器锻制技艺传承人申报。在调研过程中发现，很多工匠对申报成为非物质文化遗产代表性传承人有着强烈的意愿。为了能申报成功，工匠们主动担起了带徒弟的任务，还积极到外地参展、学习和交流，并主动捐资助学，承担起社会责任。鹤庆银器锻制技艺给新华村工匠带来了社会效益和经济效益，让他们在劳动中获得收益的同时获得了社会认同，增强了工艺传承的文化自觉和文化自信。

3. 创意需要促进工艺文化传播和交流

为推动银器产品的持续发展，促进银器的传承创新，鹤庆县实施了银器文化产业发展项目，开发了"三中心一基地"，即银器手工艺集中研发和设计中心、银器手工艺非遗传承展示中心、银器手工艺文化研学培训教育中心和重点院校相关专业教学实践基地，通过研发、设计、研讨、教学、展示等多种方式并举，推动银器工艺的文化传播和交流。

此外，根据行业热点、工艺技艺、产品类型等内容，积极组织研讨会和交流会。大理传统手工艺工作站——鹤庆基地，积极探索传统手工艺的现代应用，将传统工艺"学术研究、传承发展、实践创新"有机结合，2019年在李小白银壶工作室举办"千锤百炼匠心流光"金工艺大会，国内外学者会聚于此，探讨金属工艺现代化发展，此次会议对推动鹤庆银器理论和产品创新起到了重要作用。为了培养德才兼备的高质量工匠，促进工艺交流，在鹤庆县政府的支持下，2021年、2022年"鹤阳名匠"银器领域技能大赛在新华银匠村举行，来自鹤庆银器锻制领域的优秀匠人倾尽所学，用手作表现自己的技艺。2023年8月5日，"银都鹤庆"文化艺术周银器精品展在银器小镇举办。

（二）需要展现立体、多维的经济价值

银饰、银画、银具经久不衰，至今依旧有很大的市场潜力，并活跃在消费市场中。从头到脚的各种美丽银饰，装饰空间的银画，日常生活中的餐具、茶具、酒具等银器依旧有很强的经济价值。银器产品具有实用功能、观赏功能、贮藏功能，与其他器皿相比它的价值非同一般。在调研时一位店主也曾说："相信随着人们生活水平的提高，银器接下来几年很有可能成为日常生活用品，现在银器具在日常生活中的市场份额只占十分之一，但未来很有可能发展与瓷器旗鼓相当，会有十倍以上的市场。"[1]中国中产阶级的规模和消费支出的能力持续增强，银器产品的巨大的消费市场潜力也将得到释放。此外，随着中国城镇化建设，消费结构也在发生变化，收入水平的提高，人们对金银珠宝等商品的需求量逐年增加，具有收藏价值、艺术性强、体积小、方便携带的银器商品，必将激发人们更多的消费欲望。

---

[1] 时间：2022年2月18日，地点：银匠村，访谈对象：WYD。

中国部分民族有世代迁徙的传统，白银是他们财富的象征，在历史的长河中，他们一直保持着对白银的喜爱。例如，藏族对银饰、银器需求量就很大，新华村工匠发家或成名大多在藏族聚居区，现在依然有很多新华村人在藏族聚居区经营银器。藏族女孩出嫁之前，家里必须准备一套嫁妆——置办头冠、戒指、手镯和配饰等饰品。此外，藏族日常生活中的器皿、佛寺里的宗教法器等都使用银器，银器在藏族聚居区依旧有很大的消费市场。

此外，改革开放后银器收藏屡见不鲜，并产生了一群银器收藏者。这个群体对银器的需求不一，有的是热衷古代文玩，有的是青睐于银器工艺。近年来，中国收藏市场非常活跃，喜欢收藏和具有经济实力的买家很多。在银壶市场中，国内外只要出现精品银壶，中国藏家立马蜂拥而来，在很多拍卖会上，优质银壶器具的成交率几乎达到100%。然而，目前国内品质上乘的银器数量相对较少。

1. 拓展产业链：推动产业融合

创意通过"越界"，它能促成不同行业、不同领域的产品和服务重新组合。创意的无边界性可以促使银器越界，让传统的手工艺实现产业之间的融合与互动。过去新华村银器产品集中在生产制造阶段，位于"微笑曲线"的低端，以获利少、低附加值为特征。银器产品创意赋能有助于拓展银器产业链，打破传统的银器产品手工制作、代加工的生产方式。

银器产品的创意赋能有助于改良和提升工艺技术，提高工匠专利申请意识，创建品牌，积极参加展销活动。创意作为银器产业发展中的"投入要素"和"增值资本"，有助于提升银器产品的附加值，并推动银器产品与其他产业融合。例如银器产品和旅游业的融合，借助文化旅游消费市场数据，建设银器商品再生产的反馈机制，从而帮助银器生产实现产业升级。根据游客的偏好、购买的数量、接受的价格来调节银器产业链设计、生产、营销环节，为"中国制造"转型"中国创造"，"地方品牌"转向"文化名牌"提供广泛的市场基础。同时，创意的融入将文化功能拓展到银器产业链上中下游的各个环节，银器企业不仅仅是简单的银器商品生产者，而且是文化生产者。文化创意将工艺文化、工匠精神、器物内涵、品牌故事和企业文化融入产业链的上游研发阶段和下游品牌营销阶段。

2. 延伸空间链：跨区域联动发展

互联网的发展，使新华村银器产品的销售打破了时空限制，人们借助互联网平台可以即时咨询、订货、购买商品，打破了传统购买商品的地域限制。随着文化创意产业发展，各大商场的高端珠宝店铺也不乏新华村银器产品的身影。

交通运输的迅速发展，使人们的出行方式和出行速度得到改善，空间对人们的影响越来越小。鹤庆有利的交通位置、先进的工艺技艺、良好的文化创意氛围，吸引了大量的创意阶层来到新华村。这些创意阶层除了来自周边的村镇，还有很多来自全国各地的工匠、学生、专家，打破了传统空间上的限制。同时，文化旅游通过空间上的延伸，实现了行政区域上的互动，鹤庆优美的自然风光、白族文化的特征，独特的手工技艺，帮助鹤庆在更大的地理范围内实现资源的优化配置，形成跨行政区域发展的特色产业，助推云南全域旅游发展。

3. 锻造价值链：提高内生动力

企业生产经营活动的各个环节也是创造价值的过程，银器产业链由设计、生产、营销、销售各个环节组成，创意赋能银器产品有助于价值链驱动产业链。[1]新华村银器产品通过原创、创新和研发，

---

[1] 厉无畏：《创意改变中国》，新华出版社，2009年，第145页。

以银器锻制技艺为核心推动整体产业结构的升级、调整和重组。银器产业价值链是整合各项资源，推动产业发展的系统性工程。具体来说是银器企业（工坊）以消费者的需求为导向，通过研发、设计、生产以文化内容为核心的银器产品或工艺体验服务，然后对内容创意进行产业化开发。

银器产品作为当地的核心产业，创意赋能将新华村的文化资源、自然资源、历史资源重新配置，银器手工艺作为资源要素帮助新华村整体发展，同时提高了银器产业的附加值。创意产业在价值实现上，随着消费者的需求不断地增加，创意赋能新媒体、互联网、大数据等方式提高银器产品传播的速度，弥补了传统营销上成本高、转化率低的不足，通过线上和线下、公共和私域，提升了银器传播的速度和辐射度。

4.塑造品牌，增强符号价值

品牌作为区别于同类商品的标志，是人与人之间基于商品所构建的社会关系表达，它在一定程度上具有对消费者社会身份进行区隔的作用。人的自然与社会的二重性使人们在消费时，除了满足生理需求还要考虑消费所带给社会的象征意义，好的品牌具有很高的社会价值、文化价值和经济价值，它让消费者能清晰、明确地识别出品牌的个性和特征，驱动消费者喜欢甚至爱上。当今的消费社会是一个以符号为主导的社会，"人们对物品使用价值的关注转向了更多代表身份和地位象征，或者能给自身带来精神享受的非功能物品"。[1]在这种情况下，产品的消费内涵发生了变化，人们更加关注的是产品所带来的自身价值。文化创意帮助企业建立识别系统（CIS），向消费者传递企业的品牌形象，人们从符号（品牌历史、企业文化、

---

[1] 王慧敏、赵玲：《鲍德里亚符号消费理论的哲学思考》，《通化师范学院学报》2020年第7期。

产品调性、产品包装、广告语等）中就能识别产品。随着消费时代的到来，符号系统和视觉体系在人们消费中的作用越来越显著，品牌不仅是商品的标志，还是人与人之间基于商品而构建的符号表达方式。

创意是产品的核心，好的创意有利于帮助企业树立品牌和形象。对于新华村银器从业者来说，通过建立品牌符号有利于提高银器的竞争力，增强自己的知名度、美誉度和附加值。对于顾客来说，品牌符号有利于提高工艺品牌的认可度和信赖度，也是"身份展示"的窗口。对于企业来说，民族民间工艺品作为重要的出口商品，创意加持有利于新华村银器出口，增强产品附加值。对于地方来说，银器品牌价值的提升，有利于提高区域的整体形象，增强区域的认可度。

在民族文化资本运营的过程中，新华村银器产品在发展过程中吸引了大批龙头企业家及乡土人才回乡创业。大理州银都水乡有限责任公司、鹤庆银城文化旅游开发有限责任公司等优秀企业主先后在新华村投资开发。这些公司将银器生产运营与品牌策略联系起来，先后在新华村注册了"银都水乡""千锤佳艺""南诏银""石寨子""寸四银庄""寸发标银器"等30多个具有一定知名度的银铜器商标。在品牌经营战略上，新华村银器产品形成了不同的品牌策略。

这些品牌策略各有不同，有塑造个人品牌，将社会资本转变为品牌影响力。例如"标祥九龙手工艺品加工厂"的寸发标银器品牌。有从事银器产品加工生产的制造商品牌，这些品牌以当地企业为主，他们生产的产品销售给经销商，然后由经销商销往全国各地。例如，村里的瑞春泽、月辉银器、金丽银饰等大型的银器企业。也有请当地工匠加工，贴牌代工的品牌。公司与当地工匠签订保密协议后，由公司提供给工匠设计稿，工匠根据要求制作，制作完成后，公司再进行审核收购，打上商标后销往国内一、二线城市。这类品牌对银器产品的质量管控严格，运营较为成熟，在市场中有一定的影响力。

在新华村，品牌合作屡见不鲜，品牌联名掀起"新风尚"，新华村银匠也在积极探索通过品牌联名的方式为银器赋能。例如"偷闲小银壶"是由赖庆国负责设计，母炳林负责制作的联名款作品，该联名款作品无论是在设计理念上，还是工艺技艺、材料选择上都是上乘，在茶圈备受追捧。

（三）需要体现社会和谐的乡村建设价值

创意赋能有利于巩固扶贫成果，振兴乡村经济，保护和传承乡村传统文化，推动乡村治理，促进乡村社会可持续发展。新华村银器的发展提供了一个很好的案例，新华村工匠早期为了生计漂泊四方后，回到家乡建设家乡，完成了"同乡同业—返乡创业—全域同业"的闭环式演化。[1] 新华村村民利用手工艺振兴乡村、吸引村民回乡创业的发展模式，对解决乡村空心化，推动乡村振兴具有重要的借鉴意义。新华村在人多地少的现实困境下，走出了一条以工艺带动地方就业，增加农民收入，促进地方发展的道路。

1. 推动民族团结

银器的发展，新的创意阶层进入新华村，不同民族的人在此交往、交流、交融，在构建和谐乡村的同时，促进了民族团结，2022年新华村被大理州命名为旅游促进各民族交往、交流、交融示范基地。

近年来，一些热爱银器锻制技艺的"新新华人"来到新华村，他们将创意设计与传统锻制技艺相结合，通过与当地的名师、名匠交流学习，创新出许多受市场欢迎的产品，"陆大有"银壶是国内知

---

[1] 孙九霞、李怡飞：《流动的手工艺社会：从"同乡同业"到"全域同业"的白族银器村》，《开放时代》2020年第4期。

名的老字号品牌，其手工银壶承唐宋明清古朴风格，设计独特、造型优美、纹饰新奇、工艺精湛，每年只制作20多把壶，在高端茶友圈久负盛名，在茶圈"一壶难求"，近年来，"陆大有"品牌的主理人带领团队把很多好的创意和想法带到新华村，与新华村工匠一起研发，制作了很多非常精美的银壶和相关茶道具。除了国内老字号品牌外，国内其他优秀的金工匠人也来到这里。东北金工匠人也是非物质文化遗产代表性传承人之一的杨兴录，他非常喜欢银壶茶道具，在发现新华村的工匠技艺高超，但工匠的审美和器型偏传统时，他带着创意、想法来到了新华村，与这里的工匠一起探索和研究，制作了一系列的银壶和银器具。

2. 促进白族女性家庭角色的变迁

两性分工是人类社会中家庭的基本特征，男女的任务分配曾经存在所有的传统社会中，而且非常严格，这也使夫妻成为经济的细胞。[1]白族地区受儒家文化的影响，长期保持着"男主外，女主内"的家庭分工方式，金工工艺品主要由男性制作和销售，女性主要在家庭中承担生儿育女、赡养老人、操持家务和进行农业生产的责任。在这种家庭分工下，为白族工匠"走夷方"和到藏族聚居区打工减少了后顾之忧。

改革开放后，新华村的生产生活发生了改变，白族女性逐渐从原来的"女主内"的家庭角色脱离出来。根据采访人描述，"我们村发展旅游后，银器的需求越来越大，我家两个姑娘也来加工银器，我们打好型之后，她们来錾花、抛光、清洗，两个姑娘都很熟练。"[2]旅游的发展让女性更广泛地参与到市场经营活动中，从繁缛的家庭

---

[1] 万辅彬、韦丹芳、孟振兴：《人类学视野下的传统手工艺》，人民出版社，2011年，第264页。

[2] 时间：2021年8月5日，地点：星子龙潭，访谈对象：董中豪。

劳动中抽离出来，家庭分工逐渐模糊。

新华村旅游业的发展与当地女性服务的内容和当地日常生活关系密切，她们在旅游服务接待中得心应手，黑龙潭旁的女性在家开起了餐厅和酒店。从表面上看，当地女性依然是从事日常生活的琐事，但具有了不同的社会意义。从服务对象上看，从原来的服务家人向服务游客转变。同时，女性在服务的过程中获得了经济报酬，而在家庭中是无偿的。同时，她们在旅游接待的过程中搭起了与外界沟通的桥梁，将地方传统文化传播给游客，同时又能通过游客获得外界的信息。[1]在文化创意产业中，女性相比男性更具有优势，一方面女性相较男性更为细腻和耐心，容易与人交流和沟通，适合从事销售；另一方面女性相比男性更重视外表，有爱美的天性，在服务行业中容易受到欢迎。[2]以上的特点让白族女性在银器制作、销售、运营以及在餐饮服务中能游刃有余，转移了乡村剩余劳动力，女性的社会价值和创造力也得到了有效发挥。

---

[1] 金少萍：《云南少数民族妇女与旅游业的互动发展》，《中央民族大学学报》2003年第5期。
[2] 赵捷：《云南旅游业中民族女性角色分析》，《云南民族学院学报（哲学社会科学版）》1994年第2期。

四、新华村银器产品的"创意赋能"路径

（一）多元主体协同创新

创意是催生某种新事物、新形态的力量。创意赋能是指在市场经济下，以创意为核心，创意主体通过创造性思维赋予他事物新观念、新内涵、新意义，从而实现创意对象的商业化和产业化。银器创意赋能的主体主要由工匠、企业、政府、社会组织以及利益相关者组成，新华村银器作为创意赋能的对象，贯穿于多主体创意对话实践活动的始终。

随着市场经济的发展，新华村银器产品呈现出创意的复杂性、系统性和协同性等特征，银器产品的创新不再简单地由工匠负责，而是多元主体协同创新的结果。自1906年美国学者赫尔曼·施奈德提出产学研的概念之后，创意主体逐渐多元化。[1] 新华村银器创意赋能，离不开多元主体的协同创新。

1. 工匠

工匠是银器的生产者，它在银器产品创意中占据主导地位。银器产品创意赋能，工匠要充分发挥工匠精神。一是培养创新意识。新华村银匠在传承传统工艺的同时，应该培养创新意识，通过研发新的工艺材料，学习新的工艺技艺，创意设计银器产品的造型、图案、装饰等，丰富银器产品类型。二是与时俱进，坚持改革创新。敢于和善于技术创新、管理创新和盈利模式创新，学习现代科技，运用现代机械改进传统工艺流程，提高银器产品的生产效率。从而实现银器产品的智能化、数据化、个性化的供给侧改革。[2]

---

[1] 洪万杰、何爱华：《多元主体协同创新研究进展与评述》，《中国集体经济》2021年第1期。
[2] 林伯海、马宁：《习近平关于工匠精神重要论述的生成、意蕴及实践路径》，《思想教育研究》2021年第12期。

2. 企业

银器企业是银器产品经营活动的主要承担者，它在创意过程中处于核心地位，是银器产品创新的主体，也是联结其他创意主体的主要环节。因此，新华村银器企业创意赋能，一是要发挥收集市场信息和创新需求的能力，引导银器产品的创新方向。二是进行创新成果转化，利用机器、设备等直接转化创新成果，促进银器产品规模化生产。三是整合市场生产要素，合理配置资源，将资金、技术、人才等投入银器产品的生产中。

3. 消费者

消费者是银器产品创意成果的最终检验者和受益者，它能进一步引导、完善银器产品创意体系的建立。一是消费者需求引导银器创新方向，使创意成果最终转化为生产力。二是消费者提供设计，工匠为其加工。三是消费者参与到银器制作中，在体验银器工艺的同时，满足消费者的个性化需求。

4. 高校和科研机构

科研机构具有专业人才聚集，研究成果丰富等特征。新华村银器产品的创意赋能，一是科研机构可以通过专业研究，研发新材料和新工艺、新工具，为银器产品发展提供技术支撑。二是通过研究白银的性质和功能，为银器产品跨界融合发展提供知识支持。三是高校可以发挥培养人才的作用，为新华村银器产业创新提供技术人才、管理人才、设计人才，高校为银器产业提供智力支持，为银器产品创新出谋划策。

5. 政府

政府是新华村银器产品创意赋能的助推器，在引导银器产业发展中起着至关重要的作用。政府可以通过制定和实施创意政策和创新规划、组织重大创新项目、举办重大赛事活动等，促进银器产业持续发展。[1]

政府应该继续发挥引导作用，贯彻落实创新驱动发展战略。首先，完善相关政策法规，进一步优化银器产业创新环境，建立创意奖励机制，加大对银器企业产品设计、工艺研发、专利申请等活动的扶持和奖励力度，提高奖励和扶持金额，调动银器企业自主创新的积极性。其次，实施创新项目的作用带动，进一步提升工匠和企业的自主创新能力，建立创新专项计划，培育一批具有创意能力的工匠，打造几家具有特色的工坊；此外，积极培养创新型人才，对具有首创精神的工匠给予奖励，并纳入非物质文化遗产代表性传承人申报工作中，在整个社会中形成尊重知识，崇尚创意的良好社会氛围。再次，加大知识产权保护的宣传力度，对整个行业知识产权保护的价值进行引导，加大对侵犯知识产权和制售假冒伪劣商品的打击力度，维护市场秩序，保护工匠的创新积极性。

政府要在新华村中积极营造涵养工匠精神的社会价值导向和文化氛围，培养银匠树立"干一行，爱一行，行行行"的职业理念，扭转轻视劳动追求利益的短期行为，鼓励更多的青年投入银器行业，培养银匠"专、精、深"的职业发展观念。同时，在社会中培养崇尚劳动、尊重工匠的社会意识，让银匠在工作中感受到劳动光荣、技能宝贵、创造伟大，在从事银器产业时能切实感受到自信。

6.社会组织

社会组织在银器产品创意赋能中扮演着重要的角色。一方面要积极完善银器行业协会组织管理机制，鼓励工匠和工坊加入行业协会，在共建、共享、共治中推动新华村银器产业的发展；此外，银器行业协会应充分发挥沟通、协调、监督、公正、自律、咨询等职能，

---

[1] 洪万杰、何爱华:《多元主体协同创新研究进展与评述》，《中国集体经济》2021年第1期。

为新华村银器产品发展提供良好的创意氛围。另一方面继续发挥"帮辈"乡村互助自组织的作用，畅通银器产品创意的沟通渠道，推动银器产业发展。

新华村银器创意赋能的主体具有多元性，协同创新可以让各个主体发挥自己的优势和能力，真正实现人才、知识、技术和管理等要素的资源配置。在未来，新华村发展要充分利用多元主体协同创新机制，赋能银器产品的发展。

（二）开展"新""优""特"设计和研发

设计是人类进行艺术造物的文化呈现，是文化的产物。银器产品创意设计是以银器为对象的创意设计行为，是手工匠意，材质温度赋能银器的价值活动。从文化论的角度来看，银器是以文化消费为主的商品，银器产品设计的整个过程是一系列的文化创造性活动，其目的是创意设计出不同的类型和功能的商品，从而满足消费者的需求，创意赋能让银器从产品研发设计到产品生命周期的各个环节相互关联。银器创意设计赋能致力于挖掘民族文化资源，使外在的美学设计和内在的文化内涵相协调，通过独特的文化意蕴满足消费者的需求。

1. 树立新的设计理念

首先，树立再循环设计理念，银器本身的天然属性可以回炉再造，但在现代文化语境中，工艺品循环蕴含着意义再循环、设计再循环、体验再循环和使用再循环等多层次的内涵，而过往的银器只流于使用再循环，未来可以从不同的角度对产品进行设计和开发。

其次，推动银器产品系列化设计。系列化是随着人们物质生活水平提高、精神文化需求多样性和多元化发展所提出来的。推动银器产品系列化设计要求工匠围绕某一主题或者风格，进行多款式成系列的设计，通过具有整体性的商品识别系统、内涵意象的连贯设计，建立起视觉统一整体的银器商品。

2. 根植地方性文化

一是立足地域文化，挖掘地方文化元素符号。现代社会中，新华村无论是地理环境，还是文化环境都发生了变化，而这些改变都可以是银器产品创意设计的思想来源。银器设计实质上是一种文化设计，社会需求决定了它的功能和属性，根据市场需求，银器产品设计可以从文化元素、纪念要素、功能要素和设计要素出发，扬长避短，在发现、选择和提炼的基础上将地域文化资源融入银器创意设计过程中，将其转化为符号语言和设计语言，帮助产品定位并进行系列化创意设计和重新包装再生产，将地域文化资源转化为银器产品的优势。

二是从深厚的历史文化中不断挖掘地方文化资源，将传统文化的精髓、区域文化元素和符号进行系统的梳理，然后将其运用在产品的创意设计中，提高银器产品的文化内涵，凸显地方文化价值。例如，银匠可以基于当地白族文化进行创意设计，甄选具有白族特点的白虎、雄鸡、山、川、鸟、月等图腾元素，进行艺术化的处理，在银器产品的造型和图式设计上采用对比衬托、合理夸张、以小见大的艺术方法，增强银器产品的表现力和艺术性，为消费者提供更为广阔的想象空间，表达创作者的主题思想。此外，突出图式或造型特征，细致刻画、着力渲染银器的质感、形态和功能，借助图式将银器的精美和白银的光泽感展现出来，增强银器的艺术性、文化性和时尚性。

三是讲好"鹤庆银器"故事，全面打造"鹤庆银器"品牌。商业社会中，品牌既是商品识别的标志，也是消费者身份和地位的象征，品牌的附加值无处不在。因此可以通过邀请设计师、艺术家、工艺师和学者围绕鹤庆银器的历史文化渊源，探索鹤庆银器的文化、美学价值，从"走夷方""去西藏""回乡创业""工艺传承""银器小镇"和"高原水乡"等多个角度进行故事创作。同时，通过举办展览、论坛和讲座等相关活动，以点带面，呈现鹤庆文化、白族生活。

需要注意的是地方文化元素的挖掘不是简单的复制、模仿式的生搬硬套，而是运用现代审美和文化观念重新审视传统文化价值，遵循现代设计原则或理念，对银器进行有计划、有目的、有组织的整合利用和改造，改变当前银器产品千篇一律、浮躁跟风、形态陈旧、更新缓慢、缺乏市场竞争力的现象，以及忽视文化、轻视历史、重炒作、轻价值的短期行为。银器产品是具有文化内容、工艺价值和商业属性的产品，其背后是市场竞争下文化产品多方力量的较量。当前的人们越来越不满足于产品的一般功能，更加关注产品的附加价值，因此新华村银器产品创意设计要打破传统设计的惯有思维，将现代设计理念、科技、地域文化特色相嫁接，通过讲故事、寻找亮点、创造爆点等方法来满足人们的心理诉求，不断拓展新华村银器产品的发展空间和社会影响力。

3. 融入日常生活

设计源于生活、超越生活又引领生活。设计伴随着人们生活的发展不断地适应、改变和发展。现在银器产品的功能、材料、形态、色彩、装饰与过去的生活有着密切的关系，新时代下人们的生活条件和生活水平有了质的变化，银器产品创意设计应该与时俱进。从设计要素来看，银器产品创意设计应包括合乎人们需求的功能要素，适应人对形式美的形式要素，拥有将设计物得以制作完成的技术要素，依托创作者和接受者社会生产的经济要素。[1] 总的来看，新华村

---

[1] 周建波、陈嘉蓉、刘萍萍：《现代艺术设计与传统文化元素应用研究》，吉林人民出版社，2019年，第1页。

银器产品创意设计可以从产品功能、形式要素、工艺技艺、经济要素出发。

一是银器产品的功能和形式必须以相应的工艺技术为保证才能实现。从工艺品的发展历程来看，新产品和新样式的出现都是与当时的生产技术密切相关，新时代下市场需求的不断变化，也要求新华村工匠生产技术、产品技术和操作技术不断提升。除上述三个要素之外，银器企业在进行产品研发时还需要周密的市场调查和详细的资料分析，宏观上把握当前的设计潮流以及相关产品的优势和劣势，确定设计方向，对所设计的产品进行市场预测和方案评估，评估应包括所设计作品的成本、生产流程、工艺技艺、产量以及商品定价。

二是从银器的功能、造型、色彩、材料（纯度）、纹理和装饰等要素综合考虑，从社会的、经济的、文化的、技术的、审美的角度着手，创意设计出工艺精湛、造型精美、功能显著的产品，同时把握产品的整体要素。设计银器产品时应该考虑产品的生命周期，包括从初期进入市场到产品最后终结，以及成熟期相关产品的研发。同时，对产品的生产投入、包装、宣传、市场销售和售后服务等方面进行综合考虑。

（三）以要素迭代为核心进行生产流程调适

"创意是社会文化领域中的新观念、新思想、新设计的集合，是与人类的精神文化活动密切联系的一种文化体验。"[1] 新华村银器产品在改革开放后的几十年间已经形成了一套独特的社会组织、社会分工和销售流通体系。新华村银器产品实现创造性转化和创新性发展，

---

[1] 石明磊、周惠民：《文化创意与设计服务》，经济管理出版社，2018年，第59页。

需要其在生产方式、生产要素和产业结构上融入新思想、新观念和新方法。

1. 以市场为导向，整合生产流程

传统社会中，企业主导生产，企业生产出来什么，消费者消费什么。现代社会，随着市场经济的迅速发展，企业之间的竞争愈演愈烈，传统的生产观念已经不适应现代社会的发展要求，企业生产应该以顾客需求为核心，以获得顾客满足为目标，提高产品的服务质量。新华村银器创意生产赋能可以从以下两个方面进行整合：

一是提高市场调研分析能力。通过市场调研，发现市场中消费者的潜在需求，捕捉市场发展机会，并根据市场环境变化及时调整生产策略。具体可以从按订单设计、按订单生产、按订单装配，按库存销售几个方面进行。与生产其他商品不同的是银器产品生产所需要的成本高，根据订单需求及时地调整生产规模非常关键。从产品生产订单，产品预算到财务结算开展闭环式管控，严格控制生产成本。银器生产所要承担的材料成本较其他行业高，因此更需要考虑成本。以项目立项的方式，在生产投入前期进行策划，确保预算相对准确，产品生产过程中采取事中控制，及时调整预算确保生产顺利进行，生产结束后，进行总结，核算该阶段的投放资金，保证审计顺利过关。对于适销对路的产品，银器企业应该建立标准产品成本数据库，优化产品的生产指标和成本结构，为相关产品生产提供参数。

二是实施生产经营一体化。根据市场产品需求变动，对销售较好的产品，采取集中化生产方式，根据市场变动及时调整生产策略。借鉴企业管理方法和现代信息技术把产品设计开发、采购供销、加工制作和产品销售融为一体，充分利用新华村手工艺、工匠、产品、原料、配件等优势，将各类银器产品和相关社会网络关系融入企业的生产经营活动中，组建生产—销售联合、原材料供应加工—生产联合、生产商—经销商联合和同行企业联合，构建生产经营一体化融合发展，反哺新华村银器产业链的发展体系。

2.深化生产要素改革，优化供给结构

一是推动新华村银器供给侧改革。在中国"供给侧改革"提出之后，无论是学界还是政府都在探索如何"改"。从经济改革的角度来看，主要为了实现去产能、去库存、去杠杆、降成本、补短板这几个目标。[1]从政府政策上看，就是处理好政府与市场之间的关系。新华村银器产业正处于转型发展阶段，要处理好供给和需求之间的关系，推动新华村银器供给侧改革，需要将与现代消费不相适用的银器类型、造型、图式逐渐进行改良和淘汰，生产新产品和提供新服务，优化银器产品供给内容。增加需求侧管理，需要根据消费者的需求生产出适销对路的银器商品，利用消费驱动，带动银器产业发展。产能过剩是目前供给侧改革最大的顽疾，新华村部分银器企业积压了很多老旧商品。优化供给侧结构，新华村银器企业应该淘汰一些过剩产能，对一些老样式、费工时、价值低的银器产品进行淘汰，在供给上，生产一些与现代时尚、潮流、审美相契合的商品。

经营成本高是新华村银器产品发展存在的一个普遍问题，如何降低企业成本，需要政府、企业进行多方面的探索。政府层面，首先是要降低制度性的交易成本，简政放权，规范各项服务，提高行政效率。其次是营造公平公开的税赋环境，加强监管，理清各种不合理的收入，并对部分小微银器店铺进行一定的政策扶持。企业层面，加强企业间的合作，减轻物流成本，通过与物流公司签订合同，推动新华村物流体系建设。同时，大型企业继续发挥行业引领作用，

---

[1] 吴敬琏、厉以宁、郑永年：《读懂供给侧改革》，中信出版社，2016年，第3页。

团结当地工匠，积极研发，降低生产成本。

二是优化传统生产要素，应用新的生产要素。一方面是加强对先进制造工具的运用，银器产品生产要积极利用新技术、新设备、新工具，提高银器生产效率；另一方面是利用大数据技术，及时了解消费者的潜在需求，通过数据分析，生产适销对路的高质量商品。把用工长、产值低的银器，进行机械化和规模化生产，从而降低银器的成本，如银碗、银筷、银镯、银梳子等银器产品。对市场流通快、价格适宜、产品需求量大的工艺品进行甄选，甄选出市场中销售较好的产品，并采用铸模技术，运用模具进行标准化、批量化生产。根据市场需求，灵活研发新品类，将银器的主要参数、尺寸、基本结构进行合理规划和安排，生产系列化产品，推动产品设计更新，增加产品种类，扩大器物的运用范围，提高产量，降低生产成本。

3. 融入现代科技，推动智能化生产

数字化、智能化、信息化、自动化等高科技概念受到人们关注，并逐渐被运用到民族民间工艺品生产中，新华村银器在产业化发展过程中也应该重视现代科技的运用，推动银器生产。

一是推动银器智能化生产。互联网技术作为创意赋能最显著的方式，其网络化、服务化、个性化和智能化的特征可以渗透到各个行业。"互联网+制造"将工厂与信息技术相连，借助平台和产品设备，可以为企业提供智能化生产，为用户提供个性化定制服务。未来新华村银器企业可以引进智能化设备和先进的制造工具，利用信息采集和分析技术，优化银器生产流程，提高银器产品的生产效率。此外，新华村银器企业可以建立智能化工厂，利用机械臂，将传统用工长、成本高、非核心手工艺的流程交给机器人生产，推动银器产品生产数字化、智能化和网络化。

二是优化工艺生产流程，发展银器产品生产网络协同化。一方面通过改良传统的依靠纯手工锤揲、焊接、塑型、錾刻等工艺生产流程，利用现代科技，如在焊接上进行半手工（半自动化）制作，利用电焊、气焊等先进设备对银器进行焊接。另一方面借助互联网、大数据和云平台协同，保障银器生产的有效性。利用大数据监测市场需求变化，帮助企业及时调整产业架构和生产方向。在生产环节上广泛运用计算机辅助制造（CAM）和计算机集成制造系统（IMS）促进产品升级换代，提高银器的市场竞争力。此外，采用制造资源计划（MRN）和企业资源计划（ERP）技术，从而增强企业在生产、消费和销售上的综合性管理的能力，提高管理决策效率，及时调整生产规模。[1]

　　三是打造银器区块链溯源服务平台。当前消费者对商品的品质要求越来越高，企业对成本的控制也越来越严格。随着数字技术的发展，把商品溯源、运输流程的监管纳入数字化转型中，依托区块链、物联网和大数据等数字技术形成区块链溯源服务平台。区块链溯源服务平台，一方面有助于增强银器产品质量和工艺的可信度和数据的有效性，同时保障产品的不可篡改，实现全流程溯源，增强银器品牌的可信度，保障银器的商品价值。另一方面溯源服务对保护银器外观专利和知识产权具有重要意义，有助于建立良性循环的创新型社会，推动新华村银器产品的创意发展。未来可以尝试与名师合作，从源头设计到成品制作，采用数字化管理的方式记录工艺师制作过程，从源头保障作品的批次和质量，为大师名作收藏的真伪提供保证。在大师作品试点成熟后，当地银器企业未来可以直接将区块链技术运用到普通银器生产中，通过平台记录白银原料使用、银器产品制作流程、再到消费者其中的每个环节的数据，建立全链数

---

[1] 曾德高、张凤：《信息技术促进传统产业融合发展研究》，《改革与战略》2010年第12期。

据库,让每件银器产品都有迹可查。银器所有者只需要扫码便可识别银器的品牌、生产日期、制作流程、工艺技艺、产品理念等内容。

四是利用3D打印技术,推动银器产品任意批量化生产。3D打印技术被称为"增材制造",与传统的制造技艺相比,3D打印机能制作出原型产品和有功能的器物。3D打印技术能制造任意形状的产品,进行任意批量化生产,实现工艺品个性化设计与制造。在未来,随着3D打印技术的逐渐成熟,新华村银器企业在产品研发和设计上可以采用3D打印技术为银器设计赋能,一是利用3D打印技术能将计算机上的银器模型自动、快速和较为精准地转化为实物,实物制作完成后再对外观和功能进行评估后即可投入生产,如果存在问题,只需要借助CAD模型进行修改,不会产生任何的制作成本。3D打印技术用软件代替人工,生成时间更短,方便修改原型,有助于降低银器的研发成本。二是过去设计师和工匠有很好的想法,但由于铸造、锻造技术的局限,导致产品研发中合格率很低,而3D打印将传统的制造工艺结合,未来可以理念先行,将其转化为实物,再进行技艺上的提升。例如"木纹金"的研发,是否可以借助3D打印技术,采用数字模型,将金、银、铜等材料逐层堆积制造,观察金属堆积形成后的肌理和纹路是否能形成"木纹金",再研究具体工艺的制作过程。对"木纹金"新品的开发,是否可以利用3D打印技术,模拟不破坏纹路进行一体化制造后的效果,再决定是否投入市场。三是借助3D打印技术研发银器模具,传统的金属模具需要建造注塑模具,而3D打印技术不需要传统机床、夹具或任何的模具,可以直接将计算机上的任意形状、大小的图形生产为成品,该种方式为个性化银器的设计生产提供了便利,让每个人都可以参与银器设计。

（四）以平台应用为趋向的营销策略

消费社会中，人们不仅考虑商品的实用价值，还考虑商品所带来的情绪价值和符号价值。消费者需求的多样性，使传统营销方式已经很难完全满足消费者的需求，创意主体必须通过营销活动刺激消费者的欲望，博得消费者的关注，才能获得利益。[1] 约翰·费斯克认为："任何商品都有实用价值和文化价值，因此商品具有两种属性，一种是物质属性，另一种是文化属性。"[2] 其中，物质属性是商品生产本身就具备的基本功能，商品的文化属性大多是在营销活动中体现。因此，商品生产者往往需要将原来纯粹的物质性商品通过营销放大为文化性商品，运用故事或者文化活动凸显商品的独特性，吸引顾客。市场化经济下，依托平台可以为新华村银器营销活动提供更多的可能。

1. 电商直播平台赋能银器营销

随着互联网的迅速发展，直播行业巨大的市场体量，推动着电子商务领域的变革。2019年电商直播全面爆发，各大平台纷纷下场，这一年又被称为电商直播元年。近年来，传统的线下销售被迫转向线上，直播带货商家数量激增，消费者观看直播购物的消费习惯逐渐养成，在线直播消费逐渐获得社会认可。2022年2月到新华村调研时从事直播带货的已经有20多家，部分银器品牌和工匠利用直播带货取得了不错的成果。在政府的帮助下，新华村银器小镇建立了电商直播基地。

一是利用直播穿越时空，重构"人、货"场景。将银器商品与人联系起来，减少供需信息不对称。一方面可以通过可视化平台观看工艺师现场制作，让消费者能够多维度观看工艺品制作的过程，

---

[1] 董文静：《创意产业运行机制研究》，中国政法大学出版社，2014年，第181页。
[2] [美]约翰·费斯克：《理解大众文化》，王晓钰、宋伟杰译，中央编译出版社，2001年，第18页。

有效破解消费者对工艺品不了解、不信任，工艺师缺乏名气、尚未建立品牌的痛点，进而传播传统银器工艺文化，增加工艺师名气，构建工艺品牌。另一方面实时解答消费者的疑问，用户在观看直播时更好地了解银器的属性，让商品物尽其用，例如，新华村主播可以在直播间里教观众清洗银器或教银器保养的方法，通过双方的互动，有利于增强用户的黏性。

二是精简销售渠道和流通渠道，降低企业成本。未来，新华村应该充分利用"云南淘宝村"的优势，发展直播带货。借助直播电商能迅速、准确、真实地反映前端消费情况，用前端来指导生产，缩短供应链环节。在产品设计研发阶段，根据用户需求提供市场建议。在品牌推广上，直播间有助于多渠道推广银器产品，打造爆款商品；在价值提升上，主播在直播间通过讲好品牌故事，介绍银器功能和特性等方式，传播品牌理念，增强品牌价值；在产销上，直播带货跳过了中间商环节，让工坊（银匠）直接对接消费者，减少中间环节，缩短用户信息的反馈时间，降低银器销售成本，为消费者提供"物美价廉"的商品。

三是实施内容营销。在线直播营销的本质是一场线上银器促销和推广活动，因此必须有明确的主题吸引用户关注，在主题之下，利用视觉、听觉展现产品和服务，吸引和锁住观众的注意力，从而实现消费转化。这就需要企业不定期地对主播进行培训、变换直播场地的搭建风格，达到直播的"人、货、场"的目标。策划直播现场的配乐、话术，以及主播如何与观众进行沟通和互动的内容，让观众沉浸式地体验整场直播活动，并让观众感受到商家的重视，从而提高观众的进场率和留存率。

四是创新宣传方式。过去，主播在直播间以专属的优惠价格吸引消费者并承担着品牌"代言人"的形象，而代言人的不当言论和行为就会影响品牌的形象。未来,新华村银器产品可以通过建立起自己的直播间,降低对"网红主播"的依赖,转变过去的发展思路,孵化或打造名师、名匠IP来提高当地银器产品的知名度和影响力,正如方李莉所说,"传统工艺产业以劳动力取胜,机器时代则以资本竞争取胜,而新兴工艺企业或作坊依靠地方性知识和工艺名匠所取胜"。[1] 未来,将原来的依靠主播转向发展当地的名师、名匠。

五是充分利用银器小镇中电商直播基地的资源优势,发挥新华村银器生产加工的货源特点,通过招商引资,聘请专业团队,严选好物,发展直播带货。同时,加强银器企业、直播基地和快递公司的深度合作,保证供应链和物流链,让消费者能及时安全地收到商品。

2. 社交媒体赋能银器营销

随着社交媒体的迅速发展,社交平台将巨大的流量引入,从而转变为强有力的社群力量。社交平台的兴起,消费者社交方式的多元化和注意力碎片化的趋势加强,使原来硬广推销的效果逐渐减弱。社交媒体增强了买家和卖家之间的交流,双方在互动的过程中卖家更能精准地把握买家的需求,使买家的个性化需求得到满足。社交媒体中的群体参与行为实现了经济赋能。在这种情况下,银器企业如何吸引用户的"注意力"成为关键。在未来,新华村可以通过搭建社群、发展社群营销、情感营销等方式推动银器销售。

一是构建社群,实施社群营销。传统的营销模式是客户购买不会留存任何信息,让商家失去了客户第二次转化的机会,而现在利用朋友圈、小程序、快团团等方式布局,可以帮助企业建立更广泛的传播链条,扩大品牌的影响力,同时提高银器销售的转化率。新华村银器品牌通过建立微信群和朋友圈等方式引流目标客户,取得

---

[1] 方李莉:《开放性的艺术人类学思考——方李莉学术自述》,《民族艺术》2016年第3期。

了不错的效果，但广告天天发，容易引起反感，这也成了很多商家的痛点。未来，新华村银器商家可以通过借鉴以下方式为社群营销赋能：首先，明确品牌定位，品牌是定位高端市场还是通货市场，定位不同，营销手段有所区别。高端市场的银器品牌可以建立社群会员制度，为客户提供私人专享服务，并采用会员积分制度，对积分高的会员提供优享服务，例如：提前预订新款银器，从而增强用户的黏度，提高社群的转化率；对走大众路线的银器品牌，可以建立企业微信群，群里的管家定期发布品牌信息和活动预告，为顾客答疑解惑和提供温馨提示。其次，增强社群活跃度，在群里不间断地与消费者互动，提高消费者对品牌的好感度和满意度，同时将线上与线下活动相承接，增强用户的体验感。

二是进行情感营销。情感营销通过对生活细致入微的洞察，将人与人之间美好的感情描绘出来，有助于引发观众的情感共鸣，同时传递品牌特殊的情感特质，从而触发消费。目前消费者需求偏好已经发生了变化，从原来的"性价比"向"颜值经济"和"心价比"转变，人们更加重视消费的感受和体验，这就倒逼品牌在营销时需要主动寻找消费者的"获得感"和"认可度"，打造新品牌和新概念。未来，新华村银器可以继续发挥"一户一品"的产业特色，通过寻找自身特点，打造品牌优势。例如，借助"国潮""民艺""非遗""工匠""手作"等文化特色，取得顾客的共鸣，也可根据自己的产品和工匠的风格，走小众化路线，打造品牌优势，进行情感营销。

3. 短视频赋能银器营销

短视频以观看时长短、社交属性强、制作门槛低等特点成为市场营销的重要方式。短视频与传统的营销手段相比，短视频比图文更容易抓住人的眼球，让观众产生代入感。随着画面的呈现，伴随着旁白、音乐、剧情和语调更容易走进观众的内心。短视频还具有强互动性，观众在观看过程中能及时互动，例如观看视频时参与评论、转发、点赞、收藏和投币，这些方式增强了营销者与被营销者之间的互动，也让人们更容易接受。新华村银器利用短视频营销时可以从以下两个方面考虑：

一是找准定位，选择合适的平台。短视频平台类型主要分为内容推荐平台、社交分享平台和综合短视频平台。内容推荐平台主要作用是对上传到该平台的内容进行推送，主要是内容的提供者；社交分享平台提供观众娱乐社交和互动，而非专业化的视频投放，这类平台的传播速度快，观众在日常生活中使用频率高。综合短视频平台在结合上述两种平台的特点后，它还涵盖了短视频的内容制作，要根据品牌定位选择适合的平台进行营销。短视频内容创作要具有故事性，相比普通的广告，营销类的短视频需要在几秒或者几分钟内讲述一个较为完整的故事，不是简单地用产品与观众直接对话，而是通过故事让观众了解产品的设计理念，塑造品牌故事。此外，短视频营销要把握好时间，在保证用户观赏性的同时，提高用户的讨论度。

二是提高视频运营和管理能力。首先，学习短视频运营的相关知识，招聘相关新媒体的人才，弥补内容营销领域中的不足；从单个产品运营开始，通过视频将内容价值内化，让用户体验到产品优势，让用户爱上产品、持续使用产品、转发和推荐产品。其次，在短视频内容上，制作好的内容。好的内容能够使用户获取更多的信息，甚至可以一定程度上替代语言上的沟通，增强双方感情。并针对特定产品，制定相关的营销内容；再次，努力提升账号的知名度，增强消费者的好感度和满意度，提高粉丝量，利用视频内容宣传品牌价值，让观众和粉丝深入了解品牌文化和产品理念。增强与粉丝互动，提高自身活跃度，对于用户提出的问题认真回答，耐心进行引导，积极反馈，获取正面评价最终实现营销目标。

（五）以潮流生活为导向促动消费

当前社会以大规模的物质（商品）消费为特征，它不仅改变了人们的日常生活，还改变了人与人之间的社会关系，甚至是看待世界的方式。[1]大卫·哈维等学者曾指出，近年来的消费领域中出现了两种情况："一种是非物质形态的商品在消费领域的比重越来越大；另一种是符号和视觉形象的生产控制和操纵着消费趣味与时尚。"[2]企业以盈利为目的，商品生产的最终目的是消费，亚当·斯密曾说过"消费是所有生产的目的和归宿"，从而延伸到"我买故我在"，消费者的消费行为不可避免地会受到社会和文化因素的影响，创意消费即以消费者需求为核心，考虑消费者从属的社会阶层、生活趣味、流行时尚，并通过广告宣传、技术策略和价格策略不断地刺激大众的需求，促进消费。

1. 沉浸式体验赋能银器产品消费

近年来，沉浸式作为新的设计思路和叙事被广泛运用在各个行业。沉浸式消费，其关键是抓住了个体完全将注意力投放在事物上，从而获得满足感。现代社会娱乐方式的多元化，沉浸式拓展了过往娱乐体验的内涵和边界。[3]

银器工艺品的手作属性，可以延伸到让消费者参与到银器产品的制作中。工艺制作过程中不同的群体几乎在手工中都能找到自己的快乐。对于长期生活在快节奏和高压环境中的大众来说，银器手工艺的文化和艺术元素，帮助他们在慢节奏的工艺体验中沉浸下来

---

[1] 罗钢、王中忱主编：《消费文化读本》，中国社会科学出版社，2003年，第1—2页。
[2] 罗钢、王中忱主编：《消费文化读本》，中国社会科学出版社，2003年，第8页。
[3] 晏国祥：《消费体验理论评述》，《财贸研究》2006年第6期。

感受生活。此外，银器手工艺体验有利于帮助消费者在体验中了解传统工艺文化，加深传统工艺的记忆，提高文化认同，同时拓展原来的生产和经营方式，让消费者感受手作的温度和内涵。

如何开发沉浸式银器消费，让消费者在银器手工制作过程中能够享受文化，表达自我，传递快乐。一是工艺企业或工匠在制定消费策略时应以体验消费为导向，让消费者参与银器产品的设计、制作，充分发挥消费者的动手能力和创意能力，例如，开办手工艺坊进行教、学、研、购一体化项目，让消费者参与到银器创意、制作和学习中。不定期开办银器手工艺培训班、传统工艺文化论坛和文化节等活动，让顾客参与到工艺制作中，感受传统文化的魅力；同时让银匠在文化交流中了解消费者的诉求，促进银器文化的传播与传承，让消费者感受银器制作的不易，了解传统文化的魅力。二是积极搭建银器展示平台，让消费者在相互"比美"中，满足"炫耀性"消费的心理需求。三是开发旅游+工艺体验活动，根据顾客需求，开发半成品银器产品，将半成品交给游客DIY，把手工技艺体验嵌入旅游中，让游客在手作中真实感受银器文化内涵。四是提供个性化服务，根据顾客的需求和偏好，为顾客提供，专业设计、定制银器服务，并鼓励他们参与设计和制作，重视宣传银器体验对个体创造力的价值，吸引更多的消费者。

2.空间、场景赋能银器产品消费

文化一直以来有空间的隐喻，不同空间对同一物品的消费，它的意义会发生改变。空间表现的不仅仅是实际的事实背景，还具有物理性和社会性意义，它在塑造人们对自身认同与感觉。[1]社会经济的发展催生了场景理论，消费作为人类独特的社会行为，场景对消

---

1 赵玉萍、汪明峰、孙莹：《全球化背景下上海时尚消费空间的形成机制研究》，《上海城市规划》2019年第2期。

费具有刺激和导向作用，传统工艺品生产制作的场所本身就是一个场景，它提供了工匠工作和生活的空间，但缺乏消费意义。[1]20世纪80年代，新芝加哥学派的特里·克拉克和丹尼尔·西尔提出场景理论的概念，他们发现世界各地城市和社区中的居民，他们对空间的追求越来越高，场景成为现代消费新的驱动力，在城市中出现越来越多具有文化意义的场景，如电影院、酒吧、剧院、书店、美术馆等，这些场景被城市设计为真实、在地的文化消费场所。[2]在鲍德里亚的消费社会中，商品的消费不仅仅是对物的消费，还是包含了物的"符号"意义的消费，"物"为了成为消费对象，其中必须含有"符号"。因此，建设一个具有文化意义的消费空间对民族民间工艺产业的发展至关重要。新华村作为一个生产、生活、消费的空间整体，银器是当地的文化符号，在文化场景构建中需要的不仅是解决消费者对银器买卖的问题，还是基于对消费者的理解，通过洞察消费者的出行、生活的变化，深刻认识消费转型升级的内在逻辑，创意设计出具有民族特色和地方特点的工艺品，在合适的时间和空间建设具有真实性、戏剧性、合法性的场所。未来，新华村可以从以下三个方面完善空间：

一是完善公共基础设施。针对当前的公共基础设施，提高公共服务能力，拓展新华村场景的娱乐性和戏剧性，当前游客进到新华村以"购"为主，在新华村整个空间中普遍缺乏娱乐内容。未来银器小镇可以通过招商引资，在村里开设民宿、咖啡馆、茶馆、餐饮店、书店等场景，吸引不同群体进入新华，让人们享受"玩在新华，留在新华"的乐趣。

---

[1]〔加〕丹尼尔·亚伦·西尔、〔加〕特里·尼科尔斯·克拉克：《场景：空间品质如何塑造社会生活》，祁述裕、吴军等译，社会科学文献出版社，2019年。
[2] 戴俊骋、那鲲鹏、赵子婧：《当前文化消费空间特征与发展动向探析》，《城市发展研究》2021年第7期。

二是融入历史故事、民族信仰、民族风俗，将当地生活方式和传统工艺文化相联结，让大众在消费的过程中与新华村建立更为广泛的社会关系。例如，举办主题活动，建设具有民族特色和传统文化氛围的工艺坊、教学空间、银器博物馆、工艺产品售卖区、DIY体验馆等场景符号，满足消费者在购物中场景的想象，拓展这些空间的公共文化服务和休闲娱乐功能，通过举办银器文创活动，将创意和银器相联结，并带动相关产业的繁荣。

三是打造银器故事化场景，营造良好的银器手工艺文化氛围，用故事和场景吸引消费者。运用现代科技还原新华村"小炉匠""进藏"等历史故事。深入挖掘工艺历史、工匠精神、工艺技艺、工艺成就等工艺文化背后的故事，增强工艺文化的厚重感，凸显手工技艺的珍贵。

3. 圈层文化赋能银器产品消费

圈层即具有共同兴趣、爱好和价值观的人，在一定的时间内形成相对稳定的群体。当前市场环境中圈层消费所爆发出来的潜力越来越明显，Z世代、银发族、小镇青年、新中产等不断演化，大圈层中又演化出新的小圈层。在"顾客就是上帝"的时代，用户的需求成为商业活动价值的起点，银器行业必须洞察用户的偏好，根据圈层需求，制定相关营销策略，方可发掘动能优势，促进经济增长，扩大消费市场。新华村银器企业应该以消费者的需求为核心，创意个性化消费形式：

一是对银器产品进行市场细分，将银器产品的使用方式、使用场景、设计素材和制作工艺等进行细分，通过细分市场来吸引不同的消费者。对新华村银器产品种类进行细分，例如当前村里大量加工制作的茶具，可分为茶杯、茶壶、茶碗、茶盏、茶碟、茶盘和茶宠，每种品类根据造型、图案、工艺、大小又可以进行细分，根据工艺技艺又可分为锤目、錾刻、铜包银等，帮助消费者从大量的商品中及时找到喜欢的产品。

二是深入目标圈层，做到专、精、深。当前新华村设计制作出一系列的银器茶具，但很多品牌并没有市场细分，品牌定位不清晰，面对庞大的银器茶具市场，银器茶具品牌可以根据工匠擅长的工艺和风格进行划分，例如，分析工匠擅长简洁、古拙的风格，还是传统山水花鸟风格，从而确定品牌的调性、文化、价格和受众，再按照品牌定位深入目标消费者，为目标圈层提供精细化服务，打造爆款。

4. 元宇宙赋能银器产品虚拟消费

元宇宙（Metaverse）是整合多项互联网新技术展现社会形态的新应用。元宇宙重构了人的感官体验、拓宽了人的生存空间、拓宽了人的思想实践，帮助人类实现社交、生产、经济上的虚拟共生。从应用场景来看，未来新华村银器可以借助元宇宙赋能银器产业链上各个生产环节以及核心资源场景的运用，包括银器研发设计、生产控制、运营管理到协同制作。从银器产品消费来看，元宇宙赋能银器产品虚拟消费：

一是元宇宙穿越时空，赋能银器文化传承创新。元宇宙通过数字技术让传统银器锻制技艺在数字空间生动再现，帮助大众了解银器产品制作过程，消费者以虚拟人的形式参与银器产品的设计和制作，促进银器手工艺的传承、传播和交流。在未来，新华村可以借助元宇宙实现虚拟和现实的联动，帮助银器品牌孕育大量新的消费场景，辐射线下实体经济。另外，通过数字孪生技术，在新华村景区建立覆盖 VR、AR、MR 的交互场景，展示鹤庆银器历史文化，生动再现"小炉匠""走夷方""进藏区"等故事，让观众回溯历史，丰富旅游体验。

二是元宇宙释放想象，赋能银器产品价值。元宇宙让艺术作品更容易购买，保障产品的质量，传统的艺术品收藏需要经过复杂的流通环节，存在较高的流动风险和保养成本，而元宇宙的数字藏品可实现即时交易、永续存在，帮助藏品传播和保值，未来可以借助NFT的唯一公开性、不可篡改性、方便交易的属性开发大师银器数字藏品，提供给消费者更多的权益和保障。同时，通过元宇宙依托数字技术打造银器虚拟作品，推动数字藏品创新和实体经济的结合，推动银器文化在年轻消费群体中的持续发展。

三是元宇宙增强感官体验，促进沉浸式消费。元宇宙通过数字技术进行人与场景的建设，实现人与场、虚拟人和虚拟场景的互动。未来，可以通过搭建虚拟新华村、虚拟人和虚拟银器店铺，在店铺中建设智能交互屏接待顾客，为消费者提供个性化的讲解，实施精准化营销，塑造品牌专属IP名片，自动化进行好物推荐，人流监控引导，节日主题装修风格变换和提供消费者打卡专区，增强消费体验。

狮河村：剑川木雕手工艺品的反脆弱研究

作　者：张　茜
　　　　云南大学民族学与社会学学院
　　　　2019级民族文化产业专业硕士研究生
指导教师：刘从水

在长期的历史发展过程中，剑川木雕上至恢宏建筑，下至日用良器，皆在白族的日常生活和生产中发挥着重要的作用。木雕艺人在历经千年的文化实践中传承了纯手工的雕刻技艺。贯穿于剑川木雕技艺与作品中的认知图式、价值观念、审美趣味，折射了地方和民族的文化心理，赓续着白族文化的精神涵养。

随着信息技术高速发展和现代文化消费转型，传统手工艺与现代风险话语呈现出日益结合的研究趋势。民族手工艺由于个体的材料差异、文化差异、环境差异等，在进入现代化市场中表现出不同程度和差异化的脆弱性问题。在当前互联网快速发展和消费方式、消费观念不断更迭的背景下，剑川木雕手工艺的脆弱性贯穿在文化传承、文化再生、文化转型、文化消费等文化发展过程中，面临着手工艺实践传承式微、手工艺产品本体的脆弱、图式造型程式化、文化消费体验不佳等脆弱性问题。

传统民族手工艺要具备历久弥新的民族文化生命力，就必须提高其反脆弱能力。针对剑川木雕的脆弱性问题，增强剑川木雕手工艺的文化韧性，提高传承主体内在的文化自觉，以手工艺文化产品的内在创新激发文化消费潜力，实现剑川木雕在现代化文化市场中的可持续传承和反脆弱发展。

一、剑川木雕的历史与现状

剑川木雕被认为是中国八大木雕流派之一，是中国滇西艺术史上的一朵奇葩。木建筑构成了剑川狮河村的文化生态景观，木工成为剑川狮河村乡民重要的生计方式，木雕业成为剑川狮河村乡村经济发展的支柱产业。因此，滇西流传着这样一句民间谚语："丽江粑粑鹤庆酒，剑川木雕到处有"，描述的就是剑川木匠走四方，广泛传播剑川木雕技艺的现象。

（一）剑川木雕的发展历程

剑川木雕工艺起源于新石器时期剑川剑湖流域的海门口，其中发掘的干栏式建筑是剑川先民早期利用木材进行房屋建造的有力证明。南诏大理国时期，即唐宋时期，统一的区域性政权相对稳定，促进了云南社会经济文化的高度发展。[1]在此时期，剑川木雕吸收了儒家文化、印度佛教文化等，受到多元文化的浸润及内地木雕工艺的影响，雕刻类型逐渐细分，雕刻技艺逐渐熟练、精细。剑川木雕工艺逐渐成熟，工艺特征从建筑生活木雕走向文化艺术木雕，文化内涵突出、艺术特征明显。元明清时期，剑川木雕图式、工艺、风格得以定型，达到繁荣兴盛的阶段。建水孔庙（元）、昆明金马碧鸡坊（明）、北京明清故宫、清代承德避暑山庄、香格里拉松赞林寺（清）等，都是这一时期剑川木雕繁荣发展、广泛传播的历史佐证。清末民初，政治动乱、社会经济凋敝，剑川匠人迫于生计压力形成了"走夷方"[2]的传统，进一步传播名声。中华人民共和国成立后，传统手工业进入了社会主义发展阶段，手工艺产业振兴发展。在特定的政治背景和经济发展环境下，剑川木雕传统手工业的发展几经停滞。改革开放后，受益于市场经济政策，剑川木雕手工业走向海外市场，得以复兴。

历史发展的特征深刻影响了手工艺美学风格，汉儒文化的扩散

---

[1] 施惟达、段炳昌：《云南民族文化概说》，云南大学出版社，2004年，第45页。
[2] "走夷方"是云南大理的民族手工艺在西南商贸文明和大规模人口流动下形成的一种流动性特点，也称作"出门"，指手艺人相互结伴，背上工具和行李，外出做手艺谋生。鹤庆新华村银匠也有同样的外出流动性特点。

与地方性知识的融合，推动了手工艺美学风格的变化。[1]剑川木雕的历史发展不仅与各个时期的政治、经济、文化背景密切相关，也与人们对于木雕的生活需求、精神需求息息相关。剑川木雕在长期的历史发展过程中，磨炼了高超的技艺水平，凝结了剑川木匠的民间智慧，塑造了白族人民吃苦耐劳、坚韧的民族性格。

（二）剑川木雕手工艺的现状

剑川木雕享有"西南第一雕"的美誉。在木雕的传承发展和官方的文化价值认定过程中，剑川木雕与民族文化经济、乡村经济紧密结合，不仅是巩固物质生活的经济手段，更是维系人民情感和文化生活的纽带。本节从剑川木雕的技艺发展、产品类型、传承方式、生产组织方式四个方面考察剑川木雕的现状。

1.镂空雕刻技艺与数字化应用

（1）"镂空深浮雕"的核心技艺

剑川木雕工艺在长期的历史发展过程中，其技艺伴随着操作工具的精细化，在反复的训练和操作过程中得以发展进步。剑川木雕现有的雕刻手法有浮雕、平雕、圆雕、透雕、镂空雕等。其中，浮雕是在平面上通过压缩形成凹凸起伏形象的一种雕刻手法，分为深浮雕和浅浮雕。剑川木雕多采用深浮雕的表现手法，通过层层镂空雕刻，形成了一定的空间层次感和立体感。多层雕花正是剑川木雕独特的"镂空深浮雕"技艺的展现。通过一层一层的镂空，将繁复的传统图案以立体的形式展现出来，内部的细节也在手艺人高超的雕刻手法中处理得更加精妙。七层雕花是剑川木雕所能达到的最高

---

[1] 李佳：《族群认同、文化权力与手工艺传统——以大理剑川木雕为例》，《中央民族大学学报（哲学社会科学版）》2015年第2期。

层次的雕刻水平。[1] 镂空深浮雕技艺不仅展现了剑川木雕传统图式"精巧繁缛"的特点，也是纯手工雕刻技艺所实现的超高水平契合度和精准度的象征。

剑川当地流行的多层雕花，正是木雕艺人过分追求技艺比拼而形成的工艺内卷现象，在很大程度上使得剑川木雕难以实现从传统向现代的跨越。在机械化没有来临的时代，木雕主要依靠人灵巧的双手进行手工雕刻，尤其考验人的耐力和精细程度。但如今，也有越来越多的手艺人意识到，技艺内卷下产生的木雕作品已经不适合快消费时代，多层镂空的纯手工雕刻虽然更加凸显图式的立体生动，但同时也费时费力，人力成本价格较高。于是，手艺人也逐渐从层层平铺的镂空转向了对木雕作品部分细节的镂空。

（2）雕刻工具的精细化

剑川木雕的生产流程主要分为画图、下木材、打坯、精雕、修光。剑川木雕技艺的发展离不开木雕工具雕刻刀的日益精细。当下的雕刻工具大部分是从历史上延续下来的，目前只能在精细度和舒适度方面进行提升。过去，传统的木雕匠人不仅会做木雕，同样也要自己打造所用的雕刻刀，对于自己所需的工具有更加精准的感知，雕刻出来的作品也更加自然饱满。木雕工具的知识是木雕工艺知识体系中重要的组成部分，手艺人在反复的实践过程中熟练掌握与应用这些知识，也通过实践不断进行补充和完善。

木雕的生产工具主要分为辅助性生产工具和雕刻刀。在正式雕刻前，需要借助辅助性生产工具把木料打磨至适合雕刻的大小。例如，斧子、锯子、敲锤、钢丝锯、木锉、刨子、墨斗、打坯凳等。

---

1 "七层雕花"是剑川当地手艺人对镂空深浮雕所形成的雕花层次的描述，层次越高则雕刻难度越大。笔者通过调研访谈得知，目前（2022年）手艺人认为剑川木雕所能达到的最高水平的雕花极限是七层雕花。

雕刻刀主要使用毛坯刀、修光刀、斜刀、平角刀、圆角刀、三角刀、中钢凿、反口凿、翘头凿、针凿等工具，各种雕刻工具对应不同的雕刻场所。手艺人对不同工具刀的选择与运用，体现了其对木雕工具知识的理解。

剑川传统的木雕雕刻刀能满足手艺人雕刻木雕日常场景的需求，而网购的雕刻刀大多是机械化生产下精细的微型刻刀，则满足了手艺人雕刻木雕细微场景的需求。从雕刻刀工具的演变可以看出，剑川木雕艺人一方面执着于传统的雕刻工具，另一方面也在实践中尝试运用现代化雕刻工具，不断追求雕刻的精细化。

（3）数字化技术的应用

工艺的发展离不开手工技术和机械技术的革新。工艺制作的精良不单单出自精巧的手艺，也来自越来越精密的工具。手工与机器结合是剑川木雕雕刻技艺的现状，根据机械化利用程度的不同，相应雕刻技艺主要分为纯手工、半手工半机器、全机雕的雕刻方式。手工雕刻主要针对的是具有较高艺术价值、审美价值的木雕手工艺品或具有收藏性质的木雕工艺品，如脱胎于格子门上裙板的四条屏挂件。半手工半机器主要针对具备很强的使用价值但又附加一定观赏价值的产品，通过借助机器打磨木雕的粗坯，再加上手艺人的手工雕刻和打磨使其在实用的基础上更加美观，如房屋上的斗拱[1]、雀替[2]、挂落[3]等。全机雕主要针对的是日常使用的门窗家具等生活性产品，这类产品用手工雕刻的成本更高，费时费力，工艺价值难以凸显。

---

1 斗拱常用于民居、寺观庙宇。一攒斗拱，由方斗、曲拱、斜昂、枋子等组成，起到支撑荷载作用。

2 雀替即梁枋，其与柱子交界处的托座不但具有很好的支撑作用，同时也起到很好的装饰效果。

3 挂落又称为"倒挂楣子""挂落飞罩"，位于房屋檐枋之下，其图案样式常根据主人的喜好来选择。

因此，通过设定图纸，利用数字雕花机就可以实现批量化、标准化生产，如格子门窗。这样既把人从低级、重复和繁重的流水线工序中解放出来，又降低了劳动力成本。电脑控制下的雕花机按照标准化生产出的产品图案线条规整，可以满足大众一般的生活需求，但同样机械复制技术下的手工艺品却丧失了艺术的"灵韵"[1]。

手工与机器的结合是现代剑川木雕常见的一种雕刻方式，二者结合才能创造出美好的体验感。如果不是太复杂的木雕挂件，手艺人接到订单后就会先借助现代打磨机器打磨出木雕粗坯，然后再进行手工的精雕细琢。现代技术要为人服务、为人所用，才能更好地辅助手工生产，才能有效调适机器与劳动力之间的张力。手艺人在合理使用机器的基础上，通过文化科技的加持不仅提高了雕刻效率，节约了劳动成本，融入了更多的科技感，同时也通过手工的精雕保留了手工价值，提升了木雕的观赏性和体验感。

2. 多元创作维度下的木雕产品

木雕是中国雕塑工艺的一种，在文化流变中保留着传统的文化基因。剑川木雕是从传统民居木建筑中脱胎出来的一种工艺类型，不仅具有实用价值，同时其艺术价值也极其丰富。在多元创作维度下，剑川木雕艺术大体形成了"三大种类、六大品系"。三大种类分别是建筑类、家居家具类、陈设装饰类。六大体系分别为大理石与木雕工艺结合的家具系列、木雕挂屏与座屏系列、格子门系列、木雕古建筑及装修系列、现代木工家具产品系列、木雕旅游工艺品系列。[2] 建筑类、家具类木雕侧重于剑川木雕的使用价值，是剑川白族民众民居建筑的重要组成。而陈设装饰类木雕以艺术价值和观赏价

---

[1] 瓦尔特·本雅明在《技术复制时代的艺术作品》中认为"在艺术品可复制时代中，枯萎的是艺术作品的灵韵"，艺术品独一无二的原创性、膜拜价值和距离感逐渐消弭。

[2] 段四兴、陈钧：《大理剑川木雕艺术研究》，云南人民出版社，2018年，第45、48页。

值著称,对空间环境的艺术营造起到烘托作用。

建筑类木雕也称为大木作,是剑川木雕的一种大类型,主要涵盖木建筑民居,以及民居上的一些木雕装饰。目前,剑川白族的民居建筑对于木雕构件仍有较大的需求,其建筑风格延续以木结构为主的白族传统建筑。竖木头房以及用木雕门窗装饰仍然是剑川当地流行的建筑样式。如果打算建造木头房子,需要提前几年就买好木材,经过风干晾晒,然后请当地有名的大木作木匠来规划设计。从平地到上梁,白族木结构传统民居起屋的过程中充斥着丰富的仪式礼俗,蕴含着榫卯结构的古老智慧。除了房屋结构是木建筑之外,木雕窗、格子门成为木建筑民居装饰的必需品。剑川木雕门窗讲求实用美观,常以充满意趣的人物故事、花卉禽兽作为构图主题。

家具类木雕是剑川木雕的特色产品类型,有20世纪70年代研制的大理石云木家具、中式家具,也有保留木材的原貌,用风化老木制作成的桌椅、茶板。大理石与木雕工艺结合的家具主要有大理石云木家具、大理石镶嵌的座屏装饰等,这是在传统木雕的基础上研发设计的具有大理地方特色的经典文化产品。大理石云木家具有"花鸟雄狮""百鸟朝凤""孔雀山茶""喜鹊梅花"等套件。精湛的剑川木雕技艺与绚丽美观的天然石纹大理石相结合,不仅体现了剑川工匠巧妙的设计构思,同时也为剑川木雕与其他非遗的融合提供了思路。随着现代设计和审美观念的发展,以风化老木为材料制作成的桌椅也受到了消费者的喜爱。

手工艺类木雕是随着旅游市场兴起而逐渐细分的一个门类,产品类型有木雕挂屏、木雕摆件、文房四宝、花瓶、果盘等,以大理当地的山川风貌、花鸟虫鱼、梅兰竹菊为雕刻题材;也有传统的佛像造型、历史人物、现代的卡通人物造型。动植物和人物的刻画是剑川手工艺类木雕的主要题材类型。在这些品系门类的产品中,挂屏与座屏系列、木雕旅游工艺品系列多以手工为主。此类产品注重装饰和日常生活中的实用，因此更能突出手工的价值和技艺的精湛。彩绘木雕是木雕旅游工艺品系列中的一种类型，主要用于家居装饰。由于木头本身的颜色不够鲜明亮丽，于是木匠们便在原木色上印染鲜艳的颜色，以此来增强木雕的视觉效果。雕刻的内容多为花卉、植物，还有将木雕做成彩绘琵琶的形状，受到了年轻消费者的喜爱。

在市场经济发展下，"老木新雕"是剑川较为流行的一种木雕产品类型。老木料的雕刻产品更受年轻化市场的欢迎。根据木材原有的形态，对其进行打磨雕刻，使其更加符合现代审美，兼具实用价值和装饰价值。回归简约的雕刻设计更能体现出剑川木雕简洁古朴的本色。根据老木风化的形状加以打磨，每件产品的样式根据原有的形状而各不相同，这些具有现代简约风格的木质花瓶形态各异。风化的老木料和自然孕育的独一无二性是其卖点，凭借加工时间短，价格大众化，迎合了市场上大众的文化需求。

3.师徒关系网络与社会化传承

特定的社会行动者（包括社会中的个体、群体和组织）所形成的一系列关系和纽带构成了社会网络系统，其社会行为与社会网络中的社会关系密切相关。剑川狮河村内部不仅凝结了家庭、血缘、宗族关系，还是一个典型的由师徒社会关系网络构建的村庄。从古至今，剑川木雕的传承主要以师徒传承方式为主。过去，在剑川要学习木雕的人都要找"大山神"拜师。白族人口中的"大山神"指的是掌墨的木匠师傅，也是修建房屋时全程主持建设的"总工程师"。他们掌握规划设计、木料加工等一系列程序，对于本门类中的木雕技艺有着充分的把握。学习木雕强调尊师重教的传统，即便是辈分略高的人跟随辈分较低的人学习木雕技艺，也同样要尊称对方为师父。在拜师学艺期间，要尊崇一定的拜师礼节，其间听从师父的教诲。这样，在亲缘关系之上，师徒关系、同师门构成了狮河村的基本社会关系，是乡民人情往来中需要遵循的基本规范。以剑川木雕为关系点形成的社会关系网络不仅承载了历史遗留的师徒传承方式，日益普遍的社会化传承将师徒关系逐渐从点线扩大到面，突破了传统地缘、血缘、族缘上的师徒关系，传承方式更加多元，传承范围扩大。如今通过举办各种木雕培训班、职业技能大赛等淡化了师徒间严苛的礼节仪式，师徒关系逐渐解构，进而转向亦师亦友的互助合作关系。

在传统的师徒传承基础上，剑川木雕传承呈现出"去地域化"的特征，通过社会化传承来解决地域传承群体逐渐趋于饱和的情况。剑川木雕的社会化传承主要是通过木雕手艺的公益培训带动贫困地区乡民学习木雕手艺，促进就业增收。剑川本地的传承主体经历了由迅速扩大到逐渐饱和的状态，而社会化传承有效地缓解了这一情况。狮河村以张月秋为代表的师徒传承体系的建立，经历了由家庭式培训到工艺品厂培训，再到协会培训的过程，培训群体逐步壮大。剑川狮河木雕协会有会员328家，来自剑川县8个乡镇及省内丽江、香格里拉等地。目前已培训木雕学员4891人，带动剑川县5镇3乡贫困群众就业增收，剑川木雕也成为全国20个劳务品牌之一。剑川木雕协会的社会培训方式不仅对内形成了强大的凝聚力，同时对外也形成了强大的竞争力。开始成立协会的时候只有36家会员，到现在通过培训发展为382家。[1] 剑川木雕的社会化传承带动了乡村剩余劳动力的转移，乡民依靠木雕手艺实现了脱贫致富。

4.家庭生产组织和产业化组织

手工艺品的微观组织方式生发于民族地区社会内部，在市场的

---

[1] 数据来源于2020年10月6日对剑川木雕协会会长张月秋的访谈。

重复博弈中逐渐形成和固化下来,[1]在这个过程中,以家庭为单位的生产组织形式和集群化的产业组织,二者呈现出密切的关联和互补性。一方面,家庭的灵活生产满足市场对于特色文化产品的需求;另一方面,木雕产业组织的规模化和集群化生产,满足了市场对于大众性木雕产品的批量需求。

剑川木雕根植于生产家庭化[2]的土壤,保留了传统的家庭作坊,进而演化出大师工作室、家庭非遗体验馆的形态。以家庭为单位的生产组织是由家庭成员、亲朋好友结伴共同生产经营,根据生产经营状况自主决定家庭生产的人员规模、产品产量和经营方式。同其他民间工艺品一样,剑川木雕有着生产家庭化的历史和优势,手艺在家庭的日常劳作中孕育而生,又在家庭环境中传承发展,以文化资源、经济资本的形式滋养家庭繁荣和助力乡村振兴。以剑川狮河村家庭手工艺作坊为例,在剑川县狮河木雕工艺协会的带动下,狮河村从原来从事木器木雕不足10户的村庄发展壮大到全村621户农户中598户家庭从事木雕生产加工,木雕从业人员占全村的90%以上,总产值占全村收入的90%,[3]成为远近闻名的木雕专业村。"家家户户做木雕,老老少少齐动手"就是狮河村的真实写照。生产家庭化作为剑川木雕主要的生产组织方式,串联着家庭感情与乡村繁荣,关系着乡民生计和精神家园。

大师工作室是由获得官方认定的或者地方民间公认的优秀手工艺师作为工作室名号,以大师家庭为核心,吸纳亲朋好友从事木雕

---

[1] 李佳:《市场化语境下的民族手工艺品——产业特性及生产组织方式选择》,《前沿》2012年第1期,第169页。

[2] 冯友兰在《新式论》一书中指出:"凡未经过产业革命的地方,无论这地方是东是西,生产方法在某一阶段内,都是以家为本位,是即谓之生产家庭化。""生产家庭化"是民间手工艺在长期发展过程中所形成的以家庭为单位的生产组织方式。

[3] 数据来源于2020年剑川县狮河木雕工艺协会张月秋会长述职报告。

生产、展示、销售的工作坊。剑川涌现出了一批大师工作室，如狮河村的张月秋工作室，以及剑川木雕小镇大师巷中的张金星工作室、施家顺的嘉林木雕非遗工坊、杨巨兴非遗传承工作室、李永泉的开应木雕工作室等。依托家庭的组织形式，注入无形的文化资本，形成一定的品牌效应。

木雕家庭非遗体验馆是依托家庭院落和家庭环境，结合现代文化消费方式，围绕着生产、手工体验、产品展示、销售、在线直播等的家庭博物馆。例如，剑川甸南镇狮河村天艺园木雕传承馆就是一家典型的依托家庭院落的非遗传承馆，由从事剑川木雕十余年的非遗手艺人施顺华于2012年开始创建，2015年对外免费开放参观，提供木雕雕刻体验。施顺华创建博物馆的初衷是传承、弘扬"中国木雕艺术之乡"剑川白族木雕民间传统技艺。通过营建木雕家庭博物馆，提供给自己与身边从事非遗木雕技艺的年青一代手工艺人相互交流与展示作品的一个平台。不同群体在相互交流中吸纳现代创意、创新的设计理念，用手艺人"匠心、匠作、匠意"的工匠精神诠释剑川木雕，让传统技艺与现代艺术进行对话与交流、碰撞与结合，使木雕作品具有时代气息、生活温度、生活故事。

如今，在保留家庭生产的基础上，剑川木雕为适应木雕产品市场的逐渐细分，呈现出家庭生产和手工艺产业集群并行发展的生产组织模式，出现了领头企业、产业聚集村、文化旅游小镇三种形态。领头企业有些是在家庭作坊的基础上组建的，又不断吸纳社会力量的融入。他们大多是以接受客户订单的形式，吸纳木雕工进行分工生产，并按照计件进行工资结算，或以企业中经验丰富的师傅带领小团队合力完成订单，进而促进木雕产业的发展。产业集聚村以狮河木雕协会引领的狮河木雕品牌为代表，引进雕花机实现了部分产品机械化和规模化生产，同时保留一定的手工雕刻，开发出多种产品类型。剑川木雕小镇是剑川木雕文化产业集聚化的表现形式，以文化旅游带动剑川木雕产业链的发展。从家庭化生产到家庭非遗体验馆，从领头企业到打造产业融合的文旅小镇，剑川木雕实现了技艺传承与产业发展之间的良性互动。

早在改革开放初期，剑川木雕产业化发展就已经初显势头，领头企业主要分布在剑川县金华镇、剑川甸南镇、剑川狮河村。由非遗传承人建立的木雕厂主要围绕着以木雕为主的文化产业业态进行生产、开发、衍生、经营、展示、教学。例如，段国梁、段四兴父子创办的剑川兴艺古典木雕家具厂（以下简称兴艺木雕厂）主要承接大型古建工程，致力于中高端的木雕产品；施家顺创办的剑川嘉林木雕在保持家庭的灵活生产经营的同时积极研发各种新派木雕作品；狮河村张月秋创办的剑川狮河木雕有限公司以木雕行业协会联合农户、公司带动木雕的生产和销售。

剑川木雕的商品化和文化属性日益凸显，因此剑川木雕的现代化产业发展成为带动民族地区文化经济和地域经济的重要力量，而剑川狮河村中的剑川木雕协会是引领木雕产业化发展的关键性组织，实质是一个松散的产业联合体。狮河村木雕产业形成了"党支部＋协会＋龙头企业＋合作社＋农户"的发展模式。协会引领的产业化发展模式遵循生产家庭化与企业相互结合发展原则，以党建号召，发挥党员的模范带头作用。协会强调产业化发展的"五个统一"原则，即统一发放图纸、统一订货、统一验收产品、统一价格、统一商标。"五个统一"改善了过去恶性竞争的市场行为，为剑川木雕的产业发展营造了良性的市场环境。剑川县以狮河木雕村为中心辐射周边的剑川木雕产业发展格局初步形成。

依托剑川县丰富的自然资源，独特的白族文化和精湛的木雕技艺，以剑川木雕业为核心兴建的剑川木雕小镇北连狮河村，西靠剑湖，计划打造成为融历史、文化、商业、电子商务、休闲、景观、体验、旅游于其中，集市场、加工制造、技艺传承、文化创意、民俗旅游为一体的高品质木雕小镇。剑川木雕从历史传承、品牌形象、市场认知到木艺匠人储备、民族文化氛围、产业政策支持等方面为发展文化产业特色小镇提供了良好的基础，以文化旅游培育的模式，拉动剑川木雕艺术小镇的"人气"，借助良好的市场环境，以剑川乃至大理丰富的非遗文化为产业特色业态开发的基点，进而带动木雕文化的产业化。

二、剑川木雕手工艺的脆弱性表现及其成因

手工艺的文化韧性和文化脆弱性之间不是互斥关系，而是并存的关系。任何一种手工艺流传至今都有其独特的文化韧性因素，这是在过去长期的传统实践中形成的，但同时在现代社会发展中也表现出一定的文化脆弱性，这是面向未来发展而言的。分析剑川木雕的脆弱性表征是促进其转变成为文化韧性基因的前提和基础。而民族手工艺由于个体的材料差异、文化差异、环境差异等，在进入现代化市场中表现出不同程度和差异化的脆弱性问题。在当前互联网快速发展和消费方式、消费观念不断更迭的背景下，剑川木雕手工艺的文化脆弱性主要体现在手工艺实践传承式微、手工艺本体脆弱、图式造型程式化、文化消费体验不佳这四个方面。本节聚焦其具体的脆弱性表现，从文化主体的内在角度挖掘其脆弱性成因。

（一）木雕手工艺的脆弱性表现

1. 手工艺实践传承式微

在文化生产实践过程中，传承人、传承方式、传承内容构成了剑川木雕实践传承的关系网络。手工艺的实践与传承是其生存和发展的永恒命题。传承群体内在传承动力匮乏以及文化市场的不确定性和风险性加剧了木雕传承的式微。剑川木雕的实践传承式微体现在木雕手艺人在生计压力下逐渐转行；学习木雕的时间成本高，回报周期长，青年"传二代"缺位，手艺的传承愈加艰难。

（1）生计压力下手艺人转行

剑川木雕曾是在农业社会耕作条件恶劣下抵御风险、增加经济收入的一种生计手段。剑川当地有俗语叫作"吃饭靠种田，花钱靠

副业"，[1]这个副业也就是剑川当地的一些木匠、铁匠、泥瓦匠等职业。除了农业生产的主业外，还强调了副业对于剑川人生计补充的重要性。例如，"薄技一身胜黄金万两""只要手艺好，不愁吃不饱"的说法，说明木雕手工技艺给手艺人带来了稳定的生活保障。

但如今，市场经济的繁荣与多元化涌现了越来越多的就业机会和从业方式，剑川木雕不再是剑川人的唯一生计选择。一方面，由于机器的大规模生产以及大型古建工程的饱和，木雕的学习时间成本较高，加之现代多种就业机遇的涌现和侵蚀，木雕艺人不再固化于从事原有的生计方式，转而寻求更多的就业机遇。另一方面，传统木雕的市场效益不景气，传统样式的木雕产品积压严重。手艺人难以迅速调整生产思路和生产行为以适应现代文化消费需求，生存压力增加。剑川县目前有2万多人从事木雕手艺，但是每年从事木雕的具体人数会根据木雕市场的经营情况变化而随之调整。[2]大型的古建工程趋于饱和，小的木雕产品利润单薄、收益不稳定，于是这些木雕艺人纷纷转行，而有很大一部分转去超市做了售货员。

尚未转行的木雕艺人在木雕行业里寻求一些仅有的生意门路，艰难地维持生计。部分坚持从事木雕的手艺人，转而做大木族（房屋木建筑装修）的较多，从事小木族（木雕工艺品设计）的较少。手艺人艰难维持生计的主要手段仍然是依靠承包建筑工程和销售木雕建筑构件，市场销售状况倒逼手艺人艰难转型。

木雕市场经济效益不好直接影响到木雕艺人的生存现状。木雕艺人在农忙时节回家耕作，在农闲时候做木雕来补贴家用。木雕艺人的生存困境凸显，家庭经济收入来源单一。木雕家庭的经济资本积累不足，难以凭借个人一己之力进行宣传和推广。木雕营销主要

---

[1] 大理师范学校白族谚语编委会：《白族谚语》，云南民族出版社，1992年，第192页。
[2] 数据由剑川县文化馆提供。

依靠老客户的口碑宣传，依托各种展览活动来拓展新客户，直接发展新客户的动力不足。个人和家庭对外的社会学习实践由于种种方面的原因而减少。家庭的文化知识储备和文化创新动力匮乏从而使木雕从曾经一种重要的生计补充方式，成为在生存压力下的一种艰难的生计选择。木雕手艺人迫于生计压力转行不仅造成了文化人才的流失，同样也使得剑川木雕的传承乏力。

数控仿形技术的雕花机的引进，使得木雕机械化与手工之间形成的天然张力无法相得益彰。雕花机的大批量引进挤压了手工木雕的市场和传统木雕艺人的生存空间。木雕文化市场供需的不确定性和风险性直接影响到木雕从业人员的规模。

（2）青年"传二代"的缺位

传统手工艺的青年传承人形象地被称为"传二代"，是指在父辈手里习承手艺技术，掌握运用并进一步深化技艺，进而传承发展手工艺的年轻群体。多数手工艺的传承和发展中面临着传承人群老龄化、年轻群体缺失、创意人才难以介入的尴尬局面。

当下，剑川木雕手工艺吸纳年轻的传承群体和创意阶层的能力减弱。剑川木雕现有的传承人群呈现出老龄化、断层化的现象。在狮河村木雕工艺协会第十七次会员代表大会上，可以直观地看到参会的大部分木雕艺人集中在中老年群体、男性居多。任何一种传承方式都难以解决木雕学习时间成本高、经济回报周期时间长的问题。有一句俗话说"三个六月两个冬"，指的就是木雕匠人要经过长时间的辛苦磨炼才能看出一定的技艺水平。要成为一名熟练的剑川木雕工匠大概需要3年的学习时间，然后才能出师独立制作木雕。在拜师学艺的3年期间里，木匠在没有工资报酬的前提下，要跟随师父潜心学习木雕的各项生产程序，积累木工经验。正是在这种学习的时间成本和经济回报不成正比的情况下，年轻人追求更快的经济回报，缺少了甘坐冷板凳的耐力。

长期以来，劳力者和劳心者之间鲜明的分野造成知识群体轻视手工[1]，老一辈从事木雕的手艺人不太主张让自己的子女从事与剑川木雕相关的学习与传承活动。大多数家庭认为读书学习是孩子成才的主要道路，木雕只是一种置于就业底端的无奈选择。在读书方面没有天赋的，又无别的生计方式可选择的人大多从事了木雕劳力者的工作。由此，形成了知识与手工的分野、艺术与实践的脱离。

正是在这种主流的社会认知下，青年"传二代"无法平衡学习深造与技艺传承之间的关系。有知识、有技术、有创意的木雕"传二代"更显缺乏。木雕技艺的社会化传承，其中重要的一项是剑川木雕非遗进校园活动，将木雕技艺课程纳入职业教育范围内来培养。剑川职业高级中学里专门有开设学习木雕的课程，传承人通常定期前往职业学校中进行培训，通过短暂的几个月时间只能让学生简单掌握木雕的技法。至于要雕到一个什么样的程度和水平，培训老师对于学员在这短暂的学习期间所抱期望值不高。如果想要在木雕方面获得更高的技艺，只能通过不断的实践和学习。学员仅仅把木雕课程的学习作为基础学业的一部分，真正把从事木雕手艺作为毕业后首选职业的人很少。现在大量木工的从业经历都十分相似：初中毕业之后，升学无望便走入社会，选择了木雕这一门在当地比较常见的手艺来谋生。木雕成为他们退而求其次的职业选择。剑川县文化馆是中央美术学院驻剑川传统工艺工作站，每年会有一些前往剑川学习交流、提供木雕创意思想的同学和老师，这在一定程度上弥补了剑川创意人才匮乏的局面。然而，创意想法如何与木雕实践操作相契合是培育木雕复合型人才的关键。虽然现在手艺与创意的群

---

1 邱春林：《工艺美术理论与批评（丙申卷）》，文化艺术出版社，2016年，第3页。

体已经逐渐融合，但是手艺与创意的身份角色尚未融合。具备木雕手艺的工匠缺乏持续性的创意想法，而具有创意想法和艺术创作能力的年轻人却不想搞木雕创作。

2. 木雕产品本体脆弱

材料和工艺的不确定性，将会直接导致产生手工艺形态的不确定性因素。[1]手工艺的生产资源、生存环境、材料属性关乎手工艺产品本体的存续力。手工艺本体的存续依赖于资源的可持续和材料的耐用性。剑川木雕产品本体的脆弱性主要体现在木材资源依赖进口、稀有木材资源的有限、木雕艺术品日常养护三个方面，在生产过程中，"木强则折"的材料属性使得文化创意在转化为文化实践过程中遭遇不确定性因素。

（1）"取之有度"的木材资源

木雕是一种以木材为基础性生产材料的手工艺种类。"取之有度，用之有节"是实现木材资源可持续利用的基础，也是实现环境友好型手工艺的现实要求。据统计数据显示，中国森林覆盖率达到22.96%，但在全球森林资源占比中，却只占有5%的森林资源。[2]我国木材对外依存度高，长期处于依赖于进口的状态。2014年第八次全国森林资源清查时，数据显示我国木材对外依存度[3]达50%，到2020年中国木材的对外依存度达到55%。[4]木材资源占有总量少、木材对外依存度高在一定程度上使得木雕这种资源消耗型手工艺呈现出脆弱性特征。

狮河村木材交易市场的木材原料主要依赖进口，木雕的原材料

---

[1] 徐艺乙：《手工·工具·习惯——与传统手工艺实践过程中的不确定性相关的问题》，《装饰》2014年第3期，第60页。

[2] 联合国粮食及农业组织：https://www.fao.org/forest-resources-assessment/fra-2020/country-reports/en/，查阅时间：2021年5月12日。

[3] 注木材对外依存度 = 木材进口量 /（木材进口量 + 木材产量）。

[4] 前瞻经济学人：https://baijiahao.baidu.com/s?id=1701510215361699981&wfr=spider&for=pc，查阅时间：2021年6月20日。

过去是以剑川本地为主，近年来本地木材的供应量逐年减少，需要从腾冲、俄罗斯、东南亚等地购进木材。木材交易市场面向狮河村和木雕小镇提供木材原料，木材的需求量根据厂家的规模大小而不同。同时，稀有木材资源的珍贵性和有限性加剧了木雕产品本体的脆弱性。名贵木材具有一定的药用保健价值和奇特的功效，例如，用香榧木加工出来的木雕作品中带有由内而外的香味，成为一些木雕爱好者收藏的对象。珍贵树种的锐减使得市场以木材的稀有名贵为卖点，如楠木、香榧、红豆杉等上乘木材价格昂贵。

木雕艺术品的日常养护也关系到木雕产品的存续和发展。消费者在购买木雕后如果不清楚如何做好日常养护，往往在几年之后就会出现发霉、断裂的情况。一些木雕爱好者在自己家的阁楼或地下室收藏一些珍贵木材的木雕作品，因为空气不流通，隐蔽的环境中反而导致珍藏的木雕滋生霉菌。

（2）"木强则折"的材料属性

木材本身缺乏一定的材料韧性和延展性，质地坚硬的木材更容易脆裂折断。这种"木强则折"的材料属性就使得手艺人的文化创意思想在转变为文化实践的过程中表现出一定的脆弱性，主要体现在图式、造型的创新如何通过技艺呈现出来。木雕传承人SJS介绍他做《风筝》这件木雕作品时，想在木板上雕刻出一个风筝的造型，这本是一个很好的创意想法，但在转化为实践的过程中却遇到了困难，由于代表风筝线的木条非常纤细、修长，如果没有固定支撑的点就很容易折断。

手艺人对于木头材料的理解程度关系到拓展木头的延展性的实践。木材材质本身的延展性差，难以在材料上进行拓展和延伸。创意想法在转化为具体的实践过程中必须依托木头生长的走势和纹理，只有遵循树木生长的自然规律，依据材料特质，最大可能地发挥材料的稳定性，创意想法才能实践。

3.图式造型程式化

剑川木雕的图式造型程式化，产品创新能力不足是剑川木雕脆弱性表现的一个方面。木雕手工艺图式造型的程式化是在审美观念的迟滞以及工艺内卷下共同作用形成的。图式造型的程式化主要表现为图式艺术的程式化和工艺造型的程式化。图式艺术的程式化表现在构图设计、图案风格、内容题材的一致性。工艺造型的程式化呈现出工艺技艺的内卷、器物功能与装饰的失衡。

（1）图式艺术的程式化

从传承内容来看，剑川木雕的传承内容主要有三个方面：技法的传承、艺德的传承、审美观的传承。[1] 审美观的传承是指木雕师傅在传承技法的同时也将传统的图式纹样传授给木雕艺徒。现代消费者的审美观念是不断随着时代变化的，而审美观的传承很容易造成手艺人审美理念的迟滞。这种审美理念的迟滞就是指审美观念的发展暂时落后于时代审美的变迁。在审美理念迟滞下，剑川木雕表现出装饰繁缛、满工满饰的特点。在生产创作的过程中，手艺人难以突破传统的吉祥图案、花鸟虫鱼等图式题材。因此，木雕的图式艺术呈现出了一定的程式化趋势。在这种情况下所生产出来的木雕作品工艺复杂、耗费工时长，成本较高，而图式审美理念又不符合现代简约的风尚，消费者很难为此买单。这种装饰繁缛之病，可能恰恰是缺少整体观念，导致没有处理好功能与装饰、整体与局部的关系。[2]

20世纪90年代是剑川掀起学习木雕的一个高潮时期。据狮河村木雕匠人叙述，当时凡是有木雕手艺的人家中都有这样一本苏绣图

---

[1] 吴扬：《新手工艺术的崛起对剑川木雕的推广与保护的启示》，云南大学硕士学位论文，2007年，第8页。

[2] 邱春林：《工艺美术的"装饰繁缛"问题》，《中国文化报》2019年11月17日，第7版。

案或年画图案的小册子。因为缺乏关于木雕图案系统性总结和创新引导的书籍，于是家家户户都按照这些册子上的图案进行雕刻。从《苏绣图案》中的图式纹样可以看出以刻画局部复杂精细的细节来展示出花鸟的生动形象。与此同时，这也造成了当时剑川木雕中的大部分样式相似雷同，奠定了以花鸟虫鱼为图式类型的传统木雕样式。在这个环境成长下的年轻木雕手艺人长期受到传统风格审美的影响，如今他们当中大多数成为木雕行业中经验丰富的骨干力量，在生产制作过程中形成了惯性思维和依赖心理，文化转型动力不足。固守传统图式的木雕作品暴露在现代化消费市场环境中，年轻的消费群体难以接受传统的图式造型，其文化的敏感度和脆弱性逐渐凸显。

（2）工艺造型的程式化

剑川较为流行的传统木雕工艺造型以四条屏、格子门、博古挂屏为主。这些木雕作品多以繁复的镂空雕刻技艺为表现手法，在平面的木板上通过层层镂雕，刻画出植物或动物的生动立体形象。以多层透雕的表现手法反映四季自然景象和万物变化。从平面雕刻到多层的镂空雕刻，工匠们在相互攀比中成就了剑川木雕技艺的巅峰，但同时也造成了工艺的内卷化。工艺技艺的内卷化一方面形成了剑川木雕镂空深浮雕的核心技艺，另一方面使传统手艺人难以摆脱繁复为美的基本认识，使得器物造型上形成了功能与装饰的失衡。一些工匠以达到"多层雕花"的技艺水平引以为傲，却忽视了当下消费者的文化消费能力和审美趋向以及木雕的实用功能。如果工匠只关注"炫技"，仅仅只从工艺方面提升附加值，而不在器物功能上做文章，就会造成工艺造型的程式化。

技艺所能达到的最高水平是工匠穷尽技艺水平的象征，并非要对此进行一味的批判和摒弃。它较为完整地保留了传统文化的样貌和内涵，只是长期固守于传统的表现形式和文化语境中，使得剑川木雕在现代化市场环境下表现出转型乏力，难以活态化地展示传统文化内涵。假如人人愿意习得木雕工艺，并不断进行交流和比拼，促进技艺的传承和创新，这自然是手工艺发展的向好趋势。但如果只盲目地注重技艺攀比，而忽略了器物所表达的思想情感和文化内涵，就会造成舍本逐末的境况。

4. 文化消费体验不佳

消费在一定意义上就是对于文化的传承和延续，手工艺的产品消费和以手工艺技艺体验为核心的消费构成了文化消费的重要内容。从需求端的角度来看，手工艺品中所包含的文化价值是否能得到市场消费者的认可买单，文化产品的好不好卖直接反映文化产品的价值变现能力。而消费者在手工艺文化体验中的获得感和体验感成为衡量文化消费水平的重要因素，手工艺品体验的技术难度和可操作性决定了文化消费的体验感。剑川木雕手工艺产品在进入文化消费市场的过程中呈现出文化价值变现乏力、体验互动隔阂的脆弱性等问题。

（1）文化价值变现乏力

木雕手工艺品面临着文化价值转换的风险以及文化市场供需关系的不确定性。手工艺价值、文化价值、艺术价值难以变现，市场对于木雕工艺品的需求也呈现下滑趋势。随着互联网的发展和文化消费方式的变化，消费者对于传统的木雕产品接纳程度降低，对于创意性木雕作品的喜爱度上升。传承人受限于木雕销售困难的局面，并不十分明确市场的需求导向，这就导致了传统题材的木雕作品缺乏一定的市场竞争能力。狮河村木雕县级传承人大多主要从事门窗的雕花，较少做木雕手工艺品小件。他们认为接受大量定制门窗的订单收益能相对稳定，而当下如果仅从事工艺品生产为主，则面临着销售困难、变现慢的风险。一些木雕店铺中传统样式的木雕手工艺品滞销，只能用机雕产品的销售额补贴手工木雕作坊的亏损。部分传统的木雕艺人缺乏市场营销意识，倾向于只做精品、孤品，木雕的价格也卖至上万元。然而，这种"三年不开张，开张吃三年"的经营理念正在逐渐被快节奏的市场环境抛弃。只有迎合市场需求以及大众价格的手工产品才能获得一定的消费市场。

经过官方认定的传承人具有一定的文化资本，其文化产品的价值变现能力强。而那些草根手艺人因缺乏一定的文化资本和社会资本，文化产品消费的动力不足。手工艺品本身赢得市场的关注存在不确定性因素，如果每件手工艺品只有小部分的机会能够吸引市场的注意，那么其中有更少一部分的手工艺品才能够得到重大关注，实际上大多数手工艺产品都会被忽略。对于好的手工艺品的过分关注，一定程度上就会导致受地方限制、工作努力的一般性手工艺人关注的缺失。"草根"手工艺者不仅要维持个人的生计问题，同时还要与"明星"手工艺者竞争角逐，加剧了自身经济文化变现的不确定性与风险。"草根"手工艺者的作品因为知名度或者地域限制因而缺乏市场流量，手中的文化资源难以变现，变现过程缓慢而艰难。省市级以下的木雕传承人以及未被官方认定的木雕传承人由于缺乏知名度和经济资本积累难以拓宽个人的产品销路，生活条件拮据。

手工艺具有很强的线下体验性，线上的销售平台和销售方式的局限性使得消费者无法精准感知本民族独特的工艺文化魅力。手艺人拍摄的短视频大多是工作之余的随手拍，内容质量参差不齐。手艺人忙于从事木雕的生产制作，往往不善言辞，不具备专业的直播资质，难以摸清短视频潜在的流量规则。例如，抖音的视频推荐机制是建立在更多的视频完播率和点赞率基础上。拍摄视频的内容制作和时间控制难以平衡，手艺人一旦忙于生产制作，没有多余的精力熟悉直播规则和学习视频剪辑。通过在淘宝和各大网络销售平台的对比，剑川木雕手工艺品的线上消费能力和关注度不及其他手工艺产品。消费者直接通过互联网线上购买的产品较少。在大力宣传下的手工艺品网络销售获得的实际收益却低于线下经营销售，剑川木雕在互联网生存过程中的脆弱性问题突出。外来消费者对于木雕工艺文化和产品的认同感程度低，难以了解木雕背后手工艺人的技艺和文化价值。

（2）体验互动的隔阂

邱春林认为中国手工艺的产业化主要有两种形式：一种是纯生产型；另一种是体验型。[1] 手工艺从生产型到文化体验型的转变，是非遗和旅游融合下文化消费方式的升级和转型。由于手工艺材料本身可塑性差或者技艺技术性强等原因，使得木雕体验具有一定的隔阂：体验者缺乏专业基础知识而导致的实操性不强，消费者难以在体验中完全领略手工艺的文化精髓，进而掌握技艺的基本要领。

狮河村文化旅游资源开发不充分，尚未有对外开放的民宿，前来观光的游客一般在剑川县城或甸南镇上住宿。旅游基础设施不完善导致游客在木雕小镇和狮河村停留时间不长，短期内一边购买和一边体验非遗技艺的情况不多。同时由于木雕技艺本身的一些特点，如复杂、难操作以及当地的文化旅游吸引力的不足，导致木雕的体验功能较弱。

木雕非遗实践者认为受众参与木雕的创作与生产也是非遗传承的一种方式。外来游客是剑川木雕潜在的传承人，既可以通过购买和消费木雕作品来传承剑川木雕，也可以在体验木雕雕刻的过程中与手艺人进行交流互动，从中理解剑川木雕的文化内涵，进而传承木雕技艺。体验互动强调受众在一凿一削之间感受雕刻过程中的乐

---

[1] 邱春林:《非遗保护如何介入体验型手工产业》,《中华手工》2014年第11期,第97页。

趣与不易，进而了解木材本身与技艺之间的内在关联，在传承木雕文化的过程中体会木雕艺人的付出与投入。然而，相较于其他制陶、扎染、剪纸等民间手工艺类非遗，剑川木雕的体验性功能较弱，体验的技术性门槛较高。剑川木雕是一门减法艺术，只能一点一点通过打磨、雕琢才能突出想要雕刻的形象。有时候体验者可能因为对于"减法"理解和操作不到位，还可能把不该雕去的部分去掉。掌握木雕技艺需要一定时间的磨炼和积累，同时也要具备一定的绘画基础和想象能力。通过对狮河村木雕体验店铺进行访谈了解到：大多数游客来狮河村的主要目的是观光游览或者购买木雕作品，而实地进行体验木雕雕刻的游客群体比较少，主要集中在学生（从小学到大学不同的层次都有涉及）、教师等一些有相关文化背景的职业。家长出于考虑孩子的安全问题，会有选择性地决定是否体验木雕制作。由于木雕的学习时间成本高，大多数体验者在剑川木雕体验店铺中对木雕师傅已经设计好的木雕粗坯进行雕刻。游客体验雕刻的过程中无法脱离木雕师傅的指导和帮助，多数体验店铺让体验者完成木雕的"最后一刀"。在缺乏对剑川木雕历史文化、木材纹理和雕刻工具的系统认知下，体验者在创作的过程中处于基础雕刻的学习阶段，难以进行创造性的木雕创作，而这样的非遗体验往往成效甚微。如何使游客与传承人在体验互动中充分地享受手工乐趣、传承木雕文化，更好地发挥体验经济在木雕产业中的贡献力，是今后手艺人和研究者需要深入思考的问题。

（二）木雕手工艺的脆弱性成因

1. 工匠精神的失色

《传统手工艺振兴计划》中提出振兴传统民间手工艺需要大力弘扬工匠精神。工匠精神是一种职业精神，包含敬业、精益、专注、创新，它不仅仅体现为精湛的手艺，同时也体现了手艺人对待手工艺的态度。整洁的生产环境、手艺人的专注心态、精益求精的精神、积极应变的能力，这是手工艺的秩序所在，也是工匠精神的表现。

实践传承的式微实质反映了工匠精神的失色。工匠精神失色主要表现为精神的疲弱，体现在产品品质的低劣和服务的欠缺。[1]手艺人的工作环境和工具摆放往往反映了木匠内心的秩序与标准。木雕的工具摆放是有一定讲究的，要求刀头统一朝向一个方向摆放。在调研过程中发现，有些手艺人的工作台面脏乱，工具四处摆放在木雕的半成品上，地面上留着尘封的木屑。木匠在这种环境下进行手艺创作，难以集中注意力，甚至在雕刻的过程中容易把细枝末节折断。

工匠精神失色同样表现在一些手艺人固守传统的思维模式，缺乏产品现代化转化和创新的能力。木雕手艺人不仅仅要对当下的社会、经济、文化形成充分的认知，同样也需要对于传统重新认知。传统并不象征着老旧，许多手艺人强调只有理解传统中所蕴含的手工艺文化知识才能更充分地为现代所用。年轻的木雕艺人对传统图案文化内涵缺乏深刻理解，跟随师父学习木雕，但不了解图案背后蕴含的深层次意味，就难以突破传统的图式和内容，难以实现现代化的创新。此外，艺徒对于木雕工艺学习的功利心较强，很难长期潜心学习研究。在拜师之日，师父就会提醒徒弟做木雕要勤学苦练，要做好"甘坐冷板凳"的思想准备。木雕需要长期学习，耐得住寂寞和枯燥。往往一件作品成型的背后需要木匠少则几个月，多至几年的时间来进行精雕细琢。

现代化分工在一定程度上消解了工匠精神。过去，走夷方的流动性生产方式下不会产生明确的分工模式，工匠们从而相对全面地

---

[1] 邱春林：《工艺美术理论与批评（丙申卷）》，文化艺术出版社，2016年，第1页。

传承木雕技艺；而市场化、商业化的社会环境下更容易产生明确分工的生产模式，从而容易造成技艺传承的内部分隔。明确分工角色下的剑川木雕实际上是全能型工匠精神的式微，木雕艺人更加专注于自己某一方面技艺的突出性，对于其他生产流程关注较少，因而难以实现对技艺的整体把握。单一的木雕技艺学习实践使得木雕技艺的传承呈现出脆弱性。倘若手艺人将木雕仅仅作为生计方式来看待，就会跟随市场经营效益的起伏而决定是否继续从事木雕行业，而年轻群体则根据手工艺的市场效益做出择业选择。

2. 生产理念的禁锢

过去，由于地方文化、民族文化受交通条件、信息传播技术的限制，地方性民族文化一般都有着较为明晰的文化边界。[1] 此文化边界的存在即证明民族文化差异的存在。民族性与脆弱性在一定程度上相互关联。生态脆弱、经济脆弱地区的民族民间工艺与民族工艺文化资源富集地具有一定的重合性和契合性。民族性赋予了传统手工艺品在文化表达、审美需求、价值观念、实用功能方面区别于其他民族的特殊性和相对认同性。因此，手工艺品的生产与实践体现了本民族的文化特色，木雕艺人长久以来局限于本民族的传统文化认知中，难以突破传统的表达方式，使得传统的木雕生产理念与现代设计之间存在一定的文化差异。

木雕艺人的生产理念与现代化市场消费需求产生脱节。跳出本民族生活世界的民族手工艺品一定程度上脱离了赖以生存和发展的空间，其文化适应能力降低、文化脆弱性风险上升。大多数木雕艺人的生产理念以繁复为美，追逐技艺的攀比，局限于传统题材的开发，而忽视了消费者最直接的体验感和真实的需求以及所具备的消

---

[1] 李炎、王佳：《传统民族工艺：西部民族地区文化产业发展的一种模式——滇西北民族工艺品产业化开发调查》，《中国文化产业评论》2008年第2期，第223页。

费能力。部分木雕手艺人的生产理念受到市场经济体制规则的影响，唯商品价格而论，而非以工艺的品质和消费者的体验作为生产理念的出发点。

手工艺生产流通同样遵循市场经济体制下的规则，市场主导决定了尽管木雕师傅有很好的手艺，但如果市场只能提供500块的酬劳，他也绝对不会费尽心思做出更加精致的产品。而通过调查发现，消费者更看重工艺品的工艺品质，认为工艺品质是手工艺品重要的价值内核[1]。一方面消费者看重工艺品的品质，期待能够买到物超所值的手工艺品；另一方面手艺人认为品质与价格挂钩，产品的利润影响到手艺人的生计情况。

当文化生产过程中缺乏知识产权保护和原创意识，就会造成木雕创新动力缺乏，进而图式造型呈现出固化和趋同化。一些以卡通动漫人物为创作题材的木雕作品知识产权尚未明晰，手艺人并未得到版权方的许可，就已经生产出了相应的形象。例如在狮河村木雕工艺店铺中会看到有售卖电影里的卡通人物形象，但通过询问店家，他们在未获得电影制作方的授权的情况下，尝试雕刻制作，没有进行大批量的生产，也担心引起市场争议。影视题材的工艺创作如果未能符合知识产权法的条例就很难在市场上进行推广，也并非传统手工艺发展的长久之计。同时，剑川木雕市场对于产品的模仿能力比较强，往往有创意的手艺人设计出一款新的作品，很快就会被同行学习和效仿。

有创新想法的传承人对木雕的知识产权保护抱有一定的消极态度，宁愿将时间花费在手工创作方面，也不愿意耗费大量的精力和金钱去维护知识产权。究其原因，手工艺知识产权的维护成本过高，

---

[1] 孙凝昇、彭一：《2020中国手工艺消费市场调研报告》，《中华手工》2020年第3期，第118页。

传承人尚未从知识产权保护中获利，难以投入大量的时间和精力。

3. 文化附加能力弱

文化附加值来源于文化创意领域，是将木雕手工艺文化通过创意设计与其他产品形式进行融合所带来的价值增殖。材料特质是决定手工艺产品文化附加值高低的一个重要因素。例如，金属类手工艺因其材料延展性强，可以通过技术手段融合不同材质的金属、陶瓷等，进而提高工艺的文化附加值。但是木材因其本身材料的延展性差，具有易腐蚀、易断裂的特征，依靠材料突破提升手工艺附加值的难度较大。只能从木材表面附加拓展其延展性和耐用性的制作技艺，如漆艺、金属工艺以及其他现代工艺。同时也要依靠木材本身的纹理和造型进行融合设计，考虑到木材的承重能力等。

当前，剑川木雕主要通过提高技艺的复杂性来提升文化价值，依托高难度的多层雕花、透雕、镂雕技艺提高产品的文化价值。在功能设计上，木雕与其他手工艺产品以及其他生活用品之间融合程度较低。剑川木雕手工艺品多以装饰为主，实用功能开发陷入瓶颈，缺乏结合人们日常生活或消费习惯的产品设计。部分实用类的工艺品被机器生产所代替，成本不断下降，如格子门、木建筑小件类。真正可以融入人们日常生活又兼具实用性和艺术性的文化产品较少，目前开发出的主要是木雕花瓶、笔筒、挂件、果盘，但日常生活中其替代产品比比皆是，无法突出木雕特有的文化附加作用。

4. 脆弱性链条传导

以上内容从横向角度分析剑川木雕手工艺的脆弱性成因。从纵向的维度来看，脆弱性成因可能同样是由脆弱性相互传导形成的。剑川木雕呈现出的文化脆弱性具有相互依赖和传导的趋势。往往一种脆弱性的产生容易导致另一种脆弱性的发生，因此形成了脆弱性的依赖传导链。

文化持有者的生存现状、文化情感、文化生态是关联文化脆弱性传导的重要因素。木雕的手艺传承关乎手艺人的生计现状，手艺人的文化情感影响造物行为，生产过程中的各要素之间相互依赖、相互关联。木雕手艺传承困难、文化经济阻滞导致木雕手艺人的生计脆弱，进而形成了木雕艺人的文化思想困顿，使其遗产存续困难，由此形成了剑川木雕的脆弱性陷阱。剑川木雕脆弱性依赖传导链集中体现在生计脆弱引发情感脆弱、家庭脆弱引发区域脆弱等模式。

从个人层面来说，手艺人的日常生计脆弱容易引发手艺人的情感脆弱，生计贫困引发手工艺人情感困顿。文化遗产的价值与人类情感之间具有密切的关联。剑川手艺人有着长期从事木雕的传统，长久以往对此形成了一种深深的情感依赖。木雕是养活剑川一辈人的生计手段，如今陷入发展和转型困境，许多老一辈手艺人表现出心有余而力不足的矛盾和复杂的心理。手工艺对于手艺人来说并不仅仅是其在很长一段时间内赖以生存的生计方式，同时也是他们长久以来的情感寄托。现代化市场多元的就业机会如潮水般涌现，以手工艺为主的传统生计方式受到了侵蚀，此时手工艺人便产生了塞缪尔·谢弗勒所提到的价值受损引起个体或群体的情感脆弱。[1]

从组织层面来看，家庭脆弱容易引发区域脆弱。家庭组织变化以及内外部相互耦合作用影响到区域对危机的驱动力、抑制机制和响应能力。木雕手工艺家庭是木雕协会的重要组成部分，狮河村以木雕协会为纽带，通过发挥组织功能，将木雕手工艺家庭与协会、狮河村的发展密切关联在一起。一方面，家庭往往缺乏应对风险的资本，手工艺家庭具有"赚得起，赔不起"的特点。家庭的生计和文化认同影响到区域的经济发展水平和乡村文明建设。另一方面，

---

[1]〔英〕德瑞克·吉尔曼：《遗产、价值与脆弱性》，王莉莉译，《遗产》2019年第1期，第13页。

家庭组织的代际之间呈现出变化，老一辈木雕艺人深受木雕的熏陶，形成了依靠木雕为生的生计模式，在长期的文化熏陶中对于传统文化有着强烈的认同心理和传承心态。而新生代在多元文化的熏陶下，民族文化心理和生活方式发生变化，难以继续融入木雕行业中去。尽管家庭组织的变化是社会发展的趋势，但对于以木雕之乡著称的区域来讲，手工艺文化在家庭中的传承显得尤为重要。

三、剑川木雕手工艺的反脆弱实践策略

剑川木雕在当下的脆弱性显现是其面临着文化消费转型以及民族文化生态环境恶化等外部风险的结果,根本原因在于剑川木雕手艺人及手工艺品在现代消费市场中的文化韧性和适应性能力低下,转型的内生动力不足。反脆弱不仅仅旨在以降低外部不利风险,同时以增强事物自身的韧性和适应性为主要目的,提高事物自身"化险为夷""转危为机"的能力。

剑川木雕手工艺要具备历久弥新的生命力,必须提高其反脆弱能力。从木雕手工艺的传承主体、文化生产、手工艺技艺、文化产品、文化消费方面来增强反脆弱能力。唤起传承主体文化传承的思想情感,在实践角色上实现创意人和造物人的角色互嵌;坚守剑川木雕的核心技艺内涵,在工艺技艺有续传承的基础上坚守工艺标准,加快实现木雕的当代转化;突显剑川地域品牌特色,将地域大品牌与传承人小品牌进行对接;图式上兼顾木雕的实用和审美功能,加快融入当代生活,加强与剑川非遗文化及其他手工艺的互惠,加快破界融合;加快互联网新媒体的宣传运用,激发线上的消费潜力,优化文化的互动体验,提升木雕的文化消费能力。

(一)传承主体:文化认同与角色互嵌

传统手工技艺因人而存在,非物质文化遗产传承人是非遗实现活态传承和反脆弱发展的关键。剑川木雕手工艺实现反脆弱发展也必须是从传承主体内在的思想情感出发,由内而外的实践过程。通过减少主体思想上的疲怠,增强思想上的文化认同以及创意能力,进而减少木雕手工艺内部的脆弱性。手艺人的思想认知的高度决定着文化实践行为,而实践角色的互嵌是实现手工与创意融合的路径。

本小节从人的思想情感及实践角色上探索反脆弱的实践策略。

1. 唤醒文化传承情感和身份确认

"由于手工艺之道的传承长期不被重视，导致今天中国手工艺最缺乏的不是技术和技艺，最缺的是道德原则、价值立场和文化自觉意识。"[1]因此，增强文化认同、思想觉醒，摆脱文化惰性的思维，是传承主体从自身内在思想上实践反脆弱的过程。手艺人是维系工艺传承和乡村发展的核心，置身于非遗传承保护与发展的时代语境中，手艺人自身对待传统手工艺的思想观念以及教育子女的家庭观念要与现代市场和文化传承相对接。文化认同意味着文化自觉和强烈的归属感需要。[2]传承主体实现对手工艺文化、民族文化的认同是文化自觉传承的基础。木雕手艺人和年轻的群体不仅要对木雕的内在价值和存在意义进行深刻理解，还要不断丰富民族文化的多元表达，唤起年轻群体对于文化传承的情感和责任意识，担负起现代文化传承的使命。

当传统手工艺文化遭遇现代文明的危机，梳理、展示、记录传统手工艺显得尤为重要。这也赋予了传承人多元的文化身份：木雕手艺人不仅是非遗实践者，同样也是非遗传承人，更是非遗的传播者和展演者。因此，要从传承主体多元的文化身份上进行确认，唤醒手艺人的文化传承的自觉意识，做好手艺、传承手艺、传播手艺、展示手艺，讲好剑川木雕的故事。木雕传承人在做木雕手艺的同时也应不断搜集传统的木雕作品，从这些传统的木雕当中汲取创作灵感，并怀揣着强烈的文化传承感，讲述木雕的文化内涵。木雕于他而言不仅仅是一项维持生计的手段，同样也是实现个人理想和人生

---

[1] 邱春林：《手工艺的当前机遇和挑战》，《艺术评论》2018年第3期，第23页。
[2] 季中扬、高鹏程：《"非遗"保护与区域文化认同》，《文化遗产》2021年第3期，第19—20页。

价值的文化资本。

2."创意人"与"造物人"的角色互嵌

手艺人在长期的劳作中积累了丰富的造物经验，而当手工艺品遭遇创新的不确定性，那些"有经验的手艺人依赖于其自身经验的、技术的、艺术的、道德的修为，以不确定性来处置不确定性，从而使不确定性因素得到一定程度的有效利用，以火中取栗的手法，化腐朽为神奇。"[1]一些木雕手艺人是很好的"造物能人"，但可能并不是优秀的"创意能人"。匮乏的文化创意知识让传统手艺人生产的文化产品在市场消费中缺乏市场竞争力，高超的技艺并不被市场买单。而有经验的手艺人是同时具备造物能力和创新能力，将创意思维介入手工艺品的不确定性因素，把脆弱性变成创意创新的起点，进而将其转化为产品的优势和特色。因此，从角色定位的角度来看，只有将创意与造物二者进行角色上的互嵌、行为上的融合，才能进而增强木雕艺人的核心文化竞争力，增强木雕产品适应现代消费的能力。

2021年2月，中办、国办印发的《关于加快推进乡村人才振兴的意见》[2]中强调培育乡村工匠，带动发展乡村特色手工业。因此需要重视剑川木雕传承人才的培养，培育乡村中的木雕能人，定期开展研习培训，加强示范性引导，提高木雕艺人的创新能力、知识水平、文化素养。完善剑川木雕传承人才的保护措施，健全传帮带的文化传承模式。加强传承主体的文化创意知识培训，面对剑川木雕传承群体老龄化的现状，有着深厚木雕工艺基础的家庭可以鼓励子女进行艺术方面的学习和深造，培养有创新意识和创新能力的工艺美术

---

[1] 徐艺乙：《手工·工具·习惯——与传统手工艺实践过程中的不确定性相关的问题》，《装饰》2014年第3期，第60页。

[2] 中国政府网：http://www.gov.cn/xinwen/2021-02/23/content_5588496.htm，查阅时间：2021年10月6日。

人才，促进木雕的图式、功能等方面的创新，最终形成手艺人与设计人角色上的互嵌。引导木雕艺人从看重技艺比拼和造物能力转向注重提升木雕产品中所包含的文化内涵和创意思想，将创意与造物逐渐结合。

（二）工艺技艺：坚守核心与设计再生

传统工艺的传承特质是由核心符号和随机符号组成的，两者协调发展才能实现传统手工艺的活态传承。核心符号是传统工艺中相对不变的因素，而随机符号是因时而变的部分。[1]只有在坚守核心符号的同时对随机符号进行现代化转化才能维系手工艺文化的生命力和创造力，进而实现手工艺品在现代文化市场中的反脆弱发展。

1.核心技艺符号的坚守

保护剑川木雕核心符号的基质和本真性是剑川木雕手工艺实现"永续利用"和"不走样"传承发展的核心。核心技艺符号的坚守体现在两个方面：一是坚守核心的手工技艺内涵；二是坚守核心的工艺标准。

手工艺中相对不变的内核以及决定其独特性的部分是手工艺的"核心技艺"。[2]剑川木雕在顺应时代发展变化的同时要依托剑川木雕的传统文化内涵，注重保留工艺流程与核心工艺的完整性。传统木工的精髓在于契合度和精准度，因此工艺流程是保证工艺不走样并且获得成功的先决条件。[3]剑川木雕在长期的发展过程中，形成了镂空深浮雕的核心技艺，即在木板上进行多层次和多角度的镂空，通

---

1 朱霞：《传统工艺的传承特质与自愈机制》，《北京师范大学学报（社会科学版）》2018年第4期，第62页。

2 邱春林：《中国手工艺文化变迁》，中西书局，2011年，第109页。

3 吴扬：《新手工艺术的崛起对剑川木雕的推广与保护的启示》，云南大学硕士学位论文，2007年，第22页。

过不断进行木的减法，进而刻画出事物的形象，展现了手艺人的技术和技巧。打坯的工艺环节就是形成镂空深浮雕的关键环节，木匠三维立体的想象以及刀工刀法决定了木雕的大致形象的好坏。在打坯的过程中，师傅不仅仅要传授给徒弟工具的使用方法和技巧，同时也要培养其对于木雕其他的非客观知识的理解。在传承和发展中，学习和掌握剑川木雕镂空深浮雕的核心技艺是木雕艺徒进行自我创造的前提和基础，同样也是剑川木雕守正传承的关键。只有对工具、木材、工序等客观知识的深入理解和熟练掌握以及将想象、审美、技巧等非客观知识内化于心，才能延续核心技艺并在此基础上实现创新。在木雕传承技艺培训中，加入文化创意、现代设计的课程，木雕艺徒在掌握基本的传统雕刻技法和工序的同时，培养创意思维，激发创新灵感。注重对传统的木雕纹样、构件和设计思路的理解和挖掘，并加以改良优化，才能形成适用于现代人生活的文创产品。

工艺的标准是造物的原则，同样也是正物之道。市场和消费者对于粗制滥造的产品不会买单，木雕手艺人也需要改变唯价格论的思想，认识到产品质量才是赢得现代消费者信任的第一关。因此，在坚守传统与现代转化的过程中，木雕行业协会以及行业内的木雕传承人需要坚守剑川木雕核心的工艺标准。加快手艺人、行业互评机制建立，把行业内部的监督与评价作为木雕工艺标准的重要评价指标。

2.随机符号的设计再生

手工艺的随机符号包含工具、材料、图式、功能。从产品设计演化趋势的角度来看，现代主义的简约、理性、绿色、环保等理念风格深入人们生活产品的设计中。然而，手工艺品与现代主义之间仍然存在一定的鸿沟。据调查显示，消费者偏向于购买简约风格的手工艺，而传统的手艺人则认为消费者喜欢混合混搭型的工艺品。[1]手艺人和消费者对于产品的审美认知产生偏差，消费者不再为装饰繁复的手工艺品买单。因此，剑川木雕手工艺品的设计应该回归简约的风格，适度装饰，避免装饰繁缛，注重手工艺品的文化器韵。在简约的设计中融入木雕的文化元素，同样可以体现高超的技艺和精巧的构思。

其一，强化工具设计的体验感。木雕工具是木匠肢体的延伸，是将大脑中思想转化为实践的桥梁。一把好的雕刻刀应该与人体的结构有着良好的对称性，手艺人在操作的过程中才可能得心应手，充分发挥身体的柔韧性和技巧性。剑川木雕工具分为基础工具与特殊性工具。基础工具是木雕生产过程中较为普遍的雕刻工具，根据雕刻场景以及雕刻群体的切换，在设计上可以更加便于持握和操作。精细工具的研发更加适合专业从事木雕生产制作的人，而一些大的雕刻刀对于年幼的木雕体验者来说，显得过于笨拙和难以操作。可以开发出一套具有剑川木雕标识的适龄儿童的木雕体验刀，把基础雕刻刀的打磨、运用形成配套的电子教程，让体验者可以用得来、带得走，增强木雕体验的兴趣。

其二，增强材料的可持续和循环利用。木雕的选材及设计要更加体现环保和绿色的理念，防止生产性污染和过度消耗木材资源，实现循环再利用。社会主义市场经济发展的经验早已表明：生态兴则文明兴，生态衰则文明衰[2]，把生态文明保护融入文化建设中去是当前文化产业发展的新思路。只有在经济发展中寻找文化传承与生态

---

[1] 引用自苏州创博会组委会、手艺工场、四川美术学院艺术教育学院、《中华手工》于2021年9月在第十届中国苏州文化创意设计产业交易博览会、2021中国（深圳）国际文博会期间发布的《2021中国新手工艺品牌调研报告》。
[2] 中国政府网：http://www.gov.cn/xinwen/2017-09/30/content_5228710.htm，查阅时间：2021年11月25日。

文明的平衡点，转变手工艺的生产思路，才能实现文化资源的永续利用和可持续发展。从生活中汲取新的创意想法，合理处理和利用废弃的木料和木屑，形成"老木新雕""绿色木雕"。传统的剑川木雕要在一块方正的木板上雕刻一些吉祥图案，经常丢弃一些形状不规则的边角料。但往往一个新奇的创意想法就可以实现木材资源的再利用。

其三，增强图式内容的现代文化立意。传统的剑川木雕以反映民族文化和宗教、传统纹样题材类型的立意居多。大多剑川木雕手工艺品样式是以具象化、写实为主要特征，而抽象化、写意风格的作品较少。从创作的艺术风格方面，可以形成中国题材的木雕作品，也可以尝试更多风格的艺术创作。手艺人应该在木雕题材立意上更加关心国家和人民当下关注的议题，应与当下时代背景相关联，如生态保护、防疫抗疫、世界和平、文化多样性，传递优秀的文化思想和时代主题，进而实现木雕立意的现代转化。"剑川新木雕"应该形成顺应时代语境的当代表达，实现木雕工艺的活态化传承和发展。生产体现大理剑川地区差异性的木雕产品，树立保护地方文化、民族文化的意识，同时不断丰富文化市场中产品的种类，增强木雕产品设计与民众生活的亲和力。

其四，提高功能上的设计创新。现代设计可以通过一种符号学的操控介入手工，赋予其"现代感"，进而使传统手工艺从功能和空间上得到解放，使其形式、功能、美感契合人们的消费风格、生活方式和生活美学。[1] 手工艺的高级定制在一定程度上提高了手工的文化附加值，在个性化需求盛行的时代，满足了消费者差异化显著的文化心理，同时顺应了市场对于高品质产品和精致文化回归的呼吁。

---

[1] 王维娜：《设计赋予"现代感"：传统手工艺回归现代日常生活的路径》，《艺术设计研究》2021年第3期，第61页。

以国内端木良锦木作品牌为例，它是国内一个知名的中国风木质手包制作的品牌，设计师在领悟手工艺历史文化发展脉络的同时，不仅复原与优化了唐代的木镶嵌技艺，同时还把唐宋时期的传统纹样元素进行转化，赋予木头以现代功能和现代美感。端木良锦成功的案例证明了通过融入现代设计元素，"木头也可以变得很时尚"。

（三）品牌特色：地域性和个体的联结

2022年3月，文旅部、教育部、自然资源部、农业农村部、国家乡村振兴局、国家开发银行六部门公布了《关于文化产业赋能乡村振兴的意见》，其中在手工艺赋能领域，提出要推动手工艺特色化、品牌化发展，培育形成具有民族、地域特色的传统工艺产品和品牌，鼓励多渠道、多形式进行品牌合作，提升经济附加值。[1] 这进一步为手工艺的品牌化发展提供了政策性的指导建议，通过品牌构建来突出手工艺的地方文化特色是实现手工艺反脆弱发展的路径之一。

品牌是存在于消费者头脑中的文化符号，是区别于其他产品的文化标识。特色鲜明的地域文化标识有利于打造自身核心的文化竞争力，进而增强抵御市场风险的不确定性。在打造剑川地域性品牌标识的过程中，需要明确剑川木雕区别于其他木雕的风格特征和技艺手法，即需要离析出哪些文化特质和艺术特征是剑川木雕所特有的，剑川木雕的哪些文化元素可以和剑川当地的文化旅游相契合，地域大品牌如何与个人小品牌实现有效对接。在视觉识别上，突出剑川木雕的商标图案和艺术风格；在内容上，凸显民族文化、木文化和现代时尚文化元素的融合；在品质上，突出木雕工艺口碑，提高木雕品牌传播的服务与功能意识；在传播品牌价值时，积极与消

---

[1] 中国政府网：http://www.gov.cn/zhengce/zhengceku/2022-04/07/content_5683910.htm，查阅时间：2022年8月12日。

费者建立情感链接，增进以文化为联系纽带的文化认同。

1.突显剑川木雕品牌的地域文化特色

我国的木雕种类具有相似的文化丛和文化特质，不同种类的木雕已经出现了文化借用的现象，使得原有的地方文化特质逐渐消失，木雕的技艺和艺术风格趋同。剑川木雕作为地域性商标，是一个地域性工艺文化品牌。因此，凸显剑川木雕的地域性文化品牌尤为关键，应同时将地方性工艺品牌与地方的文化旅游进行深度融合，实现文化旅游与手工艺的品牌化协同发展。

剑川木雕最为鲜明的文化特质在于其技艺本身，多层镂空深浮雕的技艺手法与粘贴组装手法存在很大程度的技艺价值差异。多处的镂空和浮雕不仅增加了技艺难度，同时也抬高了木雕工艺品的价格。这种技艺手法可以在作品中进行一定程度和局部的体现，这样既可以融合剑川工匠的技艺性，同时又增强了审美性，也为大众消费创造了可能。

剑川的地域性在题材方面有一定程度的显现，但是在长久的历史演变过程中，题材的发展并不是一成不变的。从传统题材类型中确实能够突显一定的剑川特色，但"传统"只能成为剑川木雕的文化积淀，却不应成为品牌发展的特色和标识。

在与国内其他木雕的对比中，明确剑川木雕手工艺产业的发展定位，通过合作化生产、分散化经营、集体化发展，打造清晰明确的地域文化标识，凸显区别其他木雕的差异化与特色化的核心竞争优势。木雕的传统技艺以及传统文化的DNA决定了剑川木雕的核心内涵。突显品牌的文化特色不仅要从地域特征入手，同时也要形成自己的核心文化竞争力。在传统技艺和传统文化的基础上进行创新发展才能形成自己独特的文化特色。剑川木雕产业的发展除了做仿古建筑构件和生产批量化的格子门以外，一定是依靠手工雕刻的特色来赢得市场。在产品开发的功能上,保留其过去以生产建筑木雕为主的生产特色和优势,同时结合现代文化空间的思维,开发出一系列空间内的木雕,体现空间文化趣味。

加强手工艺品牌与其他品牌之间的授权互动,凸显木雕文化产品的附加值。加强木雕文化创意产品的研发,通过非遗设计授权的模式将木雕的文化符号、文化元素融入人们日常生活的产品中,以版权授权的方式开拓新的文化市场。非遗设计授权源于国际上艺术授权的概念,即双方通过签订条约把艺术作品的知识产权等无形资产予以被授权者,用于授权开发、利用,最终形成多样化的商品,授权者从中提取一定的酬劳。[1]非遗授权与此类似:基于产业融合的思路,手艺人通过将非遗资源符号化融合到各式的产品中,让非遗回归生活,服务大众,实现文化资源向经济资本的转化。在大理州非遗中心、剑川县文化馆组织举办的非遗文化节中,除了进行非遗展览销售外,也可以积极联合一些知名品牌产品进行线下的授权签约,将剑川木雕等其他非遗元素与大众产品进行融合,作为产品中体现传统文化元素的一部分。这样不仅可以活化木雕文化资源,其符号化的产品也能创造一定的商业价值,同时为手艺人带来一定的经济效益,也使木雕非遗的知名度得到进一步提高。

2. 塑造手艺人的文化 IP

手艺人需要认识到个人的品牌发展与工艺品牌之间的内在关联。在生产实践、销售中强化剑川木雕品牌的意识,将个人的品牌与地域品牌相结合,把小品牌的生命与大品牌的价值进行对接。具体表现为:个人品牌作为剑川地域品牌的子品牌发展,进而实现地域大品牌下小品牌的多元化。大品牌突出剑川木雕共有的文化特征和工

---

[1] 胡慧敏:《艺术授权:文化产品开发多元化的重要途径》,《大众文艺》2016年第23期,第255页。

艺品质，而小品牌主要彰显该木雕产品主营的文化特色和个性特征。

剑川木雕已经形成了狮河木雕品牌、兴艺木雕、嘉林木雕、天艺园木雕、杨元松彩绘木雕等品牌。这些品牌大多以传承人的名字命名，每个手艺人自己就是一个文化IP，自身都有宝贵的学艺经历和多年的木雕从艺经验，以及对于剑川木雕的文化认知和未来期待。因此，可以通过塑造剑川木雕手艺人的个性文化IP，进而凸显剑川木雕的地域品牌。

虽说优秀的传统手工艺正如酒香不怕巷子深，但同样一个好的品牌也需要精心地运营。传统的生产经营群体面临着"没有经营销售渠道、不会宣传"的尴尬困境，缺乏的是包装和推销自己的能力。手艺人与经营者的身份往往有一定重合性，除了注重木雕生产的同时，木雕经营者需要提升剑川木雕品牌的运营和管理能力，对产品进行品牌包装和推广。品牌运营包括品牌名称、品牌宣传语、品牌标志、品牌传播等方面。当前，剑川木雕的专利拥有权集中在一些大老板和企业主手中，而一些小作坊和创意型木雕店铺的专利拥有者较少。剑川木雕的品牌定位要传递文化理念，提升审美调性，进而从木雕的品质上提升品牌形象。同时，也要制定和完善木雕的知识产权管理制度，对木雕艺人进行知识产权保护的相关知识培训，普及知识产权保护的相关的制度和法律知识，提高手艺人对于原创作品的专利申请保护。组织专业律师团队解答手艺人的困惑，进而提高木雕艺人的知识产权保护意识。

（四）图式设计：审美导向和文化互惠

剑川木雕图式设计要充分运用现代创意设计、科技手段和时尚元素提升手工艺发展水平，以大众的审美导向来推动手工艺创意产品开发，提高手工艺产品的文化惊奇感和新鲜感。"互惠"（reciprocity）

是指两者拿出大致价值相等的物品和服务来进行交换，而互惠双方因此实现互利。[1]继而法国人类学家马塞尔·莫斯（Marcel Mauss）提出互惠交换理论[2]，旨在通过互惠进而降低群体的风险和脆弱性。文化互惠正在成为一种新的文化遗产观念[3]，互惠双方进行文化资源要素的交换和再分配，在这个过程中实现文化交流和文化共享。

1. 审美趣味回归生活

手工艺自产生之时就服务于人们日常生活，脱离了"用"只谈艺术的手工艺品会被日常生活所逐渐淘汰。剑川木雕兴起于剑川建筑，最终以木雕工艺著称。从传统居住场所到日常生活应用，无不体现着木雕的实用性、装饰性、审美性功能。手工艺的场景应用是拓展其生存空间和文化适应力的重要举措，其生活要义在于融入生活场景中去。手艺人对产品的创新是建立在普通人的价值观和审美观上的创新，[4]审美权是属于大众的，而手艺人通过造物来表达的过程是将审美权回归大众的一种文化行为。避免审美权的旁落是手工艺在工艺日用的基础上所要达到的一种文化境界。针对木雕图式造型的程式化，回归审美的思维是进行产品图式造型反脆弱的路径。

从"生活的木雕"和"空间的木雕"两个角度出发，适当运用镂空技艺，在审美上融入心意，增添木雕审美的趣味，让审美权回归大众。生活的木雕主要指的是：用的木雕、装饰的木雕；而空间的木雕存在于生活空间、荧幕空间、文化空间、民俗空间中。

虽然剑川木雕在其发展历程中曾经将仿古风格的工艺品摆件、

---

[1]〔美〕威廉·A.哈维兰：《文化人类学》，翟铁鹏、张钰译，上海社会科学院出版社，2006年，第204页。

[2]〔法〕马塞尔·莫斯：《礼物——古式社会中交换的形式与理由》，汲喆译，上海人民出版社，2005年，第19—20页。

[3] 赵旭东：《文化互惠与遗产观念——回到一种人群互动与自主的文化遗产观》，《民族艺术》2019年第2期，第12—24页。

[4] 方李莉：《艺术人类学的本土视野》，中国文联出版社，2014年，第219页。

厚重名贵的家具作为出口换取外汇的手段，但随着市场经济的发展，消费者对于美好生活的需求不断增长，消费需求也出现了深层次的变化。在这种情况下，木雕手工艺品回归人们的日常生活、进入大众的日常消费领域是大势所趋。可供欣赏的工艺美术品不是主流的手工艺品，具有实用功能兼具美感才是工艺良品。正如《考工记》中所说"天有时，地有气，工有巧，材有美。合此四者，可以为良"。[1] 传统手工艺的设计要符合自然规律和人体功能学，工艺不仅要实用，更要好用。木雕手工艺要坚持工艺的审美性与实用性结合，围绕着"生活好用"，融入文化创意，设计可持续的美，进一步开发出符合现代人审美和生活状态的用具。

器物与空间之间有着内在的关联，器物可以增加空间趣味，空间可以实现器物的功能。注重实现木雕的文化空间营造，体现空间艺术、生活美学，实现木雕手工艺品生活场景应用的更迭与拓展。将创意美学、生活艺术融入木雕手工艺的创作中，体现工艺品的实用性、内容性与艺术性。探索木雕手工艺与公共文化空间、节日空间、生活空间、荧幕空间、艺术空间等的结合。例如，在公共文化空间的营造上，将木雕手工作坊作为剑川乡土特色文化元素，融入乡村民宿、乡村手工艺基地以及村民公共活动场所的开发中，通过深度的乡村旅游实现木雕手工艺在公共文化空间中独特的文化价值。在节日空间里，木雕手工艺品进入市集流通，可以与展现节日文化元素的图案造型相结合，例如可以制作各种上了颜料的木质面具，增添节日气氛和仪式。在生活空间中，木雕可以在家居软装、生活用具方面营造简约的家装风格，从传统的建筑构件到现代简约家居转变。一些非遗通过借助荧幕空间作为其中的场景和内容为大众所认

---

[1] 汉·郑玄注，唐·贾公彦疏，赵伯雄整理，王文锦审定：《周礼注疏》卷39《冬官考工记第六》，载李学勤主编《十三经注疏》，北京大学出版社，1999年，第1060页。

知。非遗可以作为荧幕空间中场景的一部分来衔接剧情，凸显传统文化内涵和扩大知名度。非遗与影视的碰撞让观众实实在在感受到非遗的文化魅力，成为荧幕空间中的经典片段，也因此实现了文化空间的转场。

2. 传统手工艺间的文化互惠

传统手工艺产业间的边界逐渐模糊和收缩为手工艺类非遗的相互融合创造了机遇。过去，一门手艺的传承往往局限于家族内部，甚至传统手工艺在家庭内部传承的过程中也存在性别区隔，形成了手工艺的技术封锁。手艺、手艺人相互间无法实现有效地交流和技术共享，因此传统手艺的创新之路十分漫长。如今，开放的信息和文化环境使得手工艺的社会化传承成为普遍的现象，共享性技术降低了手工艺传承的成本，[1] 开明的文化环境使得手工艺的"跨界融合"成为"非遗热"下的潮词。

实现手工艺间的文化互惠首先要打破木雕艺人已有的知识结构体系，增强文化互惠的思想意识。手工艺间的互惠指的是手工艺的工艺、设计观念、文化创意通过手艺人的交往、手工艺品的文化交融、文化创意的共享实现共融共通，进而提升手工艺品内在的文化韧性。一种手工艺品往往有其自身的脆弱性，而不同手工艺之间的创意创新具有共通性，因此在创意共享和知识互惠中可以降低手工艺的脆弱性。只有增强对民族文化的深刻理解才能释放剑川木雕手工艺实现文化创意和提供文化服务的潜力，实现韧性生长和反脆弱发展。

在社会大力提倡非遗保护的浪潮下，手艺人有机会参与到各种非遗研培班，为手艺间的文化融合以及手艺精英的强强联合提供了

---

[1] 邱春林在《"共享性"技术和手工艺人的成才之路》中提出的全新概念，指的是某些原本属于个人的手工技艺经过社会化后，成为容易获取的、人人共享的技术经验，它的载体可能是客观化的知识、实用性的工具或人造物品。

新的可能性。手艺人在与其他非遗传承人分享和学习的过程中,"强行"打破已有的知识体系和思维模式,不断开阔视野,思考自己所持的手艺资源如何与其他优秀的手工艺之间进行融合,对已熟悉的技艺有一个全新的、系统的认知。

剑川木雕在传承发展过程中,应与其他手工艺非遗之间相互学习和借鉴,打破传统手工艺之间的界限,实现手工艺之间的互惠和创新融合。通过手工艺之间的互惠形成工艺的再生设计,增强剑川木雕的韧性。从材料融合的角度,尝试将木材与其他材质融合形成新的加工工艺,提高木雕的文化附加值。木材不同于金属材质,自身的延展性和重塑性较差。因此,木材与金属材料可以尝试融合,借助金属的光泽与可塑性来弥补木材材料的缺陷,两者结合形成新的设计风格。

(五)文化消费:线上消费和体验互动

1. 激活线上消费的潜力

木雕产品销售在兼顾线下"熟人社会"的同时,应该不断开拓网络"生人社会",获取更多产品眼缘。强化木雕网络销售渠道,促进"木雕手工艺品+电子商务"的发展模式,提升剑川木雕在互联网品牌标识中的认知度和影响力。加强对剑川木雕短视频宣传培训和网络销售的扶持力度。引进专业的互联网运营团队入驻剑川县打造的直播基地,并提供优惠的政策扶持,减免房租,引进电子商务服务企业和运营人才,对接手艺人,提升木雕消费的线上体验感。为发展电商的木雕传承人提供智力支持和资金优惠。经营者要积极尝试拓展木雕的线上宣传推广平台,通过流量转化,挖掘互联网潜在的消费群体。探索与短视频、电商平台等新的结合方式,不断提高剑川木雕的互联网生存能力。传承人在雕刻的间隙时间采集短视频素材，通过利用互联网、短视频等平台增加个人优质木雕作品的曝光度和宣传力度，吸引和发展新一批客户群体，增加客户的黏度。手艺人可以尝试对手工雕刻过程以及手艺人的日常生活、生产状态，进行视频记录剪辑，并发布到一些流量较大的视频网站，如抖音、快手、小红书、哔哩哔哩等平台。

消费者对于手工存在一定的情结和认可，手工拉近了消费者与木雕产品之间的心理距离，成为维系生产者与消费者之间信任的基础。激发线上消费必须拉近消费者与手艺人之间的距离感。在加强社会交往的过程中手艺人应该基于工艺优良的品质，最终促成文化消费的实现。木雕艺人在保证木雕品质的基础上完善在地、在线、在场的生产方式，以多元的生产方式实现小规模的量产来满足数字化时代的需求量。剑川木雕产品回归以手工为主的生产，不仅要体现出木材的温良，同样也要体现出手工的温度和手艺人的温情。坚持手工艺品以手工劳作为主，保证消费者来剑川买到的工艺品都是手工制品。

从消费者受众角度来看，针对消费群体实现设计分层，不断强化线上消费体验。手工艺要结合大众的日常生活，手工艺的设计要服务于民生。传统手工艺者不仅要把握手工艺文化产品迭代的时代导向，更要深入了解消费者的文化心理和价值需求。19世纪英国工艺美术运动领袖约翰·拉斯金，批判了工业社会造成思考者和劳作者截然分开的论调，提倡"思考者也动手，动手者也思考，两者的结合才是真正的高尚"。只有在手工劳作中不断地思考手工艺如何通过设计捕捉消费者的眼光，才能达到与市场的密切结合。非物质文化遗产的持久赓续不仅在于传承人群体的关爱、保护和世代相传，同样也在于拓展广大的非遗受众群体。[1] 文化消费即文化传承，手艺人通过积极调适生产理念，把个性化审美和消费者的审美进行有效的对接，在实践中不断契合消费者的文化消费理念。

当前消费者消费特征呈现出个性化、深层次、多样化的特点。剑川木雕手工艺需要从更深层次联结消费者群体受众，实现手工分工的精细化和产品层级的细分要求，充分了解社会分层下各消费群体的消费习惯和偏好，针对不同群体的消费者制定出各个消费水平和层级的手工艺文化作品，才能进一步地开拓文化市场，发展新的客户群体。雕花机生产出来的批量化和同质化的格子门只能满足批量化的仿古建筑需求，却无法满足消费者差异化和个性化的需求。而手工艺中包含了手艺人的情感因素和人文关怀，在结合人的日常使用习惯的同时制作出"小而美、美而精、精而特"的木雕产品，既满足消费者的使用需求，又满足一定的情感需求。例如，针对不同学龄阶段的孩子，开发出创意的木质玩具或者生活用品。依托剑川木雕中优秀的榫卯结构的知识，开发出木榫积木、鲁班锁、卡通榫卯板凳等，搭配榫卯知识讲解的宣传册，让儿童在学习和玩乐中了解中国传统木建筑文化。

2. 优化文化的互动体验

体验消费的兴起标志着重视感官愉悦及美感体验的思维逐渐扩展和蔓延，成为新时代的生活显学。消费者通过亲自参与来观察、体验手工艺的制作过程，获得某种感受体验，而不是以获得最终产品和物质需求为目的。在观察和动手中对亲手制作的手工艺品注入情感和心意，提升文化体验激发文化消费动力。手工艺价值实现方式正在向多元化的方向发展，手工作品不再成为手工艺唯一的存在

---

[1] 刘魁立:《非物质文化遗产保护的回望与思考》,《中国非物质文化遗产》2020年第1期，第37页。

价值和消费对象。优化文化传承的互动体验感，将木雕的体验消费与产品消费组成非遗受众传承的方式是剑川木雕改变互动体验脆弱性的手段。《"十四五"非物质文化遗产保护规划》中提出要完善非遗传承体验设施体系。例如，创办非遗馆、改建新建传承体验中心，形成集传承、体验、教育、培训、旅游等功能于一体的传承体验设施体系。[1]从政策导向和现实需求角度来看，手工体验已经成为拉动文化消费和促进非遗传承发展的重要方面。

手工艺有着很强的体验基因，积极改善木雕体验的消费模式，增强木雕技艺的文化展演功能。通过手艺人的解说＋展演，增强消费者对木雕背后手工价值、文化价值的认可。同时加强展馆和体验馆的建设，融合剑川的其他手工艺文化资源，如剑川布扎、石雕、黑陶等，形成一体化的手工艺传承体验馆，吸引更多游客。从体验服务开发的角度，可以针对顾客的体验需求提供多样化的体验服务类型，如开发榫卯积木玩具、制作DIY木雕材料包、提供亲子雕刻项目、设立木雕的专业培训课程等。

在文化体验的过程中增强木雕的历史文化内涵的介绍和科普。在体验区环境陈展设置方面，尽可能地凸显剑川木雕的历史文化内涵，墙面上展陈剑川木雕历史发展以及常用工具的介绍，让体验者在体验前了解剑川木雕的文化价值和意义。同时对每一位体验者的木雕作品进行拍照收编，做成木雕体验集册，为体验者提供一个体验作品参考和纪念。另外，传承人在进行体验教学的过程中，与体验者进行互动交流，做好体验反馈，在传授技艺要领的同时，向体验者介绍剑川木雕的文化内涵。很多木雕经营者反映做木雕消费者的市场调研困难，但其实提供好完善的售后服务，积极重视吸纳顾

---

[1] 文化和旅游部：http://www.gov.cn/zhengce/zhengceku/2021-06/09/content_5616511.htm，查阅时间：2021年10月12日。

客的反馈意见就是对于木雕市场调研最直接、最有效的方法。在每个订单完成后，向消费者及时发放问卷，记录整理消费者的体验感、满意度、意见建议和创新需求，在接下来的创作实践中，不断迎合市场需求，优化文化的互动体验。

四、剑川木雕手工艺反脆弱策略的价值趋向

在过去,剑川木雕是承载着民族生活方式的白族传统建筑的重要构件,反映着民族生计和文化面貌;在当代社会,剑川木雕是象征着生活品质的文化旅游消费品,是富民兴乡的文化财富和非遗资源。剑川木雕手工艺实现反脆弱发展具有多重的文化内涵、社会价值、经济意义和生活福祉。从人的维度,剑川木雕反脆弱有利于增强手艺人的创意能动性,提升木雕艺人的文化自信;从技艺维度,有利于达至木雕技艺的守正创新,延续剑川木雕的存续力,实现可持续传承;从文化维度,有利于实现剑川木雕文化资源要素整合,助力手工艺文化再生和创造性转化;从经济维度,有利于激发文化消费潜力,活跃文化市场,增强手艺人家庭的抗风险能力,改善手艺民生,实现木雕价值增值;从美学维度,有利于强化木雕的艺术审美感,涵养公众的身心美育,不断满足人们日益增长的文化需求,助力加快实现乡村文化振兴。

(一)增强手艺人创意能动和文化自信

传承人是非遗保护和发展中的关键要素,手艺人的思想意识对于物的创造起着关键性的作用。手工艺的文化创意导向让越来越多的剑川工匠意识到创意能力在剑川木雕的生产和销售中的强大力量。在增强剑川木雕传承主体内在的反脆弱思想过程中,剑川木匠的文化自觉逐渐被唤起,对于剑川木雕这门手艺的认识不再停留在养家糊口的层面,而是承担着民族文化传承的使命感和责任感,标志剑川木雕的传承从"自在"阶段到"自觉"阶段的转化。

对于木雕艺人来说,通过参加一系列的非遗传承人研修培训活动,与其他手艺人进行思想创意的交流,有利于打破原有的传统知

识结构，增强了其传承主体内在核心的文化创新力。同时，消费者不断更迭的审美导向、消费观念重构了木雕艺人的工艺知识体系，充分发挥了木雕艺人的创意能动性。在实现剑川木雕传承主体内在的反脆弱同时培养了传承人的创意创新能力，增强对于文化消费市场的适应能力，从知识结构、思维模式、创意能力形成创意生产的良性循环。在社会交往中逐渐提升对于白族文化的认同，提升民族的文化自信，延续木雕的手工艺文化精神。

剑川木雕走入现代生活是留住木雕手艺的重要途径，有利于维系木雕与人之间的文化情感，凝聚家庭力量，提高其文化自信。在很多剑川木雕手工艺从业家庭中，手艺人从小对于剑川木雕耳濡目染，与木雕手艺之间形成了深厚的情感基础。围绕木雕形成了家庭分工协同的生产方式，不仅维系了家庭成员间的感情，凝聚家庭力量，更是留住了剑川白族人民内心深处的文化记忆。通过培养年青一代木雕传承人，吸引剑川更多的创意人才返乡，形成文化人才的流动，有利于进一步改善剑川木雕的从业社会认可度低的局面。在实现家庭、个体经商户、行业协会反脆弱的同时，有利于改善木雕艺人的生计问题，增强改变生计现状、利用手工艺实现脱贫致富的信心，提升手艺人的安全感、幸福感和获得感，增强对于木雕手艺的文化认同、心理慰藉。

（二）达至技艺守正创新和可持续传承

在大力提倡传承和振兴民族手工艺产业的背景下，不基于传统民族手工艺品历史发展逻辑、民族心理、地方特质的创新是没有根基的，反而增加其不确定性和风险性。2021年5月25日，文化和旅游部出台的《"十四五"非物质文化遗产保护规划》中提到将"坚持守正创新"作为非遗保护和传承的原则之一，即尊重非遗基本文化内涵，弘扬非遗的当代价值，推动非遗在人民群众中的创造性转化和创新性发展，不断增强非遗的生命力。[1] 新形势下坚守木雕的核心技艺符号，对随机符号设计再生践行了非遗"守正创新"的保护和传承原则。"守正创新"就是结合时代发展的特点对传统进行适度调适，融入当代的文化艺术特征和审美观念。

剑川木雕手工艺的随机符号的设计再生有利于促进剑川木雕设计、生产、销售转变思路，在保留核心技艺的同时对其制作工具、材料、图式、功能进行"适度创新""守正创新"，增强了木雕技艺的现代适用性，在文化流动中提升木雕艺人的反脆弱能力，对于防范和化解剑川木雕工艺品本身、应用场景及功能的脆弱性有着重要的文化意义和实践价值。在现代化市场浪潮中主动求变、积极应变，有利于实现手工艺文化的创新和再造，达至技艺的守正创新。

早在 2003 年联合国通过的《保护非物质文化遗产公约》里就有将"viability of the ICH"译为非遗的生命力、存续力的相关论述。"存续力"不同于"存续"，是在现代社会保留下来的生存根基和发展能力。"存续力"存在于手工艺的文化周期的关键环节，涵盖了材料采集、加工工具制作、生产场所、文化价值推广、市场销售等部分。[2] 木雕技艺的反脆弱有利于延续非遗的生命力和存续力。木雕手艺人为了适应产业化环境所带来的变化，逐渐改变了过去家庭作坊中落后简陋的生产方式，打破了封闭的技艺传承。在传统工艺的文化实践中，逐渐凸显剑川木雕促进社会交往、文化交流的社会功能，培育和扩大了传承人群。剑川木雕在守正传承的基础上，实现在现代社会中正心、正物、正名、正业，彰显木雕内在的文化价值。剑

---

[1] 中央政府网：http://www.gov.cn/zhengce/zhengceku/2021-06/09/content_5616511.htm，查阅时间：2021 年 11 月 5 日。
[2] 李志伟：《非物质文化遗产传统技艺存续力之浅见》，《新疆艺术学院学报》2020 年第 3 期，第 121 页。

川木雕在传承创新中通过利用差异化再生设计、工艺技术革新、现代化转化、强化产业融合和互动来实现剑川木雕创新、创意、创业、创物，提高剑川木雕的文化适应力和发展韧性。

（三）促进工艺文化再生和创造性转化

当手工生产方式走向式微，文化便成为传统工艺更为显著的价值。[1] 从文化的传承角度，剑川木雕实现反脆弱发展实质是增强其手工艺文化的再生能力和创造力。文化再生产不仅仅是强调文化的自我创造性，同时也突出文化存在和维持的基本形态是一种流动的、循环的动态发展过程。[2] 木雕文化产品结合人们日常生活的多重设计拓展了剑川木雕生存的文化场域，进而转化成为文化发展的资本积累。木雕在实现文化创意营造的过程中，作为生产主体的木雕手艺人逐渐摆脱文化惯习依赖，获得官方和民间的双重身份认可，一定程度上积累了相应的文化资本。在市场经济环境中，依靠象征资本的品牌可以获得更多的市场认同。在从事木雕相关的活动中，仍然有很大一部分以木雕为生的匠人群体、负责创意的设计师、艺术家以及负责经营销售的木雕经纪人，他们的文化生存心态在反脆弱实践中实现了创造性重构和再生，进而促进了工艺文化的流动和可持续发展。

剑川木雕的反脆弱实质是文化体系的反脆弱。传统手工艺的再生产过程就是其所承载的文化再生产的过程。剑川木雕手工艺作为一种文化资源，也是一种民族文化象征符号。以木雕文化符号为元素进行文化生产，对于木雕文化的深度挖掘和再利用就是实现文化

---

[1] 陈岸瑛：《艺术与劳动的和解——兼论中国传统工艺的未来》，《美术观察》2020年第5期，第12页。

[2] 王潇：《传统手工艺的再生产研究》，西安美术学院博士学位论文，2016年，第46页。

资源的再生利用和可持续发展，实现物的再创造，提升木雕的物用价值，延续了木雕在当代的文化生产力。剑川地区手工艺文化资源禀赋深厚，通过整合手工艺文化资源，发掘自身独特的文化价值，将手工艺文化围绕着非遗保护这根主线串联起来，实现文化资源的物质再生和精神再生，进而将木雕手工艺文化资源优势转化为文化资本和民生资本。

剑川木雕与其他手工艺之间的互惠与创新融合，不仅实现了文化资源、创意要素等重新配置，也在一定程度上弥补了手工艺自身的短板，在形成新的创意设计的同时，发挥了各类手工艺材料、功能上的"长板效应"。通过创意交换、文化交换，实现了民族文化资源要素的整合，将木文化、白族文化以及其他类型的手工艺文化进行创造性转化。大众积极参与到手工艺的线下体验以及在社交媒体上的深度交流中也促进了工艺文化的意义生产和创造性转化。

（四）强化家庭生产弹性和抗风险能力

手艺与民生福祉之间有着密切的关联，手工艺是提升手艺家庭安全感和抵抗风险的生计线。剑川木雕产业的发展与民族地区的家庭经济有着密切的关系。手工艺家庭具有"赚得起，赔不起"的特点，抗风险能力低。剑川木雕手工艺品的生产和消费不但关系着木雕艺人的生存条件，更是其安身立命的根本。手工艺是一个生产和造物的过程，因此，凸显剑川木雕手工艺"以文赋能"[1]的社会经济功能显得尤为重要。传统技艺中物的创造不仅指的是制造出可视可用的手工艺品以及家庭财富，同样也生产着与手工艺相关的经济资本和文化事象。提高剑川木雕文化附加值，有利于实现文化和经济的价值

---

[1] 文化和旅游部：http://zwgk.mct.gov.cn/zfxxgkml/cyfz/202106/t20210607_925033.html，查阅时间：2021年11月25日。

增值，有利于提升其在不确定性的经济文化市场环境中抗逆、止损、受益的能力。

从家庭经济角度来看，剑川木雕产业的经济向好、良好的市场销路有利于增强手工艺家庭的生产弹性，在融入现代生活的过程中促进了产业兴旺，增加了手艺人的家庭财富，增强手工艺家庭抵抗风险的能力。剑川木雕以生产家庭化为主要的生产、经营的组织方式，木雕作为家庭经济的补充，是家庭财富生产和积累的重要组成部分。木雕生长于剑川家庭，同时也馈赠于家庭。木雕手工艺家庭对物的创造与家庭财富的积累呈现出积极的正相关关系。从物到商品的转换，由此促进了家庭经济的良性循环。

"品"的可消费性增强了手工艺家庭的抗风险能力。人们对于剑川木雕从满足居住需求向满足精神需求转变，独具特色的剑川木雕手工艺品与差异性显著的文化消费群体之间发生碰撞，使得剑川木雕的设计生产从手艺人个人的生活世界转向消费者多元化的文化世界。消费需求是文化传承的动力，文化消费是文化得以传承的结果。消费者在文化消费和体验的过程中，将剑川木雕手工艺品带回家，本质上也是文化传承和支持手工艺家庭经济发展的一种方式。一方面为手艺人增加了文化经济收入，提高了生活收入水平，另一方面孕育了木雕的生活形态，弘扬了木雕文化。

（五）营造新生活艺术和涵养身心美育

进入新时代，国家从提高人民生活水平和质量的角度提出了"不断满足人民对于美好生活的需要"，逐步提升人民的获得感、安全感、幸福感。随着人们生活水平的不断提高，对于生活品质要求的提升，美好生活不仅仅从物质层面提升生活品质，更要从精神层面满足人们的精神需求。剑川木雕手工艺品从过去佳节的伴手礼到现在成为个人生活品位以及消费能力的象征；从建筑装饰构件转变为生活空间的文化产品；从传统单调的木雕格子门窗演变为"美而精，精而特"的木雕精品，其功能和意义也在不断拓展，文化内涵不断丰富，日益满足人们的精神文化需求。剑川木雕技艺表现手法多样、文化产品内涵丰富，充分表现了木雕艺人对于美好生活的向往。

新生活艺术中包含着创作者和艺术家对于美好生活的期待，是艺术融入日常生活的显学。审美人类学提出"什么是美""如何审美"的命题，而剑川木雕手工艺走入现代生活，彰显其中的文化内涵、美学意义就是在乡村振兴背景下对新生活美学的建构。手工艺具有修养美学的工艺价值[1]，强调用手工美育来涵养"美丽心灵"，彰显美育功能。剑川木雕在国家颁布的第三批非物质文化遗产名录中被归为传统美术类，在注重传承木雕雕刻技艺的同时强调手工艺的艺术性特征。卢梭在《爱弥儿》中说"在人类所有一切可以谋生的职业中，最能使人接近自然状态的职业是手工劳动。"[2] 从事木雕雕刻的过程中，手艺人通过触摸木材接近自然，实现了一种忘我的自由状态，维系了接近自然的手工劳动。手艺人和体验者在从事手工的过程中，身心得到放松，实现了手工对于心灵的治愈。

结语

剑川木雕手工艺作为滇西民族文化的奇葩，在历经千年的文化变迁中展现出亦古亦新的文化魅力。剑川木雕不仅仅维系了世世代代剑川白族的日常生活，同时也承载着"千年技艺，手工木雕"的

---

[1] 刘毅青：《作为修养美学的手工艺及其当代意义》，《南京社会科学》2021年第10期，第127页。
[2]〔法〕卢梭：《爱弥儿》，李平沤译，商务印书馆，2011年，第262页。

文化传承精神，更是在新时代繁荣乡土的民族文化资源。在文化消费的现代化转型过程中，剑川木雕手工艺的反脆弱是剑川木雕手工艺文化实现韧性发展、适应现代文化市场的有效路径，同时也是抵抗风险、增强文化适应性和文化韧性的关键举措。

在长期的历史发展过程中，剑川木雕形成了镂空深浮雕的核心技艺。手工与数字化机器的结合奠定了剑川木雕的生产基础；师徒传承和社会化传承构成了剑川木雕的传承方式；家庭组织和产业组织形成了剑川木雕的发展模式。在木雕市场竞争角逐下，手艺人在多元的创作维度下不断丰富工艺品类型，产品呈现出传统与现代题材交汇的文化特点。木雕手工艺的传承方式也由传统的师徒传承向社会化传承转向，促进了乡民文化脱贫和手工艺文化的受众下沉。剑川木雕根深于家庭化生产的土壤，在保留了传统的家庭作坊的基础上，衍化出大师工作室、家庭非遗体验馆等形态。剑川木雕的商品经济属性和文化属性日益凸显，产业化集聚发展明显，形成了领头企业、产业聚集村、文化旅游小镇三种形态的文化产业业态。

在互联网快速发展和消费方式、消费观念不断更迭的背景下，剑川木雕手工艺文化的脆弱性特质日益凸显。横向上，剑川木雕面临着木雕实践传承式微、木雕产品本体的脆弱、图式造型程式化、文化消费体验不佳。纵向上，剑川木雕脆弱性依赖传导链，集中体现在生计脆弱引发情感脆弱、家庭脆弱引发区域脆弱、公共卫生脆弱引发产业发展脆弱这三种模式。

剑川木雕的反脆弱发展是建立在非遗"守正创新"基础上的路径建构。从风险机遇论的角度来说，剑川木雕手工艺所面临的危机恰恰是其进行现代化转型和工艺文化再生的发展机遇。剑川木雕只有在脆弱性的环境中实现自身发展、积极适应现代化市场转型，才能融入当代大众生活。从文化实践主体的角度，唯有唤醒手艺人的文化传承情感，对多元的文化身份进行认同，实现"创意人"与"造物人"角色互嵌，才能实现传承主体的反脆弱。从文化生产的供给侧角度，唯有从核心技艺的传承、产品的现代转化、手工艺间的文化互惠、凸显剑川木雕的地域品牌方面，才能践行剑川木雕手工艺的"永续利用和不走样"发展，实现工艺的反脆弱发展。从文化消费的需求侧角度，只有针对消费者群体的画像细分，积极调适以契合当下消费者的文化消费理念，从工艺制作、产品设计、销售渠道、场景应用方面注入文化科技，融入创新艺术、更迭场景应用，才能走进人们的现代生活。未来的文化旅游市场充斥着不确定性，剑川木雕的发展应当不断适应互联网发展环境，集聚产业融合的思维，不断提高其互联网线上生存能力。在实现行业细分的同时，加速产业破界，打破产品就地销售的思维，培养一批直播带货的专业性人才。以坚守文化传承、强化文化互惠、融入文化创意、借力文化科技来增强剑川木雕的文化韧性，进而实现反脆弱发展。

在意义指向上，剑川木雕手工艺实现反脆弱发展不仅有利于增强手艺人的文化自信和创意生产能力，同时也在文化流动中促进剑川木雕的设计、生产、销售转变思路，提升了木雕手工艺家庭、个体经商户、行业协会组织的反脆弱能力。在不确定性的经济文化市场环境中强化剑川木雕手工艺文化的抗逆力和受益力，不断丰富美好生活的内涵，提升人民生活品质。以反脆弱思想和理念回应当下剑川木雕手工艺文化风险叠变的状况，对于提高民族文化在风险和不确定性充斥的文化环境中的抗逆力、复原力、调适能力有着很强的现实意义。

甘庄：苗族难侨经济生活转型研究

作　　者：胡梦蝶
　　　　　云南大学民族学与社会学学院
　　　　　2014级中国少数民族经济专业硕士研究生
指导教师：郑　宇

20世纪70年代末期，随着国际政治环境的变化，中越两国的兄弟同盟关系出现嫌隙。越南先后在中越边境的城镇、农村实施大规模的排华政策，大量的难侨向中国边境涌入。中国政府按照"以集中安置为主，分散安置为辅"的方针，兴建了大批的华侨农场安置越南归国难侨。据2025年的统计资料，全国有84个华侨农场，其中43个为安置越南难侨而设立，从人数上看，华侨农场安置的越南难侨高达16万人。[1] 云南省的13个华侨农场，大多安置有70年代末期从越南北部跋山涉水而来的难侨同胞。

随着时间的推移，越南难侨已经在集中安置的华侨农场生活了30多年，大部分已经适应地方、融入当地，经济生活发生了重大的变迁。特别是在2007年以后，中央政府下发有关华侨农场的改革文件后，全国的华侨农场都进入了新一轮的改制。华侨农场有了新的发展，难侨的经济生活发展也成了学界关注点之一。

玉溪市元江县的甘庄华侨农场，位于昆（明）磨（憨）高速玉溪至元江的中段。作为集中安置难侨的华侨农场，甘庄经历了国营农场、农业企业、甘庄街道等一系列改革，促使华侨农场融入了地方。甘庄是元江县难侨人口最多、最集中的地方，是一个民族特色极为鲜明的地方社区，居住着傣族、彝族、汉族，以及苗族、壮族难侨。当地的发展既有"侨"的优势，又有民族地区发展的特色。

2015年8月4日，经导师郑宇教授和云南省民委熊玉有老师的帮助，我顺利进入甘庄进行了为期半个月的田野调查。原甘庄华侨农场现已并入元江县甘庄街道办事处，改设甘庄、红新、干坝三个华侨社区，社区之间道路通畅，有各种小型的厂矿和成片的果园。在红新社区与干坝社区之间，正在修建大规模的工业园区。从甘庄

---

[1] 中国侨网：http://www.chinaqw.com/news/2005/0920/68/314.shtml.

的各种基础设施看，它正在走向费孝通先生所提倡的"小城镇化"乡村发展之路。

甘庄经济的蓬勃发展之象，让我对深入田野调查有了更大的期待。在我居住的红新社区，访谈中遇到人数的80%是苗族难侨。我了解到，20世纪80年代初来到甘庄的难侨以苗族居多，苗族大多是聚族而居，在甘庄社区形成了有一定规模的苗族聚居区，而红新社区就是一个典型的苗族聚居社区。在为期半个月的访谈中，我对甘庄有了更多的认识。甘庄作为安置归国华侨的农场，从50年代就开始安置印尼归侨，但由于甘庄炎热干旱，土地贫瘠，印尼归侨大多陆续迁往国外。直到70年代末期，越南难侨的到来，对甘庄的生态环境与经济生活变迁产生了重要影响，特别是苗族难侨扎根甘庄以后，不仅发挥山地民族吃苦耐劳的品质，还带动安置在文山的难侨亲属来到甘庄，对于甘庄发展发挥了重要作用。

在甘庄的半个月里，我对甘庄进行了整体的了解，也对我居住的苗族聚居区展开了访谈。在访谈中了解到，苗族难侨拥有的土地大部分是他们及其眷属开拓出来的山地，他们聚族而居。华侨农场30多年的经济变迁，使得苗族难侨的经济生活发生了根本变化，但并不是说苗族难侨的经济生活已经与当地其他民族完全融合或者同质化。相反，苗族难侨的日常经济生活依然凸显出山地民族的特殊性。因此，如果要探讨甘庄经济生活的转型，就不能忽视苗族难侨的主体作用，而苗族难民身份使得他们的经济生活变迁研究更具有现实意义。

但是，甘庄的经济发展到底经历了怎样的转型过程？苗族难侨在每次转型中是如何应对的？其日常经济生活发生了哪些根本性的变化？这一系列的问题，并不是我前期粗浅的调查就可以回答的，不仅需要我对甘庄社区进行长期的田野调查，更需要我在调查以后抽丝剥茧，一层层理清楚，结合调查材料与理论研究，最终展现中国政府安置下的苗族难民经济生活变迁的特殊性。

一、田野点概述

（一）甘庄华侨农场历史与现状

甘庄街道办位于元江县东北部，昆磨高速公路从东北至西南穿越全境，是北上玉溪、昆明，南下思茅、景洪，东去红河州的交通要道。土地总面积594.5平方千米，全街道植被覆盖率72%，森林覆盖率68%，耕地总面积9.4万亩，人均耕地面积4.4亩。境内最高海拔2117米，最低海拔452米，气候属温带、亚热带季风气候，年平均气温19℃，年平均降雨量1100毫米。主产烤烟、甘蔗、林果、玉米、水稻、小麦等作物，铜、铁等矿产资源丰富，其中，铜矿蕴藏量约为13万吨，是元江县继镍矿之后的第二大矿产资源。

本文的田野点"甘庄华侨农场"，是甘庄街道历史变迁中的一部分，作为安置归国华侨的农场，先后安置过难侨4138人，其中包括20世纪50年代印尼难侨1981人，20世纪70年代末期越南难侨2157人。甘庄作为华侨农场在特殊历史时期肩负着经济建设和政治使命双重任务，几经改制以后，甘庄华侨农场在性质上发生了根本的变化。总的来说，甘庄华侨农场经历了三次大的变革。第一阶段为60年代前，作为玉溪县辖区内的甘庄坝，世居民族主要是傣族与彝族，以种植水稻、玉米等粮食作物为生。第二阶段为1960到2009年，甘庄作为归国华侨和难侨集中安置的国营华侨农场，在省侨办与"场长负责制"下独立发展，在粮食生产的基础上，开荒扩地，大力发展甘蔗、杧果等经济作物，甘庄华侨农场拥有大型的白砂糖制造工厂，街道进入整体规划。第三阶段是2009年以后，农场融入地方，华侨农场成为街道，华侨农场职工转变为社区居民。

（二）苗族难侨聚居区概况

本文的研究对象苗族难侨为越南难侨的一部分，是目前甘庄归侨中人口最多的归侨群体。根据前红新社区的社区主任陶有明提供的资料，20世纪70年代末期的苗族难侨主要分布在甘庄街道办事处红新社区和甘庄社区两个社区，共有894人。红新社区共有5个苗族聚居村民小组，分别为红新社区茶山小组、联侨小组、建侨小组、新侨小组、干塘子小组，另还有甘庄社区的东山脚小组[1]。因为甘庄街道红新社区是主要的越南难侨安置地区，因此田野调查主要是围绕着红新社区的5个苗族聚居的村民小组展开的。

红新社区位于原213国道旁，元江县以北15千米，甘庄街道办事处以南100米处。红新社区的辖区面积31.5平方千米，耕地面积15197亩，社区占地面积1200余平方米，辖区海拔850—1200米，年平均气温23.5℃，属亚热带气候。全社区共有1094户居民，总人口2997人，生计方式以种植业为主。红新社区辖内有10个自然村小组，其中9个难侨小组，1个彝族小组。红新社区居住着苗族、彝族、傣族、壮族等多个民族，其中有来自越南、印尼、印度、马来西亚、泰国等归国华侨、难侨，涉及16个国家和地区，是元江县难侨人口最多、最集中的地方，共有归侨及眷属655户，1767人，占红新社区总人口的61%。

苗族难侨大部分聚居分布于原213国道旁，居于干热河谷地区，海拔850～1200米，年平均气温23.5℃，属于亚热带气候。甘庄有6个苗族聚居居民小组，耕地承包面积1169亩，但每个居民小组自

---

[1] 元江县民宗局：《元江县苗族基本情况调查报告》，2014年5月9日。

发开垦耕地均在千亩之上,以种植甘蔗、玉米、杧果为主,人均耕地少于2亩,山地面积广。

二、甘庄苗族难侨的形成与国家的安置

（一）苗族难侨的形成与历史

苗族难民是国际印支难民的重要组成部分，20世纪70年代中期开始，从越南、老挝、泰国迁居西方国家和邻国中国。这些流离各国的难民中，以越南难民最多，仅1986年就有19579人[1]。西方学者习惯性称其为印支难民、东南亚难民，或者根据来自的国家和民族，以越南难民、老挝难民、苗族难民等进行区分；从东南亚苗族难民形成的时间看，大致可以分为1975年越南战争形成的老挝、越南苗族难民和1979年中国对越自卫反击战形成的中越边境苗族难民。

1.老挝、越南边境苗族难民的形成过程

追溯苗族难民，也相当于追溯东南亚苗族的形成，即追溯他们从中国迁入东南亚各国的历史。东南亚苗族与中国苗族一样，源于黄河流域，最后散居云贵高原。因生计、瘟疫、苛税、劳役等原因，东南亚苗族发生着持续不断的、往返不定的小规模迁徙，成为流动性极强的民族。

20世纪70年代末期，东南亚各国的政治剧变直接影响该地区的苗族生存，一部分苗族甚至直接参与东南亚各国的政治斗争。以1961至1975年越南战争中的老挝苗族为例，美国中情局雇用了几万名苗族和其他雇佣兵一起对抗老挝政府革命军[2]。在之后的越南独立战争中，越南苗族又成了越南当局和法国殖民者极力争取的武装力量。

伴随着越战的结束，以及后来越南当局愈演愈烈的排华浪潮，大批东南亚苗族，特别是越南苗族相继成为逃难路途中的印支难民。

---
[1] 范宏贵：《当前的印支难民问题》，《八桂侨史》1987年第2期。
[2] 王宁彤：《一个老挝苗村的离散与变迁（上）》，《中国民族》2016年第7期。

苗族难民中一部分为美军效力的苗族人被美军空运安置于美国加利福尼亚州、威斯康星州、明尼苏达州等；而更多的苗族人则开启了漂泊的逃难之路，大批苗族人涌向泰国，并经由泰国漂洋过海，在东南亚各国栖身，或者经由联合国难民署调解，安置西方第三国。

虽然分隔不同的国家，逃难的路线不一样，在华苗族难民却与西方苗族难民一样，拥有着相似而又不同的逃难经历。在华苗族难民，既有复杂的国际背景，更与中越关系变化后越南大规模排华直接相关。

2. 中、越边境苗族难民的形成过程

1978年，越南当局认为，由于在越华人中的一些"坏分子"传播谣言造成恐慌，使得他们成批返回中国。《云南省志·民政志》记载，在华印支难民是1978年越南当局迫害和驱赶华侨、中国血统的越南籍人、越南其他少数民族，大批输出难民造成的。[1]

在越南大规模排华的背景下，作为跨境民族的苗族在生命和财产上也受到了一定的威胁。一部分苗族难侨开始携家带口进入中国境内，他们大多是通过陆路的方式从越南老街省、河江省管辖的区域内步行到中国境内。

甘庄华侨农场的苗族对于离开越南的时间可谓是记忆犹新，他们回忆：1979年2月17日中越双方正式交战，战火从广西、云南迅速向越南老街、河江两省蔓延。战争直接加速了越南华人华侨逃离越南的过程。就在中越两方战事激烈进行时，苗族难侨也不得不开始惊慌逃离越南，他们越过边界线来到文山州境内，投亲靠友躲避战火。

这部分在华苗族难侨大多在越南境内还有很多直系亲属，在被

---

[1] 云南省地方志编纂委员会：《云南省志·民政志》，云南人民出版社，1996年，第384页。

问到"为什么只有他们回到中国,另一部分留在越南?"他们给出了一个这样的答案:"哪个憨包嘛留越南,哪个聪明嘛走中国。"这样的答案更加让人感到好奇和不解,在调查中笔者不断地追问这段过去的故事,想要了解清楚其中的来龙去脉。对此,在笔者收集的一个个案极具代表性。从收集的访谈资料可以看到,之所以这部分苗族或者其他壮族、瑶族等在越南排华中形成难民潮,多是因为在越生活期间他们与中国政府和中国境内的亲属走动过于频繁,有"亲华"的嫌疑;或者这部分少数民族曾经直接或间接与美国、法国侵略越南产生过联系,使得他们不得不避难于中国,寻求政治庇护。

从以上对苗族难民形成的梳理可以看出,在华苗族难民的形成有着错综复杂的因素。第一,受当时国际政治关系影响,越南政府实施了隔离和驱逐政策,这些离散的苗族难民必须离开越南,并且因为时局的影响,他们已经不可能像迁居美国、法国的亲人那样,远渡重洋,寻找第三国的庇护,因此挨近中国边境的越南苗族大多选择回到中国。第二,因为大多数越南苗族在中国境内拥有亲属关系,具有可依托的人际关系网络,避难中国可以依托血亲为纽带的族群庇护,获得更可靠的安全保障。第三,大多数苗族难民迁居越南不过三四代人,对于中国还有强烈的归属感,对于原祖籍地的熟悉感使他们义无反顾回到中国。在笔者的调查中,大多数苗族会谈到他们的祖先来自云南文山、贵州、湖南,对中国的故土情谊是苗族难侨大批返回中国的重要原因。

(二)在华苗族难民的安置与难侨身份形成

1.苗族难民的安置

1979年从越南入境中国的苗族难民,因居住地处于中越交界的山林地区,熟悉边境小路,通过步行到达云南省文山州、红河州境内，少部分经边境口岸由中国政府接待入境。与其他越南归国难民不一样的是，苗族难民大多通过非官方的渠道进入中国，他们的逃难之路更为艰辛。很多苗族难民早期一直处于游离的状态，居无定所，他们在文山州边境内辗转求生，投亲靠友，但又不能完全依靠在中国的某一家亲戚，因为这样会给中国境内的亲人带来沉重的负担。例如，苗族难侨罗小贵一家十几口早期的生活就极具代表性。

从大多数苗族难民的避难经历可以看出，早期的苗族难民因为战争局势频繁地流动着。与其他印支难民返华的经历不一样，他们大多以家庭为单位从小道越境寻求亲友庇护，因此一开始并没有受到中国政府的接待安置，也就没有即刻进入中国的难民安置体系，导致他们成为最后受到重视的难民群体。

这些流入中国境内的苗族难民后因数量较多，通过暂居地村委会的登记，统一安置到马关县境内的金厂镇、木厂镇等地的村子，并为其集中划片划区统一与其他越南难民进行安置，形成了集中的难民营。这些集中生活在难民营的苗族难民，男性被编入了游击队，妇女进入木厂镇的茶厂工作。当地的人民公社则分给难民少量土地，国家每月按照13元/人的生活补助发放救济金。

但由于边境地区聚集的难民大大超过了当地的承载量，部分苗族难民为了生存，在边境地区偷盗抢劫、寻衅滋事，给边境地区的难民管理造成了很大困扰。因此，分流难民就成为解决边境难民管理的重要途径。1983年11月，克吗山分流出第一批苗族难民，安置于玉溪市国营甘庄华侨农场。分流的任务带有政治强制性，很多苗族难民在接到安置通知时惶恐不安，一时谣言四起，人心浮动。

在谣言和存在各种不确定因素的情况下，在华苗族难民实现了华侨农场的再次安置，并因安置呈现出了苗族难民群体的再分散。同一个大家族的苗族难民，可能生活在初次安置的难民集中营，可能被分散到边境农村,也可能被安置于不同的华侨农场。不同的生存环境、不一样的社会环境,也就造就了甘庄苗族难民后期不一样的经济生活历程。

2. 难侨身份的形成

安置甘庄华侨农场后,人们不再称呼甘庄苗族为难民,而将生活在华侨农场的印支难民统一称为难侨,或者难民。关于难侨和难民的区分,《民政30年·云南卷》中有详细区分:印支难民在云南主要安置在华侨农场、农垦农场和文山、红河、西双版纳3州的农村,安置在华侨农场的称为难侨,安置在农垦农场和农村的则称为难民。[1]

从1983到1985年,国营甘庄华侨农场持续接收马关县境内的难民,甘庄难民以苗族、瑶族、壮族居多。苗族难侨作为最后一批到达甘庄的越南难侨,他们与世居甘庄的傣族、彝族,20世纪50年代安置的印尼归侨,1978到1983年安置的其他越侨共同生活在甘庄华侨农场。

甘庄华侨农场由甘庄坝和干坝两个山间小盆地组成,傣族大多居住在甘庄坝,彝族大多居住在干坝坝区,50年代的印尼归侨全部安置于甘庄坝,与傣族交错杂居,早期越侨则安置于干坝片区,与彝族毗邻而居,最后到达甘庄的苗族难民,因为两个坝区都已经安置满了,大多安置于两个平坝的连接地带。

据苗族难侨回忆,当时迁来苗族800多人口,300多户,现在已经发展到2000多人,864户。先来的苗族住在红新八队(现建侨小组),随后从金厂迁来的一批苗族被安排在红新九队(现茶山)、六队(现干塘子)、四队(现新侨小组)。

总体来看,苗族难侨安置地位于这两个坝子的边缘,即现在的

---

[1] 王树芬:《民政30年·云南卷》,中国社会出版社,2008年,第168页。

红新社区管辖范围内，当地人又把苗族聚居安置的这一地区叫作干坝岔路口。东山脚苗族难侨罗大妈回忆：1983年，她一家从越南边境来到甘庄，住在干坝岔路，2年后由于分地在这边，就搬来东山脚居住。当时迁出来100多户，迁到甘庄各个地方。就这样，生活在这一带的苗族分散居住于甘庄坝周围，形成了建侨小组、东山脚、茶山等几个苗族难侨集中居住点。

对于分流安置和华侨身份，苗族难民最初是惶恐不安的。相比较文山州木厂镇，甘庄华侨农场的地理位置更加靠近内陆，也就意味着他们再无可能在边境自由流动和迁徙。同时，苗族难民脱离了边境亲属的血亲庇护，他们对陌生的环境也缺乏安全感。

3. 国家的安置与苗族难民面临的多重挑战

20世纪70年代末到80年代初，越南难侨大批落户于云南、广西、广东等地的国营农场，得益于我国积极安置难侨的政策。1978年1月，中共中央转发外交部党组《关于全国侨务工作会议预备会议的情况报告》，明确指出：要在中共十一大路线指引下，继续贯彻执行中央关于"保护华侨利益，辅助回国华侨"的指示，贯彻执行扩大华侨爱国统一战线和国际反霸统一战线的方针。[1]

云南省积极响应接侨方针，1978年到1981年，先后接待了印支难民和华侨共6.2万人，云南省13个华侨农林场安置2.46万多人。[2]云南省十分重视这次接侨任务，成立专门的华侨组，把这次接侨工作放到政治层面和外交层面进行落实。

作为国营企业的华侨农场，代表的是中国安置印支难民的地方形象，展现的是中国的外交策略和人文关怀。在完成接待安置印支难民任务的同时，华侨农场的地位也在这次国际性的难民安置中彰

---

[1] 云南省地方志编纂委员会：《云南省志·侨务志》，云南人民出版社，1992年，第33页。
[2] 云南省地方志编纂委员会：《云南省志·侨务志》，云南人民出版社，1992年，第44页。

显了重要性，行政地位得到了实际性的提高。

1978年1月11日，就华侨农场的性质和政治地位，我国政府做出了明文规定。华侨农场是安置和教育越南归侨的生产基地，是带有事业性质的企业单位，农场领导体制归中央和省的侨务部门主管（以省为主）。[1]这就意味着华侨农场所管辖的农村区域，彻底与周边的农村社会剥离，原由县级领导的华侨农场一跃成为与县级平行的行政单位，且直接归属云南省管辖。

1978年7月，甘庄华侨农场正式移交省接侨领导小组办公室主管，并作为省接侨领导小组指定的9个率先接侨的华侨农场展开接侨任务。从1978年到1982年，持续安置了越南难侨1591人；1983—1985年，接待分流安置的边境苗族、壮族、瑶族等难民1000余人。

在越南难侨的安置工作中，甘庄华侨农场投入了大量的人力、财力，安抚难侨思想，提供生活必需品和工作机会。从收集的资料来看，华侨农场一是派专人去各地接收越南难侨；二是为越南难侨到来争取更多的土地，因地制宜修建接侨房屋；三是安排生产生活，并持续做好难侨的思想稳定工作。

在接侨方面，农场领导班子抽调大量的人手，包括成立专门的工作小组到文山、河口、昆明等地进行接侨工作。接侨所需要的车辆、派送的物资，都由云南省侨务办公室统一调度，各华侨农场在接侨工作中需要做好的就是路途的伙食，以及老弱孕残的照顾，应对各种突发情况。据20世纪70年代末期甘庄医院院长刀桂英回忆，接侨的工作队除了场部工作人员，还会配备专门的医疗人员，以应对难侨在路途中出现的突发疾病。

在安置方面，甘庄华侨农场为难侨争取到了更为宽松的安置环

---

[1] 云南省地方志编纂委员会：《云南省志·侨务志》，云南人民出版社，1992年，第14页。

境。甘庄华侨农场20世纪60年代安置了印尼归侨，70年代末期又迎来了越南难侨，原本的土地面积已经无法承受人口的增长，为了满足日益增多的人口数量，农场申请将甘庄坝旁的干坝划归农场，还为越南难侨修建了每人10平方米的安置房屋。

根据云南省接侨事业费规定，建盖接侨房屋每人4平方米，每平方米20元。[1]但《甘庄华侨农场关于越侨房屋建筑设计说明书》记载，农场的房屋建筑面积是按每人10平方米计，每平方米造价75元设计的，并在修建中考虑到甘庄华侨农场地处元江河谷湿热区，雨量充沛，气温高，湿度大，气候炎热，白蚂蚁极多的气候特点，将原来土木结构房屋设计改为砖木、钢筋混凝土桁条结构，采用小厨房、天井、住房连接式，按一户一室、一户二屋，每栋八间设计。[2]为完成归国难侨26000平方米的房建任务，在农场基建队50多名职工的基础上，农场从场属各生产队抽调150多名职工，组成有200多人的房屋队伍进驻干坝常年施工。

在难侨的生产生活上，衣食住行都暂时有侨务办和联合国难民署的支援，显得最为紧要的反而是要稳定来自四面八方的难侨波动的情绪。农场为稳定难侨的思想，必须开展各种形式的宣传教育，向其多次传达国务院先后召开的安置印支难民工作的会议精神，还专门编写书面宣传材料向难民进行宣传教育。

农场为顺利安置越南难侨，在执行国家的难侨安置政策时，尽可能全面地照顾到难侨衣食住行上的基本生存需求。但是，归国后的不适应、族群间的陌生疏离、环境气候的巨大差异，对于整个难侨群体而言，都是适应农场生活的早期困难。苗族难侨作为越南难

---

[1] 政府文件：《关于接待安置被越南当局驱赶归国难侨事业费使用管理的具体规定》，1978年7月8日。

[2] 甘庄华侨农场请示文件：《有关越侨房屋建筑设计说明书》，1978年7月2日。

侨中的一个特殊群体，大多来自高海拔山地，无疑会在适应农场生活中遇到更多的具体问题。

4.苗族难侨遭遇的困难

由于国家的安置政策是从大局出发，在紧迫的时间里无法一一识别不同难侨的生存特性；农场的接待工作既要从农场的实际运行考虑，又要从大多数的难侨的生存需求出发。因此，以苗族为主的山地民族难侨的个体差异性就会受到牺牲，由此造成了苗族难侨为代表的山地少数民族到达甘庄华侨农场后，在适应农场经济生活的过程中遇到了重重挑战。

一是山地苗族难侨面临着最直接的生存挑战：经济生活环境的巨大差异。东南亚苗族多居于高海拔山地，传统经济生活以烧垦为生，多不适应低地生产和热带气候。在老挝巴特寮掌权期间，就曾出现过政府强迫苗族定居低地，让苗族暴露在热带的例子，最终使很多苗族被潮热天气中生存的蚊子传播疟疾夺走了生命。[1]

甘庄华侨农场是典型的亚热带气候，由两个小盆地构成的干热河谷，瘴气严重、气候潮湿炎热。清代胡泰福就曾写道甘庄地处"瘴疠之乡，近水尤甚"[2]，与苗族长期生活的凉爽湿润的滇越山地气候相差甚大。客观讲，安置初期，甘庄华侨农场所管辖区域的气候，对于苗族这样的山地民族存在着一定的生命威胁。

安置初期，苗族人在生产劳动中受蚂蟥叮咬的现象时常发生，加之炎热天气中蚊子、苍蝇繁殖较快，大人小孩上吐下泻的现象时有发生，农场职工医院一度出现人手不够、药品短缺、医疗设备缺

---

[1] 〔美〕霍利·彼得斯·戈尔登：《改变人类学：15个经典个案研究》，张经纬、夏航、何菊译，北京大学出版社，2012年，第82—83、90—91页。

[2] 黄元直：《民国元江志稿（二）》，凤凰出版社，2010年，第215页。胡泰福记载：记日迤南瘴疠之乡，近水尤甚，自省达普洱一千二百程所历多瘴地，其最著者青龙厂至他郎仅二百余里，中隔一江，江故多瘴。

乏的现象。农场不得不申请更多医疗器材和药品补给，原农场职工医院院长刀桂英回忆，20世纪80年代初，她曾经带领医院的一些管理人员往返于北京和甘庄，运输国务院侨务办支援的医疗器材。

二是苗族与其他族群在经济生活中的疏离与困难。甘庄华侨农场内生活着不同的民族和不同时期到达的难侨，这其中有世居的傣族、彝族，有60年代安置甘庄的印尼归侨，还有70年代末期陆续到达甘庄的越南难侨。其中，越南难侨内部构成又十分复杂，其一，他们并非来自同一片生活区域，这些生活在越南不同地方的难侨，城市与农村，低地与山地，生计方式、饮食习惯相差很大；其二，越南难侨群体内部的民族构成和支系多样而复杂，以汉族为主体，并由苗族、壮族、瑶族等各支系组成，经历过不同的入境方式。

三是善于游耕的苗族难侨对现代民族国家管理体制的不适应。苗族难侨常年生活在高山地区，生活的区域属于越南、中国现代国家治理的边缘区域。他们习惯游居生活，现代国家的治理更倾向于清晰化和简单化，通过文字为媒介详细记录每个家庭的来历、人口人数、去向，通过户籍制度控制人口流动，使人口稳定于一片区域便于管理。[1]

越南难侨来到甘庄以后，只能在有限的区域和固定的土地上劳作，加之气候的不适、族群间的疏离、经济生产制度的差异，想要与分别异地异国的亲人团聚等原因，一部分苗族、瑶族难侨到达农场初期一度想要逃离农场。直到20世纪80年代后期，还有部分难侨逃到广西北海，希望通过海上偷渡到第三国。但当时的中国侨务政策是：一旦发现，立即发函到各华侨农场，由原安置地接回安置。在安置越南难侨的过程中，甘庄华侨农场也曾遇到逃离事件。

---

[1]〔美〕詹姆斯·C.斯科特:《国家的视角：那些试图改善人类状况的项目是如何失败的》，王晓毅译，社会科学文献出版社，2004年，导言第1—3页。

综上，苗族难侨的形成是现代民族国家形成过程中，尤其是国际争端和国际关系矛盾导致的边缘群体遭致不利的结果。在逃离原有生活环境中，他们选择回到祖先生活的中国土地上避难，成为众多越南难侨中的一部分，分配到甘庄华侨农场后，他们不得不面临来自环境气候、族群关系、现代国家制度的多方面挑战，一部分苗族因为无法适应农场生活而选择暂时"逃离"国家。当然，大部分苗族选择了留下与适应，在经历一系列的冲击和变化后，直接导致了关系其生存的经济生活的重大变化。同时，苗族难侨作为山地民族，在接下来适应农场的经济生活中，遇到的障碍和问题也较其他难侨显得更为明显。

三、国家主导下的农场发展与苗族难侨的适应过程

在国家"集中安置为主,分散安置为辅"的难侨安置政策下,国营甘庄华侨农场因安置难侨的需要保持内部经济的相对独立。农场在长期的生产发展中,从一个只能满足基本生产、生活的地方企业,逐渐发展为基础设施齐全的场办社会。并在中国改革开放的大背景下,不断经历自身角色的转变与经济生活分化、整合。

(一)农场的经济生活安排与苗族难民的调适(1979—1985)

甘庄华侨农场作为安置难侨而设置的国营华侨农场,是具有国营性质的农业企业。在安置越南归侨的早期,肩负着思想政治和生产建设双重任务,作为生产、生活高度集中的区域,所有的生产物资和生活资料都由农场统一调配,相应地,难侨的经济生活也由农场统一安排。

1.农场的计划生产与高度管理

由于70年代末期,国营华侨农场接侨的同时,全国农村地区和国营企业正在进行改革发展的尝试。农场因接待安置难侨,暂时保留原来的集体经济和计划经济。农场因有国家财政做后盾,又享有资源和政策上的相对倾斜,依然可以享有计划经济发展下的一切福利。因此,难侨的生产生活在很长一段时间依然是在原计划经济的体制下进行的。

根据国务院1978年5月在昆明召开的接待安置被越南驱赶回国难侨会议的精神,华侨农场可以办一些集体所有的农、牧、副、渔和小企业,如渔业生产队,对难侨中的技术人员和专业人员,因才

使用，合理安排。[1] 越南难侨中，拥有技术，受过教育的往往进入糖厂从事技术工人，或是进入学校、医院就业。

在农业生产上，甘庄华侨农场不仅响应国务院的号召，成立专业生产队，如畜牧队、糖厂队等，还考虑到少数民族难侨生产生活的特殊性，尊重其居住习惯，尽量安排聚族而居。

由于缺乏工业生产技能，苗族难侨大多从事农业生产，成为各个生产队成员的一分子。当时农场以指令性的计划生产为主，将每年计划完成的任务细分到各分场，分场根据自己的情况安排生产。苗族难侨在农场统一指令下进行生产劳动，同时出工，同时收工。农场的不同群体也在这种集体生产模式下，形成了统一的生产、耕作模式，苗族、瑶族难侨自身的生产特性在这种整齐划一下被集体性所淹没。

但是，资源分配不均的情况较少出现在人们的日常生活中。因为不管是种植水稻，还是栽种甘蔗、照看牲畜，所有的成果都归集体所有。人们种植水稻，需要全部上交农场，最后低价再分配；饲养的牲畜，在节庆日统一宰杀，分配到各家。

虽然苗族难侨大多耕种山地，栽种甘蔗，却不会因为无水田没有大米食用，用难侨的话说"早先我们不用担心吃住问题"。1979—1985年，甘庄华侨农场一直在陆续安置难侨中进行生产，农场为难侨营造了一个相对而言衣食无忧的生存环境。

在难侨不分民族、不分职业，共同享有劳动成果的分配情况下，苗族难侨逐渐适应农场的生计方式。苗族人通过与其他民族协同劳作的机会，观察他们如何培植甘蔗苗、管理甘蔗、喷洒农药，很多苗族人在这个时期，学会了密集农业所需要的耕种技巧，苗族难侨

---

[1] 国务院：《接待安置被越南驱赶回国难侨工作纪要》，1978年5月11日。

与其他族群间在劳动中,生产技术和生产技能都得到了相互提高和学习。

除了适应农场现代化管理的密集农业生产方式,苗族人还要学会适应农场的组织管理模式。甘庄华侨农场由总部、分场、生产队组成,每个家庭都直接属于一个生产队管理,在国家清晰化管理模式下,生活在农场的苗族必须面对自身传统社会全方位的解构过程。

2. 苗族自身的解构与调适

在苗族的传统社会中,许多家庭都是一个由父系血缘组成的扩大型家庭,至少涵盖了三代人,少则十余人,多则三十几口人。庞大的家庭人口数量意味着拥有充足的劳动力,从小孩到老人每个人都分工参与劳动。壮年男女往往从事着种植玉米、番薯、黄豆等农耕劳动,年长的妇女承担家务,并成为家庭纺织的主力。青年男子可以成为放牧的主力,就算是小孩也可以成为采集的小帮手。

在这样的情况下,苗族难侨本身的生产、生活习性在甘庄华侨农场有了极大的改变。首先,庞大的家庭生活无法适应国营企业的生活安置。农场一户一室和一户二室的安置房对于一个十几口的扩大型家庭而言,根本无法容纳。传统的扩大型家庭必须分散为一个个核心家庭居住,才能分到合适的住房。

其次,农场严格的生产制度和出勤任务,需要苗族在生产、生活中适应。国营农场的农业生产制度与当时中国的其他农村有着本质区别。作为国营农业企业,所有耕种土地属于农场管理,难侨耕种的土地是农场划拨所在生产队的,年满18岁的劳动力,必须参与生产队的劳动,有着严格的生产和考勤制度。

1978年,农场制定了"粮食自给,大力发展甘蔗,积极发展畜牧业和亚热带水果"的经营方针。[1]规定年满18周岁具有劳动能力的

---

[1] 甘庄华侨农场场庆筹委会:《创业之路(1958—1988)》,出版者不详,1988年,第32页。

难民才能取得职工身份,并规定了正常的出勤标准。

这种高度集中的管理模式,与苗族难侨长期习惯的流动性极强的采集狩猎、自由耕种的方式格格不入。但是,户籍制度对他们的身份做了明确限制,很多苗族难侨一旦离开甘庄,就要承担很多可以预想的后果,面临着黑户的危险,用他们的话讲,就是"越南中国两头挨不着"。

此外,苗族一向倡导的生育观念,也和当时中国政府实行的计划生育背道而驰。很多苗族难侨因为亲人的流散,倍感孤独无援,希望尽快实现家庭的繁荣成为他们内心最深层的渴望。苗族难侨到达甘庄华侨农场的时间集中在1983到1985年,这一时期,正是我国计划生育进一步加强的时期。

进入农场后的苗族难侨,因为职工身份转变,生产、生活受到了很大的约束,农场的集体生产,使得苗族难侨的经济生活发生了三个方面的急剧嬗变。

第一,生计方式的转型。生计方式反映的是一个群体与一片土地在不同时期的互动过程。斯图尔德强调,主要包括生态环境资源,以及人类运用资源的技术和行为,它们构成了特定族群的特定生计文化系统[1]。越南苗族传统上的游耕生产依赖高寒山区,采用刀耕火种、采集狩猎等粗放式开发技术。然而,来到甘庄后,他们必须在炎热干燥的低地河谷生产生活,学会在有限固定的土地中获取更多的产出回报,不得不从相对自由的粗放型农业直接进入劳动密集型农业。对于他们而言,生计方式的改变因此意味着两大方面的剧变,即从高寒山到干热河谷的地理环境的适应,以及全新的耕种方式的适应,需要掌握经济作物和平地水稻的生产技能。

---

[1] 夏建中、王爱玲:《文化人类学理论流派:文化研究的历史》,中国人民大学出版社,1997年,第228页。

第二，经济活动的社会组织方式变革。斯图尔德指出，人们的活动超过家庭的社会组织时，生产就会围绕新的经济活动形成新的组织模式。[1]社会组织的类型是围绕人们的生产活动的需要建立的，生计方式变更的同时也意味着生产活动的组织方式发生转变。从传统的游动生产到定居耕作，苗族难侨同时经历着依赖血缘为基础的父系家庭或联合家庭生产组织到以地缘为基础的生产队转变，以及从以扩大家庭为单位的集体生产到以核心家庭为单位的独立生产的转变。这就意味着苗族人必须放弃原有的多种复合生计，在现代国际的治理下，致力于某一种作物栽培、管理，以企业的发展为同一目标，因为所有的生活资料不再是自给自足，必须指望企业下发的工资换取生活所需。

第三，经济活动的质变。经济活动从相对自由到纳入国家计划管理的根本性变革。苗族在越南时期相当程度上并未纳入国家经济体系，而是保持传统特点，以家庭为基本单位的生产、消费、生活高度统一的"三位一体"，进入华侨农场后，则是在现代民族国家高度的行政区划下生活，以集体劳动、集中再分配为主要特征。尽管表面看来自由与计划直接冲突，但苗族人在一些方面也较为接受，原因在于计划时期的高度集中的生产、分配，其实与他们传统的高度集体化的生产组织、分配有内在相似性。而要自己"吃皇粮"的职工身份，试图突破这种"体制"束缚，则要付出沉重的代价。因此，不管是出于主动还是被动，苗族最终都选择积极地适应融入农场的经济生活。

---

[1] 夏建中、王爱玲：《文化人类学理论流派：文化研究的历史》，中国人民大学出版社，1997年，第231页。

（二）国营农场市场化道路的探索与转型（1985—2000）

在安置印支难民的背景下，囿于计划生产和集体经济的延续，作为国营企业的甘庄华侨农场，拘泥于旧有经济生产方式，未来得及跟上改革的步伐。

华侨农场长期"吃粮靠返销、生产靠贷款、生活靠救济"的困难局面，最终引起中国政府的重视。1984年，中国在农垦企业中推行场长责任制，并把农场领导体制的改革作为深化企业改革的重要组成部分。对于农场的改革，学者们总结为四个字：放权让利[1]。

1. 自上而下的农场改革

放权让利，成为当时我国国营企业试行改革的最普遍做法。在此期间，全国的农垦企业都发生了重大变化。各地的农垦企业作为全民所有制企业，从以农为主的单一经营转变为农工商运建综合经营；由生产型转变为生产经营型；从内向型经济逐渐向外向型经济发展，农垦企业的各类商品开始进入国内外市场。[2]

具体来说，我国政府的放权让利在甘庄华侨农场主要体现为两方面，一是场长责任制的试行，避免权责分离，无人负责的体制弊病。二是各种形式的承包责任制在农场的实行，以期实现提高难侨生产积极性，改善农场效益。

在管理体制方面，全面推行场长责任制，实现了从党委领导农场到场长领导农场，从集体领导到个人负责的转变。主要表现为增加场长的行政权力。以前，农场长期作为政府机构的附属物。实行

---

[1] 放权让利：1979—1992年，党中央、国务院对国营企业的改革内容之一。见于1979年国务院颁布的《关于国营企业实行利润留成的规定》文件，文件明确指出国营企业的改革要以放权让利和承包制为主要内容，国家在国有企业实施经济责任制和企业内部经济责任制，将国营企业原来上交的利润改为所得税，直至1992年中共十四大召开，国营企业改革才以建立现代企业制度为改革重点。

[2] 秦德文：《场长负责制》，黑龙江人民出版社，1988年，第4页。

场长责任制，是希望农场从"政治型"向"经济型"彻底转变。

放权让利在实际推行中一直在矛盾中交织发展。一方面，上级政府希望政治领导的力量在不断追求经济效益的过程中慢慢弱化，转变为政治能为经济发展服务的局面；另一方面，上级政府在国营农场的改革中，不能真正做到让企业自由发展，上级政府依然是20世纪80年代农场改革各项措施的决定者和引导者。国营农场就在这样相互矛盾的局面下开启了由政府引导的国营经济改革之路。

在20世纪80年代中国政府提倡以经济建设为中心的发展理念下，甘庄华侨农场场长在政府引导下行使经济大权和行政权力。这次体制上的改革，明晰了权力与责任。权力中心发生了转移，农场也期望在国营经济改革的背景下早日进入市场。

在经济结构的转型上，70年代末在中国农村取得成效的家庭联产承包，到了80年代中期终于在甘庄有了可以生存的土壤。1984年，云南省侨办实行企业整顿工作，根据1985年第26号文件，华侨农场经济体制改革的指导思想是：走我国农场改革的道路，彻底改革现行的农场经济体制，逐步调整产业结构，切实扩大生产经营者的自主权……完善家庭联产承包责任制，根据生产需要和群众意愿，积极发展家庭农场和各行各业的承包户、专业户、联合体，以及多种形式的合作经济组织。

此外，甘庄华侨农场还在农业、畜牧、基础建设、运输、商业、服务业等行业中，全面推行生产责任制。实行晋级奖励制度，岗位责任制，落实各种形式的经济承包责任制。

1985年，甘庄华侨农场全面推行家庭联产承包责任制，实行职工联产承包责任制。农场与职工签订承包合同，按比例上交产量。农场实行"三定一奖"政策，即定人员、定产量、定上交、定奖赔的生产责任制，将甘蔗、杧果、水稻田、畜牧业落实到生产队。将公养变为私养，牲畜统统折价到户，以专业户承包和小组承包的方式，联产计发工资。

农场的场办企业是农场的主要经济来源。除了甘庄糖厂，还有木材厂、碾米厂、小型发电厂、机制水泥厂等为农场的生产生活服务的各种场办工业。农场的经济责任制改革，贯穿到农场的各个行业。甘庄糖厂的改革是场办工业的改革中的一个典型例子。

1986年到1987年，糖厂试行经济责任制，把工资、节日加班、夜餐补贴等与奖金捆绑，为糖厂8个车间、49个岗位定指标，职工根据自己完成指标任务的情况领取工资。对其他工商业，以各种形式的包产包干到户、到生产队的形式进行改革。农场各种形式的经济改革，确实取得了一些实际性的效果。农场职工的生产积极性得到了极大的提高，工商业也逐渐扭亏为盈。

随着经济体制改革的深化，商品经济迅速发展，市场竞争日渐激烈，农场的市场化道路并不彻底和深入。农场虽拥有了自主经营权，但领导者缺乏企业决策者的发展眼光，在市场经济中没有广阔的销路和有策略的企业发展战略，其劣势地位逐渐显现。虽然企业没有顺利市场化，但在这一过程，一部分苗族难民却投身于小生意，他们利用仅有的积蓄开办小卖部，成了最早进入市场化的甘庄苗族人，且一直在社会的变迁发展中保持着经济优势，成为最早脱离土地生存的一批苗族人。

2. 市场化改革中的危机

事实证明，政府自上而下发动的改革最终没能根本上实现国营农场根本转型。地方政府和农场领导认识到，要想在商品经济中占据有利的地位，需要引进先进的技术设备，需要有根本营利的产品。

1988年，随着计划经济与市场经济的冲突已经十分明显，政府的力量再次在企业转型中发挥了带有时代特色的主导作用。1988年云南省的华侨农场全部移交地方政府管理，甘庄华侨农场全部移交元江县政府管理。

这次改革，为的是使农场取消一切指令性计划，也为了企业能更好地实行自主经营的权利，实行更大范围的经济承包责任制；做到独立核算，自负盈亏，使农场从行政管理向服务生产转变。农场主管部门与农场领导认为，农场的根本出路在于技术的提高，必须引进先进的生产技术，利用农场的甘蔗优势，为农场寻找更为广阔的发展道路。

回顾80年代的甘庄华侨农场，政治的力量依旧在经济发展中占据主导作用，上层政府希望通过放权让利，让农场有更自由的生存空间。但农场作为国营企业，市场化经验较为薄弱，没有了计划经济的保驾护航，在商品经济的竞争中受到重创。据了解，在国家开放了白糖、酒精价格，把企业推向市场后，1991年还能盈利215万元的甘庄糖厂在1992年亏损了近90万元。[1]

农场的发展困境是长期的、多方面的，既是政治体制上的症结，又是市场经济对国营企业的冲击。虽然甘庄农场每年还会得到财政拨款的华侨事业费52万元，但长期的借款、贷款，使得农场的经济发展积重难返。且历届农场领导都是行政人员出身，没有市场化经验，很难带领农场走出一条市场化的创新之路。

90年代，负债累累的国营甘庄华侨农场，在各种场办工业的不断亏损情况下，资金链出现了重大问题。1994年甘庄华侨农场7个月发不出工资，农场出现罕见的"下海"潮。造成这一局面最主要的原因在于，对国营企业的放权让利并非真正建立在以企业为市场主体独立面对市场竞争的条件下，政府过多地为企业保驾护航使得

---

[1] 甘庄国营华侨农场请示报告：《请求尽快帮助国营甘庄华侨农场解决严重经济困难的报告》，1992年12月16日。

农业企业成长速度缓慢。

其次，农场领导对于国营企业市场化转型的经验不足，风险评估的不全面也是导致这次市场化探索失败的主观原因。这次改革的危机波及所有在农场生活的人，但对于实行土地承包制的苗族难民而言，他们的境况相比只依靠技术吃饭的糖厂员工和领导好很多，土地给予了他们最低的生活保障，也强化了苗族难民对于土地重要性的认知。

3. 农场自主市场化

针对国营经济改革，科斯与王宁给出了一个这样的结论："80年代中国市场化经济转型主要是由非国营经济引导的，而国家引导的改革并没有成功拯救失去活力的国营经济"。[1] 国营甘庄华侨农场作为国营经济的一部分，也就是在这样的情况下，走上了"自我拯救"的道路。

经济学家科斯与王宁将这种发生在政府引导之外的自发改革称为边缘革命。边缘革命的特点是自下而上，这样的改革大多有两种命运，一是成功后获得政府的支持和推广，最为典型的例子就是安徽凤阳的大包干；另一种就是从一开始就不被政府所承认，也就无疾而终。并且，科斯与王宁试图证明，中国政府改革开放之外的边缘革命，是脱离政府掌控而发展的。

在甘庄，笔者根据调查看到的结果却并非科斯和王宁所设定的那样片面。1994年，农场严重的经济危机使职工长时间领不到工资和退休金而消极怠工和抗议。这种情况下，地方政府和企业合力解决了经济困境，地方政府依旧为农场提供贷款援助，农场也意识到拥有一位市场经验丰富的领导比一位只懂行政的农场领导来得更为

---

[1] 姚中秋：《中国何以发生边缘革命》，《学术界》2014年第1期。

实际。因此，地方政府和农场一致将选拔农场领导的眼光，投向了在甘庄农场谋生的商业精英。

在这里不得不说，虽然20世纪80年代放权让利改革没有在甘庄取得突破性的进展，但国营企业市场化的改革，为甘庄华侨农场市场化奠定了基础。20世纪80年代中国物资短缺的背景下，国营农场受市场准入的保护，其产品销路一路绿灯，总体上没有面临市场经济残酷竞争的挑战。在改革开放领域不断扩大的同时，围绕甘庄华侨农场的生产发展，一大批私营企业在甘庄渐渐兴起。如20世纪90年代，农场的白糖在市场竞争中无法扩大销路，农场就兴起了专门的销售公司。

在政府引导下的招商引资，以及农场对待商品经济开放、包容的态度，使得农场场部集聚了一大批外地来谋生的生意人，这些生意人从小做到大，成为民营经济主力，在农场经济日渐陷入瘫痪的情况下，这些外地商人所经营的各种小公司却蒸蒸日上。新一任的农场领导，最后就在这批外地商人中选出，由农场推选，地方政府直接任命。新的场长MYC是河南人，20世纪90年代初到甘庄，以白糖推销员起家，从一位小小的推销员，到承包整个甘庄糖厂白糖的推销，是在农场极度困难的情况下走马上任的。

在MYC担任农场领导期间，甘庄进入一个前所未有的状态。这是一个在市场经济中摸爬滚打多年的小商人，他对农场发展最突出的贡献就在于，竭尽一切办法提高了企业的经济效益。糖厂是整个甘庄农场的企业命脉，要想糖厂兴盛，就必须要有充足的原料，还要有广阔的销路。为了保证货源充足与销路广阔，真正使农场成为一个适应市场经济的企业。MYC利用国家对国营经济的放权让利，将场长责任制独揽行政和经济的大权发挥到了极致。

首先，在农场的管理上，从蔗农到糖厂职工实行严格的管理计划。对于从事农业生产的企业职工，规定其承包的土地只能种植甘蔗，所有的甘蔗必须卖给农场的糖厂；其次，允许农场和外地人来甘庄开垦荒地。甘庄坝、干坝周围的森林在两年时间里迅速变为了甘蔗地；最后，实行修路鼓励政策，因为放开开荒后，一部分荒地拥有者为文山、红河的外地人，为了鼓励外地开荒者种植甘蔗，农场提倡只要种植甘蔗的荒地都为其修建公路，方便汽车到地拉甘蔗。

这一时期，在大开荒的背景下，企业的严格生产管理制度已经成为政府默许的制度创新，毕竟只依靠政府的力量已经无法使农场走出困境，要稳定住农场复杂的难侨群体，经济发展才是最根本的出路。对此，姚中秋认为回顾中国30年市场制度建构过程，那些产生广泛正面后果的制度变迁，经常来自民众和基层官员共同推动的边缘革命[1]。

农场在一系列的改革实践失败后终于回归企业的角色，走以追求效益为第一的发展思路。所有的农场人员没日没夜投入于生产，大量的农场亲属以及红河、文山一带的苗族来到甘庄为当地土地多的人家做帮工，或是自己想办法在甘庄开垦土地。苗族难侨ZXP是1985年来到甘庄的难侨，除了农场分到的土地，家中还有大量的开荒土地。

我们可以感受到，90年代中期开始的市场化道路确实为难侨带来了生活上的实际改善，对甘庄华侨农场走出经济危机作到了重要贡献，但也隐藏着诸多的弊病。诸如，农场领导的专断、权威，不平等地对待难侨不仅造成了一定时段权力的集中，难侨群体间经济发展的不平衡，新的群体加入导致的族群边界更为明显等情况，还有因为只顾经济发展不顾环境承载力，带来的严重的植被破坏和气

---

[1] 姚中秋：《中国何以发生边缘革命》，《学术界》2014年第1期。

候问题。

这一长达15年的改革探索与尝试，留下了许多值得我们深思的问题。一是在过渡时期，计划与市场多方面直接矛盾，如行政人员不懂市场却领导改革，缺乏市场经验的市场化，终究无法使农业企业在市场中站稳脚跟；农场经济改革也与体制改革不一致，即农场试图市场化，但管理方式依然是行政的、计划的，一方面要放权让利追求企业的市场独立，一方面政府又步步紧跟，时刻不松手。

二是，企业在自主市场化造成了假象繁荣。企业要走向市场化，这是国家和企业自身达成的共识，在国家自上而下的改革失败后，企业开始自主市场化，这场市场化投入了农场范围内所有的土地资源和所能带动的所有劳动力。这种不考虑生态环境的可恢复率的市场化转型，实际上是一种短期的假象，带来了苗族人土地扩张和收入增加的即视感，但短短15年后人们就为此付出了惨重的代价；生态环境的衰竭，支柱产业的倒塌。因此，这次市场化过程中，家户收入的短暂创收，并不能证明此次森林工业的经济的成功。[1]

但从苗族自身立场看，他们对这场改革的评价相当程度是接受的。一是改革带来了现实成效，例如，上文所提到的短暂繁荣，确实使得苗族难侨和自发移动的苗族边民获得了实际的土地，并在开荒初期获得总产量增加的实际受益。并且，这些开荒土地，成为苗族难侨特别是自发流入农场的苗族边民在甘庄生存的永久土地资本；二是，从农场各族群看，对个人极权、过度专断导致的问题，苗族的接受程度普遍较高，可能也与东南亚苗族传统文化中，容易产生对权威人物的崇拜有关，斯科特曾指出，在东南亚传统社会中，山

---

[1] 杨庭硕、罗康隆、潘盛之：《民族、文化与生境》，贵州人民出版社，1992年，第103—104页。

地民族对 Charisma[1] 式的人物无条件地信任。[2] 而农场精英人物，因在苗族人的经济生存上带来了实际性的改变，无形中填补了苗族人心中空缺的 Charisma 的形象。

（三）农场的体制变革与难侨的身份转型（2000年至今）

经过像甘庄华侨农场这样的发展路径，再一次使改革者认识到，要扭转全国国营企业的现状，还是必须走公司发展的道路，建立现代企业制度。

1. 体制改革：农场变乡镇

如上所述，改革开放以来，国营甘庄华侨农场在各种改革实践和经济危机中，终于明确了其农业企业的角色定位。90年代中期，这场政府默许下的农场自主改革，使得甘庄华侨农场企业化基本确立。甘庄华侨农场这样的公司发展之路，成了国营经济改革发展的必由之路。但以甘庄华侨农场为例的企业发展，因为缺乏政府的监管，又导致了不顾生态环境，盲目攫取经济利益的单向度发展。这也为地方政府带来思考，甘庄难以为继的企业发展在新一轮的改革中该走向何处？

2000年，云南省政府下发《关于全面推进华侨农（林）场深化经济体制改革》的通知。彻底改变了国营农林场原来的计划管控，建立与社会主义市场经济相适应的管理体制。这次改革成为政府引导下国营经济改革中最为重要的一次改革。为了使国营农场建立适应市场经济的独立市场主体，历经半个世纪的国营农场全部转变为国有企业的性质。

---

[1] Charisma，直译为克里斯马，地方上的世界主义者，他的预言能够超越族群、家族、方言群体，通过习俗、传统、亲属关系、古老的仪式实现社会整合，是山地民族的精神领袖。
[2] James C. Scott, The Art of Not Being Governed: An Anarchist history of Upland Southeast Asia（New Haven: Yale University Press, 2008），p.315.

甘庄华侨农场剥离场办社会的职能，甩掉多年的沉重包袱；农场的退休职工实行社会保险养老，在职职工买断工龄，这一系列的措施是希望农场能作为一个纯粹的企业发展，独立走向市场化道路。

但是，就甘庄华侨农场了解的情况来看，农场的改革速度和效果远远低于预期效果。虽然国营企业变国有企业，但国有企业的基本属性没有得到体现。区别在于，国营企业的所有权属于国家，但经营权可以由企业经营者拥有；而国有企业享有国家所有的生产资料，产权归国家所有。甘庄华侨农场产权不清晰的状况，使得农场依旧按照国营企业运作方式运行。这种企业制度与家庭联产承包责任制和统分结合的双层经营体制，使得华侨农场既不是独立的企业，也不是纯粹的农村，成了人们常说的"不工不农"。

2000年，国营变国有以后，农场无法真正按照农村的生产方式进行生产，因为场部不具备管理农村事务的行政职能，又不是纯粹的企业，也无法按照企业的方式运作。农场的发展陷入新一轮的矛盾时期。

2002年，农场按照对场属工商企业要求，按照"三改两加强"的要求，借鉴国内外国有、城镇集体工商企业改革的经验，在明晰产权的基础上改组、改制、联合、兼并、租赁、承包经营和出售等多种方式，放开搞活。[1]对于场办的企业与各种服务部门，实行拍卖、转让、宣布破产等多种方式进行处理。

甘庄糖厂最后被原农场场长购买，改制为民营企业，更名为元江县金珂糖业有限公司。支柱企业糖厂拍卖后，农场作为企业存在的价值也随之消失。糖厂的出售，使得农场的主要收入消失，农场每年仅靠10元/吨的甘蔗返款和2500多亩三类地地租维持各项开支。

---

[1] 元江哈尼族彝族傣族自治县年鉴编辑部：《元江年鉴2001》，德宏民族出版社，2001年，第95页。

这样的情况，使农场融入地方已经势在必行。

2009年，甘庄撤并入青龙场镇，最终实现三融入。2011年，由于青龙厂镇地势狭窄，最终撤销青龙厂镇，设立甘庄街道办事处。至此，甘庄华侨农场最终完成了国有企业融入地方。

从全国的华侨农场现状，以及现今甘庄街道的发展来看，这次的改革可以说是很彻底的。但对于生活在农场几十年的归侨、难侨以及傣、彝世居民族来讲，不同的人却对于这次的改革有着不同的看法和感受。对于难侨老职工而言，他们对农场有着深厚的感情，农场在很长一段时间内大包大揽，被这些难侨职工视为衣食父母，对于农场显得依依不舍。对于长期从事农业生产的难侨而言，农场长期给他们下达生产任务，农场撤并让他们一时有种被抛弃的感觉，感觉没人"管"他们了。

但对很大一部分人来说，农场的改制是件好事，因为他们终于可以自由地选择自己的生计方式，也可以自由地处理自己手上的土地。从以上农场的改革道路可以看出，农场的改革道路有多条，只是农场最终在历史与现实的因素下选择了融入地方。正如致公党玉溪市委调研组2006年提出的两种改革意见那样，农场要理顺发展一是产权改革建立现代企业制度，二是转变为乡镇一级政府组织。[1]毫无疑问，选择走向后一种道路是符合农场改革的实际需要的。正如上文提到的那样，农场作为企业欠下诸多债务，积重难返的局面已经难以实现企业经营；其次，农场的精英集权已经在很大程度上禁锢了生产要素的流动。因此，只有国营农场融入地方，才能真正实现生产力的解放，实现市场对资源的自由配置。

国营农场长达30年的改革在归入地方后，终于慢慢落下帷幕。

---

1 致公党玉溪市委调研组：《深化云南华侨农场体制改革的若干思考——元江县甘庄、红河华侨农场调研报告》，《云南社会主义学院学报》2006年第1期。

事实证明，农场最后的选择是符合农场的实际情况的。其原因在于：农场的市场化比其他地方更为困难，根本原因在于自身的农工结合尤其是难民的特殊性，没有太多成功经验借鉴，只能摸索。一是农工性质转换困难，难侨尤其是苗族难侨，长期从事于粗放型农业耕作，对农业工人的身份适应周期长，转换困难；二是管理体制转换困难，尤其是前期场政领导农场市场化的过程，农场在很长一段时间内依然是国营，而非国有企业，无法建立现代产权制度和现代企业制度。

2. 身份转变：苗族与现代发展

在华侨农场体制转型的背景下，难侨走向了与其他中国农村地区农民相似的发展道路。农场的改制，其实际是国家利用行政的手段解决了中国国营企业的历史遗留问题，而不是直接解决国营企业的职工生存问题。农场职工从集团性的生产组织中脱离，农场所有的土地经过确权以后，面对当代农村发展中一些共同的问题，苗族难侨不得不在新一轮的适应中寻求发展。

2011年8月初，元江县决定撤销青龙场镇，设立甘庄街道办事处。以原甘庄农场场部为中心的甘庄街道，再次成了当代甘庄的政治、经济中心。因为独特的自然、人文资源，甘庄在现代规划中备受政府重视。甘庄街道2011年至2015年的"十二五"规划向我们展示的是，在政府的规划和支持下，全力建设甘庄小城镇，是以依托民族资源、气候资源、华侨资源为一体的旅游型小城镇。此外，工业化发展也是甘庄发展另一个关键词，随着2012年元江县甘庄工业聚集区项目开发落户甘庄红新社区，工业发展成为影响甘庄人经济生活的重要规划。

就当前甘庄的发展看，小城镇发展、工业园规划，无疑是驱动当地经济发展的重要外部力量，并且这些项目规划主要以街道为中心展开，辐射各个民族和各个族群，但并非每个家庭、每个族群内部都共同享受现代发展所带来的成果。以工业园区为例，整个甘庄街道循环经济工业区主要位于苗族聚居的红新社区，规划面积1500余亩，红新社区占甘庄工业区总规划面积的55.6%，作为集中受益的群体，苗族难侨在当代经济生活中，因为工业园的修建正在发生急剧变化。

概括来说，苗族难侨身份的变化主要体现在两方面。

第一，现代化的规划发展为苗族带来了实际的经济效益，人们因为土地资源而获得大量的经济赔偿，带来了部分人家庭经济收入的快速增长，贫富分化由此带来了族群内部巨大的差异性发展。

第二，苗族难侨在现代规划中，金钱理性表现得愈来愈明显，由利益之争引起的权利、资源的争夺在苗族生活中屡见不鲜。苗族作为难侨中主要的山地民族，在人类学的研究历史上，以脱离和逃避统治为主，而甘庄苗族，他们早已不是斯科特所观察到的逃避统治的山地苗族。甘庄苗族从集体、集团性的农场生活中解放出来后，已经有了越来越多自我发展的要求、个人幸福和安全感的个体化倾向[1]。

一是对于权利的渴望。在某种程度上，权力和资源是密切相关的，这些资源包括乡村人际关系网络、土地、矿山等一切相关的生境资源。在近几年的村干部选举中，个人之间的竞争愈演愈烈。用访谈中一位苗族难侨的话说："以前大家都不想当官，现在大家争着去当官。"而更多的选民则暗示，一部分人竞选村干部并不是为了服务好大家，而是有私心。

二是日常生活中的利益纠纷事件多不胜数。个体性生存的当代，

---

[1] 阎云翔：《中国社会的个体化》，陆洋等译，上海译文出版社，2012年，第5页。

甘庄苗族早已与游耕山地和集体生产脱离，个人利益之争成为人们日常经济生活中不可忽视的一部分。而甘庄苗族的利益冲突在当代越来越明显，这与经济的发展中凸显出来的越来越多的利益因素是密切相关的，同时，这也和甘庄苗族30多年不断融入市场的经历密切相关。

在日常经济生活中，个体权利的意识在不断增强，在人们利益受到侵犯的时候，各种积极的、消极的抵抗在日常生活中层出不穷。苗族人对亲属之间的财产分割、权益意识变得越来越"理性化"，因此，家庭财产分割不均的情况在甘庄也随之出现。

苗族难侨身份的转变，使得他们不再是农场时期的一个个集体，而是享有不同发展机会，拥有不同资源的单个个体，是一个面临着多样化发展和有着多样可能的族群，从传统大家庭到核心家庭组成的生产队，从农场到农村，苗族在制度转型的背景中经历着分化与被整合，苗族难侨不断调适自身适应生存环境的变迁和发展。苗族难侨的身份转变，也进一步实现了苗族难侨的身份认同。一是苗族难侨职工身份变场员，真正享受了农村居民的待遇，苗族难侨从单一的劳动生产中解放了出来，享有了自主耕作、自由交换的权利；二是身份的转变会进一步加深国家认同。在改制初期，对于游动的群体、对于遭遇国际关系影响的群体会出现短暂混乱，因为他们最担心的依然是安全感，并且需要一个调整适应的过程。但对他们而言，经济生活的制度性改变则意味着他们不再成为周围农村地区眼中的"他者"。

四、侨场转型中的苗族难侨经济生活转型

农场 30 多年来的制度转型一直离不开国家干预,这是其国营性质决定的。从宏观层面上,农场与全国的国营企业在改革的浪潮中前进,从计划经济到逐渐放权的改革之路上不断探索;在微观层面上,农场的改革发展最直接地体现为难侨经济生活各方面的变迁与重构上,农场 30 多年的变迁时刻影响着苗族难侨的生产生活、衣食住行的每一方面。

(一)苗族难侨农业生计的转型

1.土地、甘蔗与生计活动

在生计方式上,农场的经济生产方式与难侨的经济生活是长期双向影响的。农场的体制改变了苗族难侨传统的生产生活方式,苗族难侨的到来也改变了农场的农耕历史。在甘庄悠久的农耕历史上,种植过的作物种类繁多,农耕生产以粮食作物为主。直到 70 年代末,越南难侨的安置才彻底改变了甘庄原有的生计方式。

越南难侨的到来,使人多地少的矛盾成为甘庄华侨农场最大的安置难题。1979 年,农场请求划得邻近甘庄干坝地区(世居民族为彝族)安置陆续迁来的难侨。但是,农场当时仅有 18500 亩土地,除去居住用地,远不能解决 7078 人的生计问题。

在这种情况下,大力发展场办工业,通过工厂容纳更多的劳动力,成了农场解决难侨生计问题的另一重要的途径。1978 年,云南省投资修建了甘庄糖厂,投入了大量的现代机器设备,成了甘庄发展制糖产业的重要基地。甘庄糖厂厂房占地面积 7000 平方米,另有职工住房占地 3000 平方米,可以容纳职工 330 人,是日榨甘蔗 500 吨的中型制糖厂。

甘蔗产业成为农场吸纳难侨就业的主要产业，得益于农场低纬度高原的北热带性季风气候，也得益于农场长期坚持的"粮食自给，大力发展甘蔗"的发展方针。在这种情况下，农场的甘蔗年年增长，1979年仅有9847.683吨，1986年增长到65447.076吨。

但是，甘蔗产业的蓬勃发展只是从局部提升了农场员工的经济水平，一部分越南难侨和苗族难侨付出了艰辛的劳动却没有享受到经济发展的成果。一是与他们土地占有上的劣势有直接关系；二是在生产安排上农场职工缺乏自主权。

首先，就土地占有的情况看，后期难侨都生活在坝区边缘，诸如干坝岔路口、东山脚、茶山这样的地方，耕种的土地主要为坝区边缘贫瘠的土地，土壤土层薄，肥力欠缺。以苗族难侨为代表的后期难侨，没有机会承包最为优渥的坝区水田和块地。其次，在土地作物的耕种上，职工必须听从农场的统一安排，翻看80年代甘庄的人口登记册，从事农业生产的难侨身份那一栏统一填写为蔗农。从事甘蔗生产的农场职工，是执行农场农业生产计划的主力军。

生计作物的不可变更，土地占有上的劣势，使得承包土地的后期难侨在经济生活上一直处于劣势。土壤肥力低，涵养水源能力差，使得生活在坝区边缘的难侨甘蔗产量连年下滑。遇大旱之年，甘蔗全部枯死，不仅无法上交产量，甚至连基本生存都成为问题。

同时，获得更多的土地也成为人们改变现状的一个方法，一部分难侨向农场申请开荒，或是自家偷偷开荒拓宽土地面积。农场也对开荒持默许态度，特别是到了90年代中期，农场放开开荒政策，一时间人们的开荒热情高涨，一部分难侨甚至带动安置在文山地区的难侨开荒，举家迁移到甘庄生活。一时间，甘庄因农业发展带来新的一次人口大繁荣，难侨眷属、边民，以及红河州、文山州赴甘庄务工的劳动力络绎不绝。

大量土地资源的扩展，使得苗族有了更加强大的生存资本。农场长期严苛的甘蔗种植计划，又使得苗族的经济生产长期和甘蔗种植联系在一起。农场、糖厂、苗族之间形成了一个牢固的三角关系，即农场的支柱是糖厂，糖厂最主要的原料来自甘蔗，甘蔗最主要的种植群体是难侨。据1993年农场的《印支难民登记表》可见，甘庄分场、红新分场、干坝分场生产队生活的苗族，18岁以上的成年人90%以上在从事甘蔗种植。例如，红新分场第九生产队共有35户难侨，158人，其中苗族有12户，共有人口为60人，职务一栏全部填写为蔗农，而其中的汉族越侨、印尼归侨从事的职业更为多样化，在职务栏有驾驶员、农工、干部、个体户等。

事实证明，大开荒边缘革命中最大的受益者是和土地关联最密切的苗族难侨。其中不得不提三点关键性的因素。一是历史上长期保持游耕生计的苗族人，具备山林地带开荒的优良技能与文化传统，他们不仅擅长开荒，而且还对开荒保持着显著的"偏好"。东南亚苗族因其擅长"刀耕火种"的生产方式而被称为"森林里的农夫"。在传统的经济生产方式中，苗族依靠砍伐森林获取土地，种植粮食作物，辅以采集狩猎补充肉食蛋白，选择不定期迁徙或轮耕修复土壤，他们在耕作方法、工具使用、节令生产上有着丰富的"地方性知识"。据颜恩泉调查，70年代的文山州、红河州苗族已经出现锄耕和犁耕，但其刀耕火种的生计方式特点依然十分明显：苗族有其自己的生产体系，对生产节令有着严格的标准，善于制作生产工具，并且生产工具的性能极其适用刀耕火种，如弯刀适宜砍草和灌木树，锄头便于在陡坡挖不做垄的山地。[1]

二是苗族难侨互惠互助的优良传统，成为其开荒中最为重要的

---

[1]《民族问题五种丛书》云南省编辑委员会：《中国少数民族社会历史调查资料丛刊——云南苗族瑶族社会历史调查》，民族出版社，2009年，第2、6页。

人力资本。苗族在传统的刀耕火种中十分注意整合、分配劳动力。在对东南亚的经济生活研究中，白鸟芳郎注意到，瑶族人在刀耕火种中坚持各自为政，苗族人则擅长合作，共同开垦平均分配土地。[1]在开荒时期苗族请来众多"帮手"，包括他们安置在文山各农村地区有亲缘关系的亲属，还包括文山地区来甘庄做工的苗族，这些亲缘、族缘群体形成了族群内部的互帮互助，本地难侨也利用自己职工的身份帮这些亲属获得定居甘庄的土地资本。在甘庄华侨农场放开开荒政策后，这一优势迅速帮助苗族群体获得较之其他壮族、瑶族难侨更多的土地，也带动了甘庄华侨农场新一轮的人口流入。

三是人多地少的现实生存压力，成为驱动苗族积极开荒的内生因素。就如上文提到的那样，苗族作为后来者，缺田少地又人口众多，使得他们对开荒获得土地有着强烈的渴望。同时，多子多福的生育观念也一直驱使着苗族难侨冒着风险生育，80年代的甘庄华侨农场响应国家计划生育的号召，鼓励难侨职工一对夫妻只生一个孩子，但苗族难侨很难认同这一生育观，之后又放宽到一对夫妻两个孩子，一部分苗族难侨仍然不能接受，一些家庭冒着丢掉职工身份的风险生下三胎、四胎，失去了职工身份，又增加了新的家庭人口，使得这部分难侨急需通过获取更多土地保障家庭生存。最终，现实压力逼迫和历史生计传统这两种因素共同作用，引起了甘庄新一轮的劳动力的迁移，开荒拓地使得苗族群体进一步丰富了本地劳动力资源。

2. 改制与替代经济作物的出现

在农场长期计划指令下，甘蔗种植成为苗族难侨劳作的大部分内容。据统计，直到2001年甘庄华侨农场土地依然是由农场指定作物。而大开荒后，农场从企业效益出发，对甘庄的土地种植采取了

---

[1]〔日〕白鸟芳郎：《东南亚民族志》，黄来钧译，云南省历史研究所东南亚研究室，1980年，第35页。

更加专断的做法，从农田到山地，都要求必须种植甘蔗。烧荒后的土地肥力充足，种植的甘蔗获得大丰收，苗族难侨描述"甘蔗足有一层楼那么高，一个玉米棒子可达半斤以上"。

但是，短暂的经济效益背后是惨重的环境代价。甘庄因为森林骤减，曾经需要筑坝防洪的甘庄河径流量日渐减少，干旱成灾，牲畜用水和饮用水短缺，都成为人们直接面临的问题。开垦山地较多的苗族难侨则更是面临着巨大的生存问题，接踵而来的干旱和歉收，使得苗族难侨不得不渐渐放弃甘蔗种植。

特别是在荒地种植甘蔗的蔗农，再一次尝到了广种薄收的滋味，过高的成本花费和不成正比的投入和产出，使得蔗农无心生产。越南难侨李发荣说，2000年，他们村子的妇女们都聚集在一起打牌，并不是沉迷于赌博，而是根本没办法生产，蔗农不得不消极对抗。大多难侨开始回归粮食生产，种植玉米、黄豆等其他作物。但在农场没有改制之前，他们依旧不敢大规模种植。

2002年，农场糖厂实行整体剥离一次性出售，糖厂与农场依然存在合作关系，只是糖厂对蔗农没有了强制约束力，糖厂为鼓励难侨种植甘蔗，在收购甘蔗的时候，实行甘庄地区的甘蔗每吨补贴15元的特殊对待政策。

糖厂与农场之间达成一致，实行柔性管理和奖惩制度提高场员的积极性。就2004年农场文件显示，对于不按规定种植甘蔗的场员，农场对国有土地实行有偿使用，将按照每亩600元/年收取承包费，种植甘蔗的蔗农则可以无偿使用国有土地。对甘蔗种植实行奖惩制度，任务完成则奖励分场5000元，完不成任务则会罚款5000元。生产队按时完成，奖励生产队长200元，完不成任务罚款200元。2006年到2007年，元江金珂集团糖业有限公司，将原定的收购价格200元/吨调整为240元/吨。

但是，农场和糖厂共同的努力，并没有挽回农场场员甘蔗种植的积极性。作为农业企业，最重要的收入来源就是作为支柱产业的糖厂。以前，所有场员的经济收入都与糖厂息息相关，而农场改制后，糖厂的出售，使得人们不需要再靠糖吃饭。农场的改制，职工与农场劳动关系解除，场员身份意味着难侨与农场解除劳动关系，农场对难侨的生产权不再有控制权。难侨意识到他们对于土地有了绝对的使用权，于是大力发展其他能比甘蔗获得更多收入的作物，如杧果、油桃、柑橘、桂圆等。

替代作物的出现宣告的是甘蔗种植时代的终结。而甘蔗种植最终未能持续发展的原因，大致可以概括为两方面。第一，环境与资源条件的改变。马文·哈里斯强调，在人类学的生态系统中，一切生产模式所依靠的资源都是有限的，所以扩张不可能永远持续下去，人们为了提高产量而使用强化的办法，最后导致不可更新的资源耗尽和效率降低引起报酬递减，一直强化，直至崩溃。人们就会改变技术，采用新的生产模式。[1] 原本甘庄的植被覆盖和气候条件宜于甘蔗种植，但农场一味地扩张和强化提高产量，最后导致环境和资源条件的全面改变，难侨不得不改变生计方式。

第二，体制变化导致单一经济发展退出历史舞台。农场组织转变为地方职能部门，原有的农场企业从国有变为私人企业，农民没有义务为糖厂发展提供原料。在市场转型中的苗族难侨，为了让自身的物质生活获得最大保障，会积极主动改变原有生计方式，寻找利益最大化，并且长久持续的土地收益方式。可见，经济作物乃至生计方式选择，表明当地人能够结合环境、效益等评估后进行理性选择。而传统上，东南亚苗族游耕生计常常是采取"破坏性"开发的

---

[1] 〔美〕马文·哈里斯:《文化人类学》，李培茱、高地译，东方出版社，1998年，第60—61页。

游耕农业，在东南亚山地人口急剧增长的20世纪70年代，甚至会不惜以环境为代价换取生存。苗族难侨在农场中理性而又长远的思考，应是源于定居改变了他们传统的对于环境的认知、态度与行为方式。

3. 杧果与市场经济

杧果种植在所有甘蔗替代物中展现出的对环境的修复性与长远的经济效益，吸引着越来越多的难侨自发种植杧果，加之杧果生长对气温要求严格，对土壤要求不严，性喜温暖，不耐寒霜，喜光的特性十分符合拥有"太阳城"的元江县河谷地区，杧果种植成为当代甘庄难侨经济收入中最主要的来源。

甘庄作为元江县干热河谷典型的山间盆地，其杧果种植由来已久，只是甘庄杧果品种单一，以本地芒、小三年为主。这种杧果味清香，耐食用，只是内核较大，又不易储存和运输，其商品价值不突出。在甘庄长期重视甘蔗的单一发展中，杧果种植技术一片空白，杧果树呈现自然生长、自然成熟的状态。

如果要成片发展杧果，就要考虑到杧果种植与甘蔗种植的不同。在甘蔗时代，苗族难侨还是国营企业的一员，从甘蔗的种植技术、品种引进到最后甘蔗的收购，都由农场统一指挥和调度。杧果种植时，农场已经融入地方，苗族难侨没有可以依靠的机构，作为元江县众多杧果农户中的一分子，需要更加主动去应对种植中遇到的问题，以及在商品经济中展现良好的竞争力。

杧果种植品种的丰富，主要是为了销路广阔，人们根据杧果的不同保质期制定销售策略。运往北方城市的杧果品种多为台农，因为其皮稍厚，可以保存20天。运往云贵川的多为白鹰嘴，口感好，熟透不酸；运往各大型超市销售的主要是金凤凰，肉质细腻，卖相好，作为高档水果销售很受欢迎；有疤痕或是卖相不好的卖到当地收垃圾芒的人家，他们运往甘庄或景谷的饮料加工厂。

在生计方式的转型摸索中，杧果成了甘庄难侨新的作物替代。而新的问题也接踵而来，杧果的产量和品质提高了，各家的销售之路又在哪里？就田野调查的杧果发展历史看，早期的甘庄杧果销售市场极为混乱。农户多以散卖为主，在高速路上随意摆摊，给高速路的安全和卫生带来了很大的隐患。据调查显示，2008年至2010年，在玉元高速随意乱摆摊现象随处可见，以2008年最严重，高速路边摆摊的果农还会摆着冰柜撑着雨棚伞。

在当地的杧果市场和各种合作社兴起后，这种现象开始日趋减少。2010年，甘庄街道在甘庄高速服务区建成了水果销售市场，服务于路过的外地车辆；此外，甘庄街道收费站入口处的街道每到杧果收获时，都会成立摊位租给农户，供果农摆摊卖杧果。甘庄街道上的杧果都是农户自家出售，价格会比服务区便宜，主要服务于云南境内的车辆和专门开车购买杧果的顾客。

杧果的出现，不仅提高了甘庄苗族人的经济生活水平，同时也不断培育、强化了苗族人的商业与市场经济意识，尤其对于年青一代更为凸显。因为该区域的苗族群体，在历史上乃至当代，绝大部分都是不擅长甚至相当程度地抵制与其他族群的商品交易活动的。

走出国营农场的难侨，在市场经济的竞争中，开始注重人际关系和人际网络的扩展。而其强大的人际网络，更为他们找到独到的供货源提供了便利。现在，每当杧果上市的时候，都能看到各个家庭大展身手。甘庄农业结构的变化，导致了苗族难侨生产经营方式的变化。据调查，苗族难侨的杧果种植主要采取自收、帮工、短期雇工、合作社等多种方式进行。

可见，无论在什么样的生存环境下，一个族群要求得生存，必然会在适应环境的过程中寻找到合适的生计方式。苗族难侨成功实现了生计方式的转型与市场竞争的融入，这里不得不提两点关键性因素：一是东南亚苗族群体生存于高寒地带，缺乏种植热带水果的经验，快速掌握种植技术，表明他们的学习能力在农场市场化转型中已经日渐增强。这是一种对于低地经济生活适应的积极表现，就如哈维兰所说，机体造成环境变化和环境造成机体变化之间的相互作用谓之适应，族群在面临新的生存环境后，会妥善处理环境中的变异与变化的灵活性，即人类改造环境，环境也改造着人类[1]。二是山地苗族传统上极为缺乏商品、市场经济意识，商品经济极为不发达，甚至是逃避、抵制的，甚至在现代生活中，会出现某些地区的苗族会在相对贫困的情况下，"过度"消费的社会现象[2]。但短短的时间，使之很快发生根本性变化，甚至是积极参与，可见甘庄苗族人的适应改变能力已经深深脱嵌于原有游耕生计模式。

综上，对甘庄苗族而言，从甘蔗种植到杧果栽培，不仅是一种生计作物的简单转变，更是一次经济模式和技术的变革。第一，自发的杧果种植，是对长期延续的计划经济体制最直接的挑战。甘蔗种植时期的经济发展模式，长期受到"国营"二字的限制，其走向市场的改革依旧是在政府的指令和农场的计划下发展，农场一直无法以市场企业的面貌迎接市场的挑战。深究这种发展模式，其本质上其实是以市场为外部载体，但内部仍然延续的是计划经济体制。而杧果种植，则明显的体现为是人们主动脱离计划的管控，有意识去选择生计方式和产品交换，积极主动面对市场淘汰的态度。

第二，甘蔗与杧果虽同为经济作物，但它们的社会环境、生产技术却截然不同。甘蔗的种植是由精英垄断，执行高度统一的种植、征收方式，难侨面对的社会环境是市场信息不对称、价格波动与市

---

[1]〔美〕威廉·A.哈维兰：《当代人类学》，王铭铭译，上海人民出版社，1987年，第326—331页。
[2] 郑宇、王昊英：《芭蕉箐苗族村民车辆消费生成机制的人类学阐释》，《思想战线》2013年第3期。

场反馈滞后等，高度的种植风险加上遇到气候因素等形成巨大波动，随之必然是收益不稳定、环境破坏。而以杧果的种植为代表，体现是难侨完全获得生产种植、市场交换的自由，是其当代小农经济市场化的必然历程。苗族难侨在市场的资源优化中，经过探索多种经济发展模式，并最终自主淘汰、取舍，积极主动学习科学、高效的利用土地，掌握栽培、管理、销售的技术，培养广泛的人际关系网络，开拓更宽泛的销售渠道，这些都是苗族难侨在当代市场经济非凡的适应能力和生存智慧的展现。

（二）非农经济的发展

农场融入地方以后，难侨不仅从繁重的体力劳动中解放了出来，还有了更多的生产活动自由。同时，难侨从职工身份转变为场员，在生计方式上有了更多的选择。中青年劳动力走出农场，投身到更多的行业，在更大的范围寻找获取收入的途径。

农场改制后，坝区的土地实现了成规模的流转，很多农业企业看中甘庄独特的亚热带气候，纷纷来到甘庄开辟种植基地，他们招募本地村民为其劳动，付给报酬。

以苗族难侨为例，务工者依据性别、年龄产生了务工选择的区域性与职业性差异。已婚女性多选择在本地务工，她们利用农闲时间，到干坝的葡萄园、鲜花基地、芦荟基地，为其栽种、锄草、采摘。一是方便照顾家庭，同时也为家庭创收，一个女工可获得60到80元/天不等的报酬。这些妇女早上从家中吃过早饭去工作，中午自己带饭，晚饭回家中吃，一个月可以收入2000余元。

年轻人选择外出务工较多，主要是三种类型。一是已婚男性，从事重体力劳动，他们到昆明或者玉溪邻近市区的工地打工（建筑类技术工人）或是小工，一个大工一天收入约为300元，小工100

到150元，或是去矿场、工厂从事搬运之类的体力劳动，通常这类工作十分辛苦；二是去沿海工厂打工的年轻人，多为十七八岁到二十出头的年轻男女，进入玩具厂、电子加工厂等从事低端流水线工作，月工资可以拿到3000元到4000元，但这类务工人员随着年龄增长，便会考虑回乡结婚，在甘庄二十五六岁的年轻夫妻大多有过打工的经历；三是中年女性海外务工，这类女性多为难侨，在海外有相应的人脉关系，通过亲戚或是熟人介绍到中国做帮佣，一个月有5000元人民币左右的工资，这类务工人员往往是家中没有负担，儿女成家较早的女性，年龄集中在40到50岁之间。

对务工区域与工种的选择，不仅是年龄、性别优势的区隔造成的，更与苗族特殊的跨境身份有关，作为全世界分布最广泛的少数民族之一，选择海外务工的苗族，多是依靠海外的亲属关系网络，这些因战乱选择了不同的避难路线和国家的苗族亲属，或是苗族难民安置中国后不断偷渡外流港澳台血亲网络，为当代甘庄苗族跨国流动提供了广泛的流动路径。

现如今，外出务工已经成为甘庄难侨增加经济收入的重要途径，特别是对于年轻人而言，初中毕业没有考上高中，或是高中毕业没有考上大学，外出务工已经成为他们谋生的最重要一条道路。一部分中青年夫妇，也会留守孩子和老人在家，外出务工挣钱，这些务工人员的足迹遍及广州、深圳、上海等沿海城市，很多夫妻挣到钱后，会回家建盖楼房。

并不是所有年轻人都有外出务工的经历。随着90年代中越关系恢复以及交通发展的便利，甘庄难侨和越南的近亲属恢复了往来，甘庄独特的区位优势和难侨身份的特殊待遇，吸引了一部分同民族、同语言的越南姑娘嫁入甘庄。就笔者调查的情况看，越南媳妇在甘庄的数量并不多，30岁左右的女性有13人，苗族女性共有8人，语言使用情况以本民族语为主。她们大多没有取得中国国籍,举行过婚宴没有办理结婚证的情况居多,多是当时年龄不够,后来又嫌手续麻烦的青年夫妻。

从当前甘庄苗族难侨的经济生活看,务工已经成为除杧果收入以外最大的收入来源。第一,务工迁移的现象的产生,是全国农村范围内的主观行为,但对甘庄苗族而言,得以流动迁移却取决于外在客观环境的变化。农场改制,使得人口和产品有了更多的流动空间;技术密集型产业的发展,使得难侨中产生了大部分的剩余劳动力,特别是其中的青壮年已经不像祖辈那样靠工资吃饭,需要通过流动到更需要劳动力的地方实现自身的价值。第二,务工现象,也得以让我们看到苗族难侨"侨"资本和优势的集中体现。逃难过程中被安置到不同国家和地区的亲属网络,都成为苗族人在现代社会中最强有力和辐射范围最广的社会资本,特别是依靠其中的跨国亲属网络,苗族人得以实现更远距离的劳动力迁移,实现劳动力更高价值的回报。总之,对于难侨群体而言,务工是农场改制解放生产力的必然选择,大规模土地的流转,剩余劳动力的出现,以及特殊的跨国亲属网络,都构成苗族难侨劳动力迁移的内外驱动力,也成为人们当代生计方式多重选择的最重要因素。

(三)体制转型下的交换与消费转变

正如一些学者所看到的那样:中国民族生计方式的现代转型,展现为由国家和市场所主导的、支配资源配置的权力制度及其组织框架的对应过程,该过程同时也引发了生态环境与社会生活的全面变革[1]。现代化的国家进程中,国家和市场都成为影响苗族难侨经济发

---

[1] 郑宇:《中国少数民族生计方式转型与资源配置变迁》,《北方民族大学学报》2015年第1期。

展的最重要的外部因素；另一方面，现代化中的国营经济改革过程不仅引发了生态环境的巨大变化，也带来关系苗族难侨日常支出的巨大转变。

1. 服饰消费的演变

经济的发展，直接体现为人们对日常用品消费标准发生变化。70年代末期到80年代初期安置甘庄的难侨，是在战火连天中离开越南的，为了躲避战乱，方便跋涉，大多难侨只带了少量的衣物和粮食。进入云南河口、马关等地后，由中国政府和联合国难民署发放衣物、粮油，人们在物资匮乏，有性命之忧的年代没有办法讲究吃穿住用。

安置甘庄华侨农场后，难侨对土地没有绝对的使用权，无法生产棉麻作物，加之甘蔗生产又要耗费大量的劳动力，繁重的体力劳动占据了妇女所有的时间。正如西敏司在波多黎各看到的那样，甘蔗种植时代，从切种子、播种、种植、培育、喷洒农药、锄地、灌溉、剪枝和装载甘蔗，所有这些都是依靠人工。[1] 农场体制内的生产安排完全打破了很多难侨在越南时相对自由的、小农经济时代的"男耕女织"生活。

在当代日常生活中，为家庭购置苗族女性服饰，已经成为家庭开支中很重要的一笔预算。一方面是因为经济水平的好转，苗族难侨有了更多的财富投入服装的购买上；另一方面，相比摩登而又普遍的市场服装，他们认为苗族服饰更适合出席重要的场合。因此，拥有一套手工和质地都不错的苗族服饰出席重要场合，也成为人们相互评判对方家庭经济水平的重要标志。一套最基本的苗族女性服饰分为上衣、下装和帽子，上装为前开襟上衣，下装为百褶裙，配有腰带、裹腿、围腰等。服饰依照机器制作或手工缝制、奢华度的

---

[1]〔美〕西敏司：《甜与权力：糖在近代历史上的地位》，王超、朱建刚译，商务印书馆，2010年，第32—37页。

不同，定价也不一样。

经济发展带来了苗族群体对民族服饰的追捧，但并非就说明服装消费与经济增长成正比。就近年甘庄苗族的服装消费看，民族服饰相当于贵重消费品，只要每个苗族妇女已购得 2—3 套苗族服饰，就不会再购买更多的苗族服饰。因为民族服饰并非日常装，人们只有在重要的场合才会着套装。就笔者在田野中观察所得，苗族女性一般会在参加婚礼、丧礼的时候，着整套苗族服饰参加，服装多以华丽为主。在赶街的时候，中年女性会穿苗族服饰，一般不佩戴帽子。

甘庄地区生活的苗族，因为来源于越南老街、河江不同的地方，虽然在长期相处中语言相通，但内部的支系众多，以自称 Hmongb Shib、Hmongb Buak 的苗族支系为主，大致与青苗、汉苗相对应，传统服饰应以青色、蓝色为主色调。但在今日之甘庄，女性服饰颜色缤纷，且人们不再以支系为标准购买服装，女性以自己的喜好、审美为标准购买服装。

在饰品上，与内地贵州清水江的苗族不同的是，甘庄的苗族较少佩戴夸张的银饰。但苗族与银饰的天然联系依然有其体现，大多苗族妇女喜爱佩戴银手镯、银耳环、银戒指，每个温饱以上的家庭，都会给小孩制铜锁、手镯。同时，甘庄苗族对饰品的偏好也发生了一定的变化，受现代市场的影响，人们往往认为黄金饰品比银饰品更具有保值性。

女儿出嫁，女方母亲送给女儿的陪嫁饰物以金饰品为主，他们一般会到元江县购买金项链、金戒指送给女儿、女婿。在日常生活中，人们也有了储备黄金饰品的观念。如 ZCW 的小儿子只有五岁，但据其邻居讲，夫妻俩有余钱的时候，就给儿子买一些黄金饰品，手镯、项链之类，以备儿子将来娶媳妇之用。

除了在金银饰品、民族服装上花费大量的金钱外，在日常生活中，男女青年都有了追求时髦、品牌的意识。青年男女喜欢网购，中年男子、妇女热衷于购买皮衣，或是在网上选购衣服，儿女为其网上支付。

总体来看，甘庄苗族难侨服饰消费的变化，是市场经济发展、现代传媒传播对人们审美引导的结果。但是，甘庄苗族难侨服饰消费中传统服饰消费所占据的比重仍较大，他们依旧秉持着苗族传统的财富储备观念。仪式性场合对传统服饰的重视，不仅是单纯对于民族文化的重视，也是一种财富的彰显和展示。从甘庄苗族难侨服饰消费可以看出，早期的高度统一的管理不仅约束了苗族的生产自由，更短暂压制了苗族民族对于民族特性的展现。随着农场从封闭走向开放，不仅是对生产力的解放，更是给予了他们展示差异性的机会。

2. 饮食消费的变化

在人类的饮食结构体系中，动物性食物与植物性食物是人们直接获取能量和营养的源泉。正如马文·哈里斯所说"植物性食物可以维系人的生命，而动物性食物的享用可以使人在生存必需之外和之上追求幸福"[1]。在苗族传统生计方式中，植物性食物是人们生存发展最主要的供给物，苗族人在通过烧荒所得的土地上，种植玉米、罂粟、旱稻、豆类、薯类等作物，以采集狩猎获得新鲜蔬菜、水果；肉食的主要来源则是通过喂养家禽，捕获猎物补充。

在传统的经济生活中，食物以自给自足为主，即使是70年代初的越南，苗族人为食物消费而必需的支出依然少之又少。苗族难侨LXG回忆，在越南的时候他们是一个30多人的大家庭，家中有大量的土地，他们是越南的"大地主"，饲养了几百头牛马，10多岁时，

---

[1]〔美〕马文·哈里斯：《好吃：食物与文化之谜》，叶舒宪、户晓辉译，山东画报出版社，2001年，第12页。

他就和家里的成年男性出去捕猎，记忆中家里去集市买得最多的就是盐巴。

越战以前，甘庄苗族大多生活在高山峻岭中，受气候的影响，冬季不易吃上新鲜的蔬菜，加之交通不便，盐巴也成为生活中的稀缺品。因此，吃腌制的酸菜和肉类就成为苗族过冬的最佳办法。至今，在日常的饮食和劳作中，苗族难侨的这种独特的饮食习惯依然依稀可见，他们偏爱重盐的食物，喜爱腌制食品，擅长制作生食。

在甘庄华侨农场，酸菜和腌肉依然是苗族难侨重要的食物组成部分。对于生食的喜爱，也成为苗族难侨区别于农场其他民族的主要饮食特征，如鸡血旺，就是直接将杀鸡获得的鸡血，加上香菜、内脏凉拌而成，蘸水通常也是由生的野山椒直接舂碎放上盐巴就是蘸料。苗族人农忙时节上山做工，往往只带米饭、盐，所有菜肴皆取自大自然，各种野菜洗净以后放在随身携带的塑料袋里，加上野山椒蘸水，就是一顿纯天然的午餐。

实际上，在甘庄当代的饮食生活中，纯天然的、传统性的食物逐渐成为人们记忆中的味道，反倒是商品性的食物消耗越来越占据重要的位置。每五天一次的集市，为人们提供了大量新鲜而又多样的选择，即使不是赶街日，农贸市场也会有菜商销售肉类和蔬菜。

买菜做饭已经成了人们日常生活中的一部分，一户中等收入的苗族家庭，平均每月会为买菜消费支出200元人民币左右。苗族家庭在集市主要购买的是自家没有的食物，如黄瓜、番茄、莲白等少量蔬菜，另一部分为自家没有种植的水果，如香蕉、杨梅、苹果等，支出的最大部分为猪肉消费，一个苗族家庭一般喂养3—5头黑猪，主要用于过年或是家中有大事举办时宰杀，平日肉食多为市场所购。平日生活中，鸡蛋、鸡肉也不再是珍贵的荤食，人们会因为三朋四友聚会很小的事情宰鸡。甘庄苗族在物质丰裕后，日渐恢复了热情待客的民族品质。就如红新社区一位彝族干部和笔者所言："以前你去他们苗家，他们都是闭门不见客的，因为穷啊！但现在大家生活都好了，去哪家都有饭吃。"

对于必须消费的食物，人们有了更加多样的选择与更多的支出。同时，对于水果、零食类的消费支出增多也是甘庄苗族消费的一个重要变化，每到赶街日，一些苗族妇女除了购买水果，还会购买千层饼、粑粑、饼干、糖果等。

人们日常饮食消费的变化，还体现为人们消费态度的变化。以早餐为例，年轻人会购买集市上的米线回家自己做早饭，也会到甘庄街道的米线店、越南卷粉店去消费，一顿早餐至少花去 5 元 / 人。特别是农忙时节采摘杧果时，很多苗族人会骑着摩托车去街道打包煮好的米线，以便节约时间进行生产。夜幕降临时一些家庭条件较好的家庭还会去甘庄街道享用美味烧烤，一顿烧烤在 30 元 / 人左右。

如果说日常食物消费的变化，体现的是人们经济发展水平的发展。那么，节日宴会丰盛的食物消耗则是人们彰显财富的最重要场合，一个家庭会为了举办一次风光的嫁娶仪式，付出大量的金钱用于食物的筹备。

食物的商品性消费还体现为，一部分苗族人在请姻亲帮助采摘杧果的时候，并不会自己做饭，也是去饭店点菜拿回家。当然，人们也很少会再自酿苞谷酒，集市上销售的瓶装白酒和啤酒更受人们青睐。

饮食文化与人们的日常生活极为密切，一个民族的饮食文化变迁反映的是这个民族基本生活的改善和发展的情景，并且饮食文化是多方面经济社会生活的各种表现形式的总和，跨越了物质文化和精神文化许多领域。[1] 甘庄苗族难侨作为跨境山地民族，生食与熟食

---

[1] 陈运飘、孙箫韵：《中国饮食人类学初论》，《广西民族研究》2005 年第 3 期。

的完美融合体现了传统与现代交融,人们不再满足于原初自给自足的自然经济,习惯于通过市场获取更多食物,同时,从苗族难侨对于食物的获取方式、食物的消费态度、食物的支出比例,可以看出食物对于苗族难侨而言,早已不再满足于果腹的需要,食物在金钱的衡量下有了更加多样的色彩,宴会也成为人们彰显财富的最为重要的场合,消费食物成为人们当代生活方式转型最突出的外在表现之一。

3. 居住、出行等消费

住房的消费是整个家庭中一次性支出最多的消费。房屋的建盖,既是家庭收入增加后,对于居住环境的改善,也是整个家庭所有成员为之努力的目标。特别是对于家庭中中年一代,修房建屋也是他们一生中证明自己为家庭做出贡献的最大目标。

甘庄难侨的房屋,为农场统一修建的一层封顶的砖混结构的房屋,一字排开,家家相邻,一个家庭只有一室一厅50平方米大小的房子。青年人长大成家后,父母会为其购置房屋,多为印尼归侨走后留下的房屋。

20世纪90年代到21世纪初的甘庄,除了农场场部有低层楼房,难侨居住的村子几乎没有楼房。这种情况,在近年来得到极大的改变,几乎家家户户都有了修房的打算,或是准备修房的打算。以红新社区苗族聚居区建侨小组为例,2009年,元江县工业园区、玉溪卷烟厂相继选址在红新社区,相继占去建桥小组村民的很大部分土地,村民得到5万到100万不等的赔偿款,加上难侨长年累月积累下的余钱,很多难侨都建盖了两层或是三层砖混结构或钢筋水泥的楼房。楼房的功用以居住为主,厨房和猪栏在紧邻楼房的位置,购买瓷砖、地板砖、墙灰装饰屋内外是标配。依据房屋的大小、装饰程度的不同,各家花费金钱也是有差别的,一栋两层的普通楼房,最少花去20万元。

在甘庄的日常生活中，液晶电视、空调、太阳能热水器、电饭锅、电磁炉已经成为很多家庭的新增配置，物质性的消费占据的比重越来越大，商品性、现代性的消费逐渐取代自给性的传统生活。

由于甘庄不同地段迎来的新的发展机遇，人们对于土地和老房子也更加珍惜。特别是玉磨铁路、工业园区的修建，使人们意识到不仅要看重土地赔偿款，也要看重土地开发后，自家房屋的升值空间。诸如正在修建的玉磨铁路甘庄车站周围，成为更多人家修建房屋的理想地，人们考虑到随着火车站的修建，必然带动一系列的商业繁荣。

除了在住房修建、装修上花费大量的人力、财力，难侨在交通出行上也投入了不小的花费，最常见的交通工具是摩托车和农用三轮车。杧果采摘季节，三轮车是必不可少的交通工具，一辆三轮车需要花费1万到1.5万。此外，三轮车还可以用于装载玉米、柴火等。此外，一些家庭条件较好的难侨，还会购置面包车、小轿车，方便出行。

各民族的居住形式反映了他们的经济发展水平，自然地理条件，以及经济文化类型和生活方式等。[1]甘庄地区雨后春笋般兴起楼房，不断增多的摩托车、农用车、小轿车，不仅体现了经济发展水平提高后人们关注自身生产、生活质量的提高，也体现了苗族群体不重积累，即时消费的消费理念。但是，经济生活转型中，苗族难侨受定居与市场经济影响已经表现得相当明显，人们对于私有财产的确权以及关乎利益的纠纷，都是当代苗族难侨经济理性的外在表现。同时，苗族难侨金钱理性中，对于未来经济发展的理性规划，言谈中透露出的商业意识，也是当代甘庄苗族难侨区别于传统经济最为

---

[1] 林耀华：《民族学通论》，中央民族大学出版社，1997年，第410页。

明显的一点，体现了他们观念层面正在发生根本性的变化。

4. 闲暇消费

早期苗族难侨在生产之余闲暇活动都是出于自发，活动内容单调，活动形式单一。看电视、听广播并不是家家都可以享受，据孙信茹 2002 年的调查显示：甘庄华侨农场从 1993 年到 2000 年，已有 1650 户人家安装有线电视，场部每天都要转播中央人民广播电台和云南人民广播电台的节目，时间为 6：30 与 18：00。

可见，20 世纪 90 年代初，甘庄难侨的闲暇安排主要是以电视为主。同时，据难侨回忆，以前闲暇时间他们还会聚在一起聊聊天，或是玩玩纸牌、斗鸡，都是以娱乐为主。但在今天的甘庄，人们闲暇安排有了更加多样性的选择。

在甘庄，一部分男青年十分喜欢电脑游戏，他们已经是资深玩家，会花费金钱购买装备。同时，以手机为主的网络购物也深得青年人的喜爱，一位马姓苗族女青年告诉笔者，她现在所用的韩束套装的化妆用品，就是在微信上通过一名做微商的朋友购买的，一套花费了 300 元。

闲暇消费已经是现代乡村消费中很重要的一部分，下到上文提及的个人消费，上到团体性的消费，都是现代难侨经济生活中不可忽视的一部分。在集体娱乐消费上，以民族节日的举办最具代表性。甘庄的民族节日，一直持续举办的有傣族花街、彝族火把节。2008 年，苗族难侨首次有了苗族的花山节，当时的社区主任一心想要举办一个苗族的节日，去企业拉赞助，去街道办申请资金，鼓励苗族难侨积极表演节目，第一次的踩花山圆满成功，获得了政府首肯。自此，苗族与傣、彝群体都拥有了自己的节日，民族节日附带的斗鸡、斗牛也获得苗族难侨的积极参与。

从甘庄苗族难侨当今的经济生活现状可以看出，不管是从事农业生产的苗族，还是就业于非农经济的苗族，经济生活所发生的巨大改变是毋庸置疑的，食物的支出不再是人们的生活支出的所有，人们有更多的收入去购买耐用消费品，也有更多的金钱购买首饰、服装，支持休闲娱乐。

闲暇消费是人们日常消费中最后一个考虑层次，是衣食住行基本生存保障之外的精神性消费。当代的闲暇生活与萨林斯研究的原初社会的闲暇有着根本相似性，都是生活富足的体现，是人类从繁重的体力劳动中解放出来后的生活现象；所不一样的是，现代的闲暇生活主要以金钱消费的娱乐活动为主，娱乐性的消费又主要代表的是现代人的生活。从甘庄苗族现代消费的构成比例看，甘庄苗族的闲暇消费日趋城市化，人们正在从消遣性的娱乐方式过渡到物质性的精神享受阶段，这种形式和内容的转变与其社会、经济和生活方式息息相关[1]，这种变化正是因经济发展作为支撑，从而带动精神文化方式的变迁。

---

[1] 林耀华：《民族学通论》，中央民族大学出版社，1997年，第433页。

结语

苗族难侨在甘庄华侨农场30多年的碰撞与调适，是在特殊的国际背景和中国国营经济转型的背景中展开的，这一背景决定了甘庄苗族与其他地区的民族经济生活变迁、转型的差异性。从相对封闭到多元开放，从单一经济作物的种植到生计的多元化，从为衣食温饱挣扎到物质性闲暇消费，甘庄苗族难侨向我们展示了在中国政府安置下的少数民族难侨的特殊经济生活历程。

从历史形塑、制度转型、环境互动、生计变迁、消费分配的转变，我们今天看到的是一个既不同于中国农村又区别于中国农村的难侨社区。一方面，当代苗族难侨如今的生活状态与中国农村地区的农民具有相似之处，包括苗族难侨对于环境认知的变化，消费观念的变化，商品交换意识的转变，注重个体能力，看重社区中的权利与资源占有程度，以及在经济生活中呈现差异化和分层现象，都是中国农村当代经济生活中贫富分化与个体化明显的特征；另一方面，苗族难侨经济生活中呈现的特殊性，又使华侨农场的苗族难侨区别一般农民，一是深嵌于苗族难侨日常饮食、服饰中的传统文化要素，特殊饮食习惯、民族服饰、民族语言都时时彰显其作为山地苗族的历史；二是承载着传统文化的载体在当代日常消费、交换互惠依然起着强大的社会作用，传统服饰、金银饰品这些传统文化的载体依然是苗族对财富认识的重要标识，在重大仪式性场合中其交换互惠依然是族群内部增强情感联系最重要的媒介；三是苗族难侨作为世界民族的强大社会网络构建了特殊的跨境社会资本，其强大的中越边境、东南亚、海内外亲属网络，不仅构建了强大的跨国婚姻网络，还为苗族难侨在当代"侨乡"建设中带来了最为实际的经济利益，对难侨身份优势的利用，使得甘庄苗族难侨成为一个既成功转型适应现代社会的山地苗族，又善于利用传统资源的跨国界民族。

通过阐释苗族难侨经济生活转型的整个历程，笔者认识到甘庄苗族经济生活的一般性和特殊性。总的来说，苗族难侨的经济生活体现出鲜明的制度阶段性、快速适应性与传统文化嵌入性，这些经济生活的特点是各种内部、外部因素共同形塑的。具体来说，历史因素、环境气候、制度转型以及个体能动性，都是影响苗族难侨经济生活转型的重要因素，本文对影响苗族难侨经济生活的各种因素的分析大致也可以从这四方面去概括。

一、苗族难侨东南亚山地民族的生活历程和难民历史形塑了甘庄苗族经济生活的特殊性。甘庄华侨农场的苗族是国际争端和国际关系矛盾导致的边缘群体，面临着新的生活环境带来的巨大差异，使得习惯于东南亚山地游耕的苗族难侨对低地河谷生产极度不适，边缘群体的生产自由也在农场的集中生产中呈现冲突与逃离的现象。但国家关系和身份转变的束缚，使得苗族再也无法返回原来生活的山林地带，最终大部分苗族难侨主动调适自身适应农场集中管理和劳动密集型农业，也就是在适应农场生活的过程中，关系苗族难侨生存的经济生活也就发生了重大变化。

二、环境与人类的互动造就了苗族难侨经济生活的转型。安置甘庄华侨农场后，苗族作为难侨的身份节制了其生育，控制了其人口的自然增长，但传统生育观念使得一部分苗族难侨突破束缚，人口的压力使得农场与苗族对土地扩张达成了愿望。在烧荒垦地的过程中，苗族传统的生计优势在人与环境的互动中发挥了优势。随着资源耗尽，环境恶化，人类对环境的单向索取造成了生存危机，苗族开始深入思考自身与环境的关系，定居生活使得他们无法像游耕时期那样留给环境自然恢复的时间，也使得他们被迫改变对于生态环境的传统认知观念，以致催生新的生计方式的出现和生存的多样化。

三、制度转型是引导苗族难侨的经济生活转型的重要因素。20世纪80年代以来，在农场的引导下经历了家庭联产承包、市场化探索、体制改革等重要的变革，这些变革直接影响了生活在农场的难侨群体。在很长一段时间，计划生产下的集中分配与管理，束缚了苗族难侨人口、生产要素的流动，限定了其生产、交换的自由。国营农场体制的转型，全面解放了劳动生产力，使得苗族难侨迎来了一个更加开放的环境，苗族可以自由地决定土地使用，也可以在更广阔的范围内寻找生存途径。可以说，当代苗族生存的多样性与职业的逐渐分化，农场的体制转型起着决定性关系。

四、苗族群体的难民、侨民优势为其当代经济生活提供了潜在优势。甘庄华侨农场的成功转型，打破了农场对难侨无形的心理束缚。在当代的甘庄，苗族生活在一个更加开放、多元、自由的生产生活环境中，农场不再成为人们衣食住行的依靠，所有的生活来源都需要靠个体与家庭的能力获得。苗族难侨广阔的海内外亲属网络，以及作为东南亚难侨的优势，使得他们能够实现更远范围的人口、物品、信息流动，带有民族特色与难侨优势的饮食文化、服饰消费都成为当代苗族在经济生活最有潜力的社会资本，成为助推当代甘庄东南亚风情城与特色小镇建设的资源优势。

综上可知，如果仅从表面上看，苗族经济生活似乎离传统渐行渐远，似乎是一种明显的经济从传统社会文化中的脱嵌。但从开始的开荒，到集体生活的表现，再到当代的快速适应的、高度的市场化、个体化，特别是对传统社会网络资源/资本的运用，其实苗族难侨的经济生活在价值观、行为方式、互惠结构等诸多方面，仍然是深深地植根于传统之中的。由此可知，苗族难侨当代经济生活特殊性是传统与现代相互作用的结果，在当代发展中，引领苗族难侨发挥民族特色与侨民资本，对与苗族难侨的经济生活和甘庄华侨农场未来发展至关重要。

宾川农场：归国华侨咖啡消费的身份建构与消融研究

作　　者：于　欣
　　　　　云南大学民族学与社会学学院
　　　　　2018级中国少数民族经济专业硕士研究生
指导教师：张锦鹏

20世纪60年代到70年代末，由于越南、印度等国国内局势动荡，采取了激进的排华策略。大量旅居这些国家的华侨在此背景下成为难民，中国政府接收并建了不少华侨农场以妥当安排其生产生活，其中部分被集中安置到宾川华侨农场。本文主要以宾川农场的归侨为研究对象，讨论这些归侨的"农场人"身份是如何被建构出来的。而今的"农场人"在市场经济体制中已经成为历史，他们已经和宾川本地人实现了经济交融和文化融合，"农场人"的身份又是怎么样被消解的，这是本文研究的又一个问题。

论文以咖啡的消费为切入点，讨论咖啡是如何参与了"农场人"的身份建构，又如何参与了"农场人"的身份消解问题。咖啡在中国是一种具有外来文化特征的消费品，具有异文化特点。作为国营农场职工的"农场人"的身份建构主要是受国家制度的形塑，本身有喝咖啡偏好的"农场人"的咖啡消费，从文化方面强化了这一身份。改革开放后，随着农场的解体，"农场人"通过开咖啡店和在咖啡店喝咖啡，来追寻曾经拥有的"农场人"身份的集体记忆。但是，市场经济的开放性使咖啡经营和咖啡消费在"本地人"和"外地人"中流行起来，咖啡这一文化消费又参与了"农场人"身份消融的过程。

绪论

1. 学术价值

通过人类学田野调查获取研究所需要的第一手资料，通过参与观察，与当地人共同生活，并在此过程中进行访谈并感受、了解他们的心理活动和文化特征，以期形成一种对于该县归侨群体相对全面的认识。试图通过民族志的书写，对于研究对象口述史梳理和生产生活记录，展现当地归侨是如何成为"农场人"的过程，以及后来"农场人"在华侨农场解散后如何融入本地社会的过程。论文通过对"农场人""喝咖啡"这一消费行为的研究，试图解决的理论问题是，消费行为如何对某一群体的社会关系重构和身份认同转变起到形塑作用。论文讨论的议题是典型的民族学、人类学的议题，其探讨的内容具有很强的理论意义。

2. 现实意义

难民安置是当今的世界性难题，受世界范围内的灾害与战乱等因素影响，国际难民不时出现，成为重大国际问题。难民安置问题如果处置不好，往往会对社会造成严重的负面影响。20世纪70年代末，在宾川县，通过对华侨以农场集中安置方式进行的归国难侨安置是很好的研究个案。通过宾川"农场人"的研究，有助于深入探究其内在的群体意识的形成以及国家意识形态如何根植于这个群体。研究结论将对当下处理归国华侨文化适应和文化认同等方面有一定的借鉴价值，其研究具有较强的社会意义。

一、大理宾川的华侨农场和归侨

20世纪60年代到70年代末,由于东南亚部分国家例如印度、越南等国国内局势持续动荡,以及中国部分邻国例如越南、印尼等国在国内采取比较激烈的排华政策。大量旅居国外的华侨在这样的背景下选择回到中国,他们之中有农民、流动商人、城镇产业工人、教师、店铺商人以及在他国政府任职的官员。这些原本在国外从事不同工作、处于不同社会阶层的人,在被安置到国内华侨农场后,在很长一段时间内都从事着农业生产工作。本文调查点宾川县就有不少归侨,在20世纪60年代初到70年代末被安置在宾川几个华侨农场之中,他们被称为"农场人"。

(一)20世纪50—80年代的海外华侨回归

1. 中国政府对中国难民的安置政策

从1951年建立华侨农场到20世纪80年代初期,中国政府先后建立了84个华侨农场,接待安置了海外归来的数十万的华侨。按照"一视同仁、适当照顾"的方针,接待安置费用由国务院直接拨付。归侨落户后,国家还照顾归侨的特殊需求,特别提供一定数量的生活资料,帮助农场及归侨生产生活早日走上正轨。[1]我国政府的归国难侨安置模式大致分为两类:一是政府包办安置;二是包办安置与自我安置相结合。政府包办安置模式就是国家对归国难侨采取包下来安置,提供安置经费、负责提供住房和安排就业。这种安置政策带有强烈的计划经济色彩,主要是在1987年以前实行。包办安置模式又分为以"分散安置为主、集中安置为辅"和"集中安置为主、

---

[1] 董中原主编:《中国华侨农场史》,中国社会科学出版社,2017年,第378页。

分散安置为辅"两种。[1]

2. 联合国难民署处理措施

《联合国关于难民地位的公约》于1951年通过，145个缔约国承诺履行其国际义务。1979年，联合国秘书长瓦尔德海姆呼吁解决东南亚难民问题，但马来西亚、泰国、印度尼西亚等国忽视此呼吁，不接受越南难民，并在南中国海巡逻以阻止难民入境。1979年7月，日内瓦举行国际会议讨论印度支那难民问题。中国政府为反对排华运动，维护民族尊严，并履行作为《国际难民公约》缔约国的义务，同意接受东南亚难民。[2]

（二）大理宾川县的三个华侨农场

为了妥善解决难民问题，中国政府专设华侨农场安置难民。全国范围内共有84个华侨农场，分布于云南省、广东省、广西壮族自治区、吉林省、福建省、海南省和江西省，其中有17个华侨农场在云南省境内。这84个华侨农场中41个是20世纪五六十年代为安置越南、印度尼西亚、印度、缅甸和马来西亚等国的约8万归侨而设立的。有43个为20世纪70年代末为安置越南归侨设立的，安置人数约为26万人。

云南省华侨农（林）场始建于1960年，有12个华侨农场和1个华侨林场，共安置来自印度尼西亚、缅甸、越南等国的归难侨36405人。主要来自印度尼西亚、印度、缅甸、越南4个国家。[3]

1. 宾川三个华侨农场

宾川县是云南安置华侨的安置县之一，主要接纳来自越南的归

---

[1] 董中原主编：《中国华侨农场史》，中国社会科学出版社，2017年，第381页。
[2] 董中原主编：《中国华侨农场史》，中国社会科学出版社，2017年，第1773页。
[3] 董中原主编：《中国华侨农场史》，中国社会科学出版社，2017年，第1748页。

侨，此外还有印度、印度尼西亚、缅甸等地归侨，这些归侨被分别安置在三个新成立的华侨农场，它们分别是彩凤华侨农场、宾居华侨农场、太和华侨农场。

彩凤华侨农场位于云南省大理州宾川县，始建于1979年7月，前身是宾川县的牛井农场，其包含三个不相邻的片区，宾川县彩凤华侨农场在1979年至1981年期间分6批安置了1764名越南归侨，这些被安置在彩凤华侨农场的越南归侨在归国之时，几乎是除去身上的衣服和装在塑料袋里的洗漱用品等外，一无所有。

国营宾居华侨农场位于云南省宾川县东南部，其前身为宾川机械农场。宾川机械农场创建于1956年12月，后于1957年7月改名国营宾川农场并转归云南省农垦局领导，在建场初期主要人员为调任的领导干部、招收的地方农民工人、下乡知青、下放干部、错处人员与祥云迁移户等。并于1978年至1979年接收安置越南归侨，这些越南归侨在越南时多数是农民，部分是小商人、工人和学生。[1]

太和华侨农场始建于1958年，1958年云南省委提出"苦干十年，建设社会主义新农村"的号召，大理地委决定以太和村为场部，建立"国营太和农场"用于下放干部劳动锻炼。1960年10月因安置难民需要，农场由原"下放干部劳动锻炼基地"改为"归国华侨接待安置基地"，同时改名"太和华侨农场"，并于同年11月开始接待第一批印度尼西亚归国华侨。[2]

2. 华侨农场的体制与管理

彩凤华侨农场建场初期，根据工作需要，场部设置行政办公室、供销科、生产科。总场下设大营、牛井两个分场，主要管理和经营农业，两个分场下辖11个农业生产队。从1984年起，场部科室相

---

[1] 董中原主编：《中国华侨农场史》，中国社会科学出版社，2017年，第1771页。
[2] 董中原主编：《中国华侨农场史》，中国社会科学出版社，2017年，第1747页。

应增加，设行政办公室、经营管理科、农业科、宣教科、供销公司、工商基建公司、保卫科、职工医院、教育科。1987年，设立大营管理服务站、牛井管理服务站，供销公司更名商业公司、基建公司、统计工作站。1990年至1996年场部撤销了经营管理科、公交公司、商业公司、基建公司、小学部，新设置行政办、农业科（管理8个生产队和烤烟站、综合养殖场、蚕桑果木场）、财务科、统计站、工商企业管理科（管理汽车修配厂、中心商店、旅游服务中心、食品酿造厂、干甸煤矿、车队、基建队、煤气库厂）、教办（管理中学及一、二、三完全小学）、团委、武装部、工会、妇联（计划生育）、大营医院和牛井医疗所、场保卫科（派出所）等13个管理机构。其间，1992年9月20日，正式成立"彩凤华侨实业总公司"，并挂牌开业，两块牌子、一套人马，分别撤销牛井、大营服务站而建立分公司。[1]

宾居华侨农场方面，在成立华侨农场前，实行生产行政工作场长负责制，场部设财务、农业（包括机务）两个部门，在场长领导下具体分管相关工作。成立华侨农场后，场部设"两室"（行政办公室和基建办公室）、"两股"（财务股和生产股），后改为行政办公室和生产科、经营管理科（包括财务、供销）。生产建设兵团期间，营长分管军务、生产、财务、参谋、助理人员和科技人员。建设兵团撤销后，恢复行政、生产、财务等部门。[2]

太和华侨农场方面，1958年5月，成立中共太和农场委员会，场党委下设4个党支部。1968年9月成立太和农场革命委员会。1974年11月兵团撤销，恢复太和华侨农场，成立党组织核心小组。1978年11月恢复成立党委会。1980年12月，太和华侨农场第一次归侨、侨眷代表大会召开，选举产生了"太和农场归国华侨侨眷联

---

[1] 董中原主编：《中国华侨农场史》，中国社会科学出版社，2017年，第1731页。
[2] 董中原主编：《中国华侨农场史》，中国社会科学出版社，2017年，第1774页。

合会",简称"场侨联"。1985年5月,成立"场侨办",场侨联与侨办合并办公,一套班子,两块牌子。场侨办为常设机构,系场行政直接领导,行使行政部分职能。场侨办、侨联的任务是宣传和落实中央、省、州、县、场的侨务法规、政策,保护归侨侨眷的合法权益,联系归侨、侨眷和海外华侨及其社团,向党和政府反映他们的意见和要求。场侨联受场党委直接领导,有常委7人(有时为11人),主席由归侨担任。根据章程每3至5年开一次代表大会,日常办公1至2人。作为场党委的助手,侨联经常调查了解归侨、侨眷的情况和要求,帮助他们安排生产、生活。[1]

3. 华侨农场的改制

在宾川各华侨农场管理权方面,根据省政府〔1988〕08号文件《关于华侨农场领导体制改革的意见》,农场实行党政分开、政企分开、简政放权,农场成立管理委员会。后应中发〔1985〕26号和云发〔1986〕33号文件要求,"把现行的由中央和省的侨务部门主管(以省为主)的领导体制,改由地方人民政府领导"的精神,1989年9月宾川县人民政府、宾川县彩凤华侨农场、太和华侨农场代表在省、州政府领导和侨务部门代表的参与下,签署了《国营华侨农场划归宾川县人民政府领导交接书》。[2]宾居华侨农场1998年8月划归宾川县人民政府管理。[3]

彩凤华侨农场在1989年划归宾川县政府管理。[4]1978年7月太和华侨农场划归云南省侨务办公室领导。1989年8月太和华侨农场划归宾川县管理。[5]1987年,按省州文件要求,宾川县委、县政府对

---

1 董中原主编:《中国华侨农场史》,中国社会科学出版社,2017年,第1749页。
2 董中原主编:《中国华侨农场史》,中国社会科学出版社,2017年,第1741页。
3 董中原主编:《中国华侨农场史》,中国社会科学出版社,2017年,第1779页。
4 董中原主编:《中国华侨农场史》,中国社会科学出版社,2017年,第1739页。
5 董中原主编:《中国华侨农场史》,中国社会科学出版社,2017年,第1748页。

华侨农场内归侨、侨眷进行了重新调整安置，使其工作尽量对口并发挥个人的技术特长。对那些愿意离开华侨农场投靠亲友和自谋职业者予以支持。[1]

在经济运营方面，华侨农场建厂之初，在华侨农场内的归侨劳动生产同农场内原有职工一样，采取集体劳动的方式，每月领固定工资21.10元。[2]彩凤华侨农场在1979年至1983年建厂初期，农场职工采取集体劳动按月领取固定工资的管理办法，并存在"职工吃企业大锅饭、企业吃国家大锅饭"的现象。[3]宾川各华侨农场在1984年开始分责任田到户，并实行职工家庭联产承包责任制。2001年，宾川各华侨农场成为县属县管农业企业，[4]实行县属县管的领导体制和"家庭承包、自主经营、自负盈亏"的经营体制。彩凤华侨农场在1986年开始由职工自主经营，盈亏自负。1990年又实行新的家庭联产承包责任制并实行"大稳定、小调整"的管理办法。[5]到1993年进一步深入农场经济体制改革，将原来的职工个人联产承包改为彻底的家庭成员承包责任制。[6]

华侨农场的发展大致可以分为三个阶段，创立阶段、发展阶段和改制后阶段。创立阶段以每个农场的创建时间为准，到整个华侨农场基本建成为止。也是在这一阶段，"农场人"逐渐形成。第二阶段为发展阶段，以华侨农场内的劳动者开始正常参与农业劳动开始，直到华侨农场划归县里管制。这里需要说明的是，华侨农场由于创立的目的是承担在动荡的国际局势下安置归侨的工作，因而在创建

---

[1] 董中原主编：《中国华侨农场史》，中国社会科学出版社，2017年，第1757页。
[2] 董中原主编：《中国华侨农场史》，中国社会科学出版社，2017年，第1776页。
[3] 董中原主编：《中国华侨农场史》，中国社会科学出版社，2017年，第1733页。
[4] 董中原主编：《中国华侨农场史》，中国社会科学出版社，2017年，第1771页。
[5] 董中原主编：《中国华侨农场史》，中国社会科学出版社，2017年，第1733页。
[6] 董中原主编：《中国华侨农场史》，中国社会科学出版社，2017年，第1734页。

之初是由省侨办直接管理，接受省侨办派发的补助，补助中很大一部分是作为直接收入派发给在华侨农场内工作的劳动者，这也成了他们每月收入的额外增加部分。而到华侨农场划归县里管制之后，除了体制上的变化外，最主要的一点是以往发给华侨农场内劳动者的补助没有了，这种在收入上的减少直接加速华侨农场及内部劳动者"农场人"身份的转变。第三个阶段为改制后阶段，即华侨农场不再归省侨办管理后被划归到县里管理的阶段。这一阶段又可以划分为两个小阶段，即华侨农场不再归属于省侨办管理后的过渡时期，在过渡时期内，"农场人"的转变不仅体现在由于省侨办派发补贴的取消，导致的"农场人"生活条件转变，更体现在补贴取消后，"农场人"身份认同的改变。第二个小阶段则是在过渡阶段后直至今天，也就是改制后的华侨农场在现行市场经济下的经营时期。本文主要研究的时间段从各华侨农场划归到省侨办管理的时间节点开始，直到各华侨农场实施经济体制改革，并成为县属县管的国有农业企业之时为止。

（三）宾川华侨农场的归侨安置
1. 居住在外国的"中国人"

华侨农场里归侨的主体是旅居国外的中国人，他们的祖辈因为各种各样的原因离开中国前往他乡，有的是因为躲避国内的灾祸，有的则是前往外国经商或是投奔亲戚。这些华侨离开中国的时间并不统一，他们大部分人会同时使用汉语和当地语言，少部分人在归国时甚至完全不会讲汉语，只会讲当地语言。通过调查Z先生时，他回忆道：

> 这差不多是40多年前了，我在越南村子里玩的时候，我们

会欺负那些不会讲越南话的中国孩子，他们的父母都是刚刚到越南的中国人。他们的方言也听不懂，我那个时候只会讲越南话和文山话，跟他们交流不了。在外面的时候都不讲汉语，只用越南话，但是回了家之后又只用文山话。[1]

在越南生活的华侨们相互之间存在区隔，在语言方面，在国外生活三代及以上的华侨在归国前同时使用越南语和汉语，部分侨民甚至完全不会汉语只会越南语。虽然很多华侨在国外多居住在城市中的华人社区或当地政府安置华人的村庄内，但这一部分华侨内部也产生了分化，这种分化体现在如下几个层面：一是多代在当地的华侨，可以很轻松地通过对越南语的熟练程度来判断对方是不是"新来的"，从而形成"老住户"与"新来的"之间的区分。二是根据侨民所使用的不同方言，不同祖籍的个体之间无法使用汉语直接交流，在这种情况下越南语就成为"官方语言"，甚至越南语的熟练程度也成为炫耀资本和几代人生活在越南的象征。

在同归侨进行访谈时，多次对不同个体问及其究竟是"中国人"还是"外国人"的问题，他们都不约而同地给出了非常确定的答案，即"中国人"。大部分个体都会讲出自己祖上是因为逃避战乱、做生意或是投奔亲戚等原因去外国居住生活，并且一部分人能够很准确地答出自己的祖籍和当年在国内生活的祖辈亲戚们（即使隔了三代人）的具体生活位置，个别人甚至可以精确地回答出自己祖辈在国内生活居住的村子的位置和名字。这些华侨普遍有着较强的对中国的国家认同，从内心里认同自己"中国人"的身份。

在如此大的转变过程中，依然有华侨通过书信往来保持着自己

---

[1] 资料由2019年12月16日对Z先生（1973年生，男，汉族）访谈整理而成。

与国内原有的社会关系的联系，但这种联系却在长时间的文化转变面前显得有些力不从心。对于旧的社会关系的维系在距离和通信技术落后的情况下，往往成为一种对于文化变迁的暂时性的抗争，在客观通信技术以及通信距离的限制下，旧的社会关系的维系难度非常高。就像 L 先生所回忆的：

> 在越南时，我的父亲每个月都会托人带信，不知道有没有回信。不记得过了多久反正没有联系（不再寄信）了，2010 年的时候我还回去广东找过（寻亲），但是找不到，我还找了个山拜了拜，但可能找的地方都不对。[1]

类似的例子也有很多，受限于技术条件，人们即使主动地维持原来的社会关系也显得力不从心。随着时间的推移，这种在文化变迁过程中的对抗也终将会无济于事，并向着文化适应的"接受"趋势移动，在经历抗争之后，个体最终还是要继续其文化适应的进程。

在进入华侨农场前，这些"农场人"来自原国家的不同社会阶层，他们大多数是从事农业生产活动的农民、城市工商业经营者、教师、医生以及公务员等，常年旅居国外或者几代人在国外的生活已经让他们在外国完成了自身所处社会阶层的再生产，历经数代人后，已经形成了相对稳定的生产生活方式。

以越南为例，由于越南对于中国侨民管理政策的限制，他们多被集中在特定的几个村庄里。在这些村庄里，大部分都是因各种原因来越南的中国侨民，也有一部分越南人在村庄内进行生产生活。

我的爷爷辈就从中国到了越南，那时候中国打仗，我爷爷就跑

---

[1] 资料由 2019 年 12 月 3 日彩凤农场田野笔记整理而成。

到越南这边来想躲一躲种种地。但是到了越南之后,种地只种了没几年就去当兵去打仗,在海防待了一段时间。打仗打了好多年,后来岁数大了,就在越南老街省猛康县当了公务员。我的爸爸就是一个普通的农民,在越南人划的地上种地,我们村子里都是中国人也有几户越南人。那些来得晚的中国人不会讲越南语,他们的方言也听不懂,我那个时候只会讲越南话和文山话,跟他们交流不了。[1]

从中国不同地方前往越南的中国侨民,绝大多数原先都是从事农业生产活动的农民,他们在到达越南后也多在越南划分给中国人居住的村落中进行农业生产活动。除此以外,还有少部分的中国侨民在城市中从事工商业经营者、医生、公务员等职业。从整体而言,在国外排华的大背景下,无论身处哪个社会阶层从事何种职业的华侨都受到了波及,他们在成为"归侨"回国后,都被统一安排到了华侨农场。

2. 逃难回来的"难民"

20世纪中期,东南亚国家政治动荡频繁,当这些国家出现内部对立时,经常将矛盾转嫁到国外侨民身上,导致了一系列排华运动。以20世纪70年代末的越南排华为例,越南城市和农村的华侨无法忍受当地的排华政策,纷纷回到中国。随着越南排华愈演愈烈,中越边境附近的华人村落甚至有整个村子步行回中国的情况。

宾川县城内一家越南卷粉店的老板Z先生亲历了1979年的归国事件。他描述道,在越南排华时,他们村里的人都非常惊慌,随着排华升级,整个村子的人开始收拾行李,向边境线移动。在这次大规模的"逃难"中,他的家族卖掉了很多家当,购买了马和马车,将所有家当装载上,前往中越边境。他们一路上遇到许多同样前往

---

[1] 资料由2019年12月16日对Z先生(1973年生,男,汉族)访谈整理而成。

边境的越南华侨。到达边境后，他们卖掉马车，在中国政府安排的黑色浸油布棚子下住了几天，随后被卡车拉到宾川华侨农场，并住进了已建好的房子。Z 先生一家自此一直生活在华侨农场，直到农场划归县政府管理。[1]

另一位归侨 ZQ 先生是在 1979 年 3 月 19 日回到中国的，从居住地到中越边境的路，ZQ 先生一家是坐着越南人的军用卡车走的。在被迁走前一星期，越南人开始动员 ZQ 先生村子的中国人，让他们准备收拾东西离开越南。当时时间比较紧，并不能在短时间内收拾好家当，所以 ZQ 先生一家只收拾了一些细软和衣服等。房子、土地在短时间内都没办法交易出去，而且当时住在周边的越南人在知道国家开始驱逐中国人的时候，便不再同这些中国人交易，而是直接到家里面来拿东西并且牵走家里养的牲畜。原本 ZQ 先生一家准备乘船离开越南，都已经同越南的船家喝了一整天的酒了，但是到了临走之前，越南人突然说水路不让走了，只能统一坐卡车去边境。ZQ 先生一家在离开越南的时候只是带了一些口粮、细软以及衣服。在由居住的自然村到中国边境的路上，越南军车司机走走停停，一路不断吓唬华侨们并且索要财物。用了一天的时间才走完 60 千米的路，等到 ZQ 先生一家到边境时，天已经完全黑了。

刚刚到边境的晚上，越南人使用装着曳光弹的机枪向归侨们晚上休息的区域的上方进行扫射。当时越南人的机枪扫射了半个小时到一个小时，由于是在晚上还使用了曳光弹，满天飞的子弹的弹道非常清晰，吓得归侨们都不敢睡觉。之后在边境上的一个星期，有些归侨在回来的时候并没有携带足够的干粮，需要使用细软及随身携带的生活用品等向边境边上的中国村民购买口粮，当时中国由于

---

[1] 资料由 2019 年 12 月 17 日对 Z 先生（1973 年生，男，汉族）访谈整理而成。

物资匮乏，所以归侨们的衣服等也能卖得上好价钱，就连穿过的袜子都能卖得很贵。中国开放了国门之后，广西这边用军车和大巴车将归侨们一批一批地往广西境内拉。

过境后，归侨们被安排去广西境内距离临时安置点五六千米处的水库修建水利设施、水电站。水电站一共修了4个月，其间向归侨们提供了粮食和简易居住地点，其后广西方面开始和归侨们商量，让归侨们自己选是留在广西还是到云南省，另外还有一种选择就是送到中国香港以及欧洲和美国，作为难民进到中国香港等地的难民营里按照国际难民的标准安置。ZQ先生一家因为不了解国内的情况，原本是从广西这边迁到越南的，但是却被安排迁到云南省。广西这边用火车将这些分配到云南省的归侨送到了昆明市。在云南省侨办的安置下，这些归侨们先是大吃大喝了两天，然后坐着车来到了彩凤华侨农场。

3. 安置在农场的归侨

中国政府对归侨进行了妥善安置，在宾川县华侨农场内实施了中国社会主义农业经济组织形式。归侨在农场内按生产队划分，进行管理、生产和分配，农场的组织结构仿照国营农场设立。华侨农场还建有幼儿园和小学，孩子们在学校学习汉语，毕业后加入农场工作。农场工作分为农业生产者、技术人员和后勤人员，大部分是农业生产者，少部分从事专业技术工作，其余从事非农业生产工作。归侨们在宾川华侨农场的初期居住条件较为简陋，住所多为油毛毡搭建，夏季极为炎热，不适合居住。彩凤华侨农场设施较为完备，有食堂、医院、警察局和办公室。

刚到宾川的归侨最初不适应，一方面是由于居住条件不完善，特别是宾川炎热的气候。另一方面是社会关系的变化。归国过程中，许多归侨失去了原有的社会联系，有的与亲属分离，被安置在不同的华侨农场或省份。但是，这种不适应并未持续多长时间，随着归侨们在华侨农场内的生产生活逐步稳定，归侨们在华侨农场内生产、生活中形成了新的社会关系，归侨们开始认为自己是"农场人"了。

由于20世纪60年代到70年代末南亚、东南亚等地政治局势动荡等原因，大量常年以及世代旅居国外的华侨成为归侨回到中国。为解决难民的安置和他们的生计问题，中国政府营建了数个华侨农场用以安置归侨，同时为其提供生产和生活场所及配套设施。宾川华侨农场就是其中之一。从越南等国回来的归侨，归国过程中遭遇了十分危险的逃难过程，失去国家依附成为难民的经历让他们记忆犹新，中国政府对他们的接纳和安置，让他们心存感激。宾川农场成为一部分归侨难民的安置点，成为他们新生活开启的地方。随着归侨对农场生产生活的适应，他们也逐渐从"外国人"变成了"农场人"。宾川华侨农场在为"农场人"提供生产和生活场所的同时，也为"农场人"回国后的新身份构建提供了场所和条件，并促成了"农场人"共同体的构成。

二、"农场人"的身份构建

在成为"农场人"的过程中，归侨从迁出地（越南）原先的社会关系网络中脱离出来，在宾川当地完成了重构。然而，归侨们在农场内完成的关系重构与共同体意识的建立，客观上又是建立在与当地人之间的区隔上的。

（一）华侨农场制度安排与"农场人"身份构建

1. 享受高工资和补助的国家职工

华侨农场建立之时，中国实行的是计划经济体制。因此，中国政府对这些安置归侨的农场，都采用了国营农场的管理模式。也就是说，华侨农场人员虽然都从事农业生产但并不是农民身份，而是国家职工，国家每个月会按时给他们发工资，也享受免费医疗、退休金等种种国家职工的待遇。这种待遇一直持续到1986年农场改制之时。

据 D 先生回忆：

> 那时候是（华侨）农场给我们发工资，一直发到了并县（华侨农场划归县里管制）那会儿，差不多1986年前后，之后（华侨）农场就不再给我们发工资了，让我们自己包地。当时钱也不是很多，但是够用，如果跟（华侨农场）外面的人比的话就要好很多了。[1]

在华侨农场之外，从事农业生产活动的"本地人"的主要收入

---

[1] 资料由 2020 年 7 月 25 日田野笔记整理而成。

来源还是农业生产，在华侨农场由省侨办管理的时期内，相较于从事农业生产活动的"本地人"，做着类似工作的"农场人"因有稳定的工资来源，他们经济条件较好且生活更稳定。"本地人"在一定程度上并不认同"农场人"优越的待遇，甚至会因为这种"不公平待遇"而产生对"农场人"的排斥。华侨农场内的"农场人"在劳动生产上和国内职工一样采取集体劳动按月领取固定工资的管理办法，并存在"职工吃企业大锅饭、企业吃国家大锅饭"的现象。在"本地人"社会意识中，"农场人"这种优越性来自经济政策方面的优待，以及其"归侨"身份。如一"本地人"所述：

> 他们（农场人）并没有（给宾川）做什么贡献，我们在这里这么多年也是建设了宾川啊，（他们享受更高待遇）这不公平。[1]

由于华侨农场有省侨办的资金支持，"农场人"收入要比从事农业劳动的"本地人"收入高出不少，这使得大部分"农场人"很"享受"这种相对丰富的物质生活，以及这种物质生活所带来的心理上的优越感。尤其是从小就生活、生长在华侨农场里的"新一代农场人"，他们从上学开始就在华侨农场提供的小学、中学里求学，求学期间所构建的社会关系网也都是"农场人"子弟。初高中毕业后工作就业时，他们又可直接留在华侨农场工作，且能够"优先"获得相对较好的工作岗位。正如Z先生所述：

> 我当时是在食堂里做工，当时我应该继续读书的，我中学毕业那会儿我们副校长跟我说让我继续读书就可以到小学教书，

---

[1] 资料由2019年12月22日田野笔记整理而成。

我的同学读了一个专科后就在小学教书,他每个月收入有好几千块钱,快到了一万块,退休还有退休金可以拿。[1]

正因为有种种待遇,"农场人"的子弟不仅更加倾向于继续在华侨农场内工作,而且由于接受了小学和中学教育,他们往往比自己的父辈拥有更多在华侨农场里获得"更好工作"的机会。农场人与本地农民之间的区分还体现在婚姻选择上,通常"农场人"倾向于同"农场人"建立婚姻关系。不仅是"农场人","本地人"也倾向于同"农场人"结婚。虽然不少"本地人"认为政府如此优厚地对待"农场人"是对"本地人"的极大不公平,觉得自己受到了歧视,但是当自己的孩子能够跟"农场人"建立核心家庭时,"本地人"还是会欣然接受并认为这是一件好亲事,用"农场人"的配偶的话说就是"我当年可是攀了高枝了"。这在他们看来,不仅仅是因为"农场人"相对更高的收入,也因为他们身上有一种特有的"气质",给人一种充满活力的感觉。"他们看着就更有精神"。

2. 拥有相对较好的社会福利

因有联合国对难民的援助项目和中国政府安置政策的支持,宾川县三个华侨农场的"农场人"拥有了较高的收入和配套齐全的社会福利。"农场人"成为具有身份符号的名词,并且形成了与"本地人"身份区隔。

在"本地人"看来,"农场人"最大的"特权"就是在工作生活以及子女的学习、工作、生活上受到的照顾。"农场人"相较于"本地人"所拥有的更为优越的诸如储蓄所、医院、派出所、小学、中学等配套设施,使得大部分的"农场人"都很"享受"这种相对丰

---

[1] 资料由 2019 年 12 月 17 日对 Z 先生(1973 年生,男,汉族)访谈整理而成。

富的物质生活和社会福利，以及这种生活状态所带来的心理上的优越感。

在教育方面，彩凤华侨农场建有小学及中学，并在1988年在联合国难民署的资助下开办高中，其中80%为归侨子女。[1]太和华侨农场在1960年底在柳家湾开办幼儿园，并于1985年将幼儿教育并入柳家湾小学、马围小学和水井小学。[2]在开设小学中学的同时，又开设两年制高中班，并在1980年改学制为三年。[3]

不管是学校教育资源的丰富度还是"农场人"子女在入学升学时获得的特殊照顾都使得"本地人"产生了一定程度上的"不满甚至嫉妒"。从小就在华侨农场长大的"农场人"不仅更加倾向于继续在华侨农场内工作，而且由于接受了小学和中学教育，甚至更高的教育，他们也能够在农场里获得更好的工作机会，甚至于就因为是"农场人"，在不具备相关技术条件的时候也可以优先上岗，而后再在工作当中培养相关技能[4]，这些对于"本地人"都是难以获得的资源。物质生活的富裕也在很大程度上丰富了"农场人"的生活，并且在"农场人"实现自我身份塑造的过程中起了比较重要的作用，但同时这种对于宾川本地人来说相对不公平的待遇也加剧了"农场人"和宾川"本地人"之间的对立。

（二）"农场人"和"本地人"的矛盾

1.土地资源竞争中的矛盾

"农场人"与"本地人"有一些若隐若现的矛盾，土地资源的

---

[1] 董中原主编：《中国华侨农场史》，中国社会科学出版社，2017年，第1739页。
[2] 董中原主编：《中国华侨农场史》，中国社会科学出版社，2017年，第1760页。
[3] 董中原主编：《中国华侨农场史》，中国社会科学出版社，2017年，第1760页。
[4] 资料由2019年12月10日田野笔记整理而成。

竞争是其中之一。宾川县在1989年时有耕地3.09万亩。1989年时宾川县城有7637户、36102人，其中农业户6040户、29508人，农业人口人均耕地面积为1.05亩。[1]1989年时，宾川县共有侨眷4619人[2]，太和华侨农场土地面积12140亩，其中耕地面积6118亩；宾居华侨农场土地面积8893亩，其中耕地面积5460亩；彩凤华侨农场土地面积7874亩，其中耕地面积6022亩。[3]1989年时宾川县的三个华侨农场人均耕地面积约为3.81亩，远远高于同时期宾川县城的人均耕地面积。

宾川县土地光热条件较好，适于种植诸如柑橘、葡萄等经济作物，土地农业生产收益高。但这种高收益仅限于一部分"好地"。宾川虽然总体而言自然条件适于种植各种经济作物，但并非所有地都能够种出"能卖得上价钱"的作物。正如Y先生所述：

> 虽然这边光照比较足，气候比较适于农作物生长，但是地和地之间区别还是很大的。能不能种得出来是一回事，种出来好不好吃、能不能卖得上价钱又是另一回事。葡萄光是长出来但是不好吃也没有用，卖不出去。宾川这里能种得出好作物的地也是很少的，好的地承包价格都高。而且这些好地也不都是连片的，有的是一小片一小片的。有的两户人家的地就是隔了几十米，种出来的葡萄完全不一样。虽然现在可以自己接管道浇水，但是几十年前没有现在这个条件，即使现在的话也不是所有人都愿意去接管道浇水，因为即使接了管道有的地还是种不出好葡萄，这样接管道的钱也都浪费掉了。家里能有一片好

---

[1] 罗朝良主编：《宾川县志》，云南人民出版社，2017年，第75页。

[2] 罗朝良主编：《宾川县志》，云南人民出版社，2017年，第823页。

[3] 罗朝良主编：《宾川县志》，云南人民出版社，2017年，第824—829页。

地也是一件很看运气的事。[1]

而"本地人"Y先生作为一位种植户，由于找不到"好地"承包，以及本地"好地"承包价格过高，只能前往宾川县西北70千米处的XG村承包土地种植柑橘。每个"本地人"都很珍视土地，尤其是能够种出优良经济作物的好地。再加上人口的膨胀，就使得原本就"不够分"的地变得更加稀缺。即使那些能够分到好地的家庭，随着家庭人口的变多，已经分到的"好地"对于家庭而言也是不够种的，尤其是在改革开放以后，随着对土地利用的多元化，"本地人""好地"稀缺的问题更为严重。

与"本地人"土地"不够种"形成对比的是，同一时期内"农场人"土地的相对"富余"。事实上，宾川县的三个华侨农场在最初并没有直接征用当地农民土地，而是安置在当时尚处于荒芜未开垦的土地上，但是，随着农业经济发展和人口增多，土地资源的重要性日益增长，此"稀缺"与彼"富余"的对比，"本地人"就对"农场人"产生嫉妒心理，认为自己被不公平对待，并将这种矛盾以"农场人"或"华侨农场"占了我们的土地之类的话表达出来。

在土地的分配问题以外，"农场人"在工种上的优先权也让"本地人"产生心理落差。一些本地人在农场工作只能从事大田劳动的辛苦工作，像开车运输、食堂师傅、后勤修理等工作通常都被"农场人"包揽。华侨农场归省侨办管理时期，在华侨农场内收入要比在华侨农场外更好，因而在这一时期内很少有听说"农场人"因为寻找更高收入而离开农场外出务工的。而在"本地人"这里，解决收入问题的唯一方式就是外出务工。L先生讲道：

---

[1] 资料由2019年12月23日访谈整理而成。

> 我们家一共8个孩子（自己同辈），结果呢，我们家才只有一亩多地。一亩地根本不够我们种的啊，而且我年纪也到了，必须要出去闯一闯。我也想在家待着啊，但是没有办法，必须出去打工。[1]

因而在华侨农场建立到农场划归省侨办的这一时期内，"农场人"明显与"本地人"之间出现隔阂，"农场人"没有脱离华侨农场外出务工的需求和理由，而"本地人"却因为人地矛盾而成为"失地农民"，为了生存必须将自身放置到更大的社会环境中去拼搏。如"本地人"W先生（现在大理市做生意）说：

> 当然是不愿意离开家的啊，谁愿意一整年都在外面做工回不了家呢？他们（"农场人"）当然有责任，是他们过来了之后占了我们的地。哎哟哟，他们（"农场人"）哪里是难民啊，挣得比我们多，过得舒服得很。我们在家种地吃不饱饭，我们才是难民。[2]

对于"占地"一说，显然有失妥当。前面已经讨论过，农场占用的土地当时是荒地，并没有对本地农民承包地、集体地存量产生影响。但是，在W先生的话语中，本地人土地资源少就是"农场人"造成的，这明显是多种因素产生的对"农场人"的不满。

2. 显性的矛盾冲突

对"农场人"而言，他们对"本地人"的最深刻的印象是"可能是这个地方天气热，人的性格暴躁，随便一点小事，就要吵架"。

---

[1] 资料由2020年7月23日田野笔记整理而成。
[2] 资料由2020年7月23日田野笔记整理而成。

而从海外归国的华侨们,也因常年在外奔波,比较重视身体的自我保护,有的人还专门习武练功。因此,"本地人"同"农场人",尤其是年轻人之间,肢体上的直接冲突也时有发生。如宾川本地土生土长的 L 先生所说:

> 有一段时间经常有打架的,那些越南人("农场人")打架不怎么厉害,但是打架却很凶。他们有自己的派出所,有几次打完架之后这边的公安过来就是给他们骂了一顿,到最后要等他们(华侨农场)那边的人把那些打架的越南人("农场人")带走。[1]

从越南回来的 Z 先生也讲到了双方之间打架之事,他说:

> 很多归侨都是经历过江湖的,而且在国外,情况比较复杂也比较危险,所以不少"农场人"在回国之前都有练过武。而且"农场人"原本都是在热带长大的,脾气比较火暴的人也多,这边的本地人经常用简单粗暴的办法解决问题,经常性的打架、零散的打架和打群架都常常发生。"农场人"和"本地人"发生冲突的时候都是各管各的,自己管自己的人。

ZQ 先生同样也证实了这一点,ZQ 先生指出这种"各管各人"的情况是一件比较普遍也比较好理解的事情。因为在华侨农场划归县里管理之前实际上是归省侨办管理,华侨农场和县是同级单位,两者之间是平行的关系而不是上下级的关系。再加上"农场人"相

---

[1] 资料由 2020 年 7 月 23 日田野笔记整理而成。

对特殊的归侨身份，在处理"农场人"同"本地人"之间的冲突时，宾川县一边往往比较谨慎，不会直接对"农场人"采取措施。

H先生说：

> 小伙子你出去问问，我年轻的时候也是天天打架，也是在这边上出了名的火暴脾气。那个时候也说不上因为什么，年轻人嘛，两句话、一点小事就能打起来。刚到农场那会儿我们跟他们也都是互相瞧不上，他们有时候态度也很不好，那就打架喽。那还是我们厉害得多，他们有时候施展不开，听到有公安很快都跑掉了，哦哟哟，那你是没见到过，几十人一下子全部都跑掉了。我们倒不怎么怕。[1]

打架的原因，有时是因为逃单。经营咖啡店的"农场人"H先生说，一些本地"小混混"来喝了咖啡，常常不付钱"逃单"，这也是引起打架的原因。同一般的咖啡店不同，这家咖啡店的经营形式既包含咖啡等饮料和小吃，也包含正餐的供给。在菜单上体现为正面是咖啡饮料小吃，背面则是正餐食品，店内商品的价格不高。因而"本地人"逃单一方面可能是因为"钱不够"的问题，还有一种可能是"恶作剧"的心态，通过"逃单"的方式来表达对于自己和"农场人"不同待遇的嫉妒和不满。

（三）咖啡消费与"农场人"身份构建

消费社会中符号消费与身份认同的关系可以概括为：当人们消费物品的同时人们就是在消费符号，在进行符号消费的同时消费的

---

[1] 资料由2019年12月19日对H先生（60年代生人，男，汉族、印度混血）访谈整理而成。

主体就与其他人相区分，在这一过程中消费主体的身份就得以构建。符号消费不仅仅是简单的使用价值的消费，也是身份构建和社会关系再生产的过程。[1]"农场人"在以咖啡为代表的消费活动中实现了身份构建。

1. 穿奇装异服、爱喝咖啡的"农场人"

华侨农场风光一时，"农场人"在穿衣打扮方面也更懂得时尚、更有品位。更加西化的穿衣风格以及"异域风情"也对当时的"本地人"年轻人有着很大的吸引力。具体情况可以参看××的回忆：

> 当时的有些年轻人会用越南语打招呼，学我们穿喇叭裤。这几年少了，你要是前几年来，一到夏天满大街都是穿拖鞋的，这个习惯也是跟我们学的。[2]

同样的问题，当"本地人"谈及这些情况时，或嗤之以鼻，或指出：

> 他们是混混，穿衣打扮都像混混，穿拖鞋上街这哪里是好人能做出的事情。（跟"农场人"）结婚，那不行，儿子的话不管，当时有不少姑娘都被骗了。[3]

时至今日，即使经过长时间的文化变迁和文化适应，"农场人""本地人"早已别无二致。但当提及"农场人"时，"本地人"往往还是会给出相对贬义的评价。

1〔法〕让·鲍德里亚：《消费社会》，刘成富、全志钢译，南京大学出版社，2001年。
2 资料由 2020 年 7 月 19 日访谈整理而成。
3 资料由 2019 年 12 月 24 日对宾川县城内一理发店经营者访谈整理而成。

与奇装异服相比，喝咖啡也许是"农场人"最恰当的身份建构方式。咖啡，在中国人看来是一种具有他者文化、异国文化的消费品，喝咖啡的消费者，不是外国人就是喜欢外国文化的人。对于归侨的"农场人"，他们自己本身曾经是"外国人"的身份，用咖啡来象征，也许是最为恰当的。更何况不少"农场人"在越南的时候，有过喝咖啡或经营咖啡馆的经历。

"农场人"开的、宾川最著名的"二对咖啡"店的老板，在越南的时候就在咖啡店打过工，熟悉整个咖啡制作的流程，他们自己也养成了喝咖啡的习惯。在尚未经营咖啡店之前，他们自己周末在家里也会煮咖啡喝，家里来越南归侨朋友时也会用咖啡招待。

"农场人"喝咖啡，在当时虽然没有形成风尚，但是却是一个象征性的文化符号，成为专属"农场人"的"我们的咖啡"。因此，对于"农场人"而言，劳动的空闲时间跟朋友们坐下来喝上一杯咖啡是一件非常惬意的事。时至今日，老一辈"农场人"饮用咖啡的习惯依旧被保留了下来。一位经常光顾H老板咖啡店的76岁的老先生，无论淡季旺季几乎每周都到店喝一两次咖啡。随着年纪增大，这位老先生下楼的次数也在减少，但其表示，只要是自己外出时都会到H老板的咖啡店喝上几杯咖啡。据H老板讲：

> 他前几年几乎每周要来三四次，天凉的时候就只喝一杯，夏天的时候喝三四杯都停不下来。我都会伸着大拇指劝他说：老先生，你喝两杯就可以了，也不要一下喝太多冰的东西，等明天再说。他是真的爱喝咖啡，也是有些喝着咖啡上瘾了。来我这里都是给他做不加糖的很浓很苦的那种，你喝不了。[1]

---

[1] 资料由2019年12月19日对H先生（60年代生人，男，汉族、印度混血）访谈整理而成。

据 X 老板所说：

> 有几位"农场人"是经常来这里喝咖啡，他们就是点冰美式，天冷的时候就不怎么来。他们都是六七十岁了，老一辈"农场人"了，跟我父亲是一辈的。前些年还时不时会过来，最近这两三年见得少了，天热的时候也是会来。人嘛，岁数大了就不爱来热闹的地方了，夏天的时候人太多了。[1]

与现在宾川咖啡店销售的很甜的咖啡不同，那些老板口中经常光顾咖啡店的年纪稍长一些的"农场人"无一例外喝的都是非常苦的咖啡，H 老板是了解这一点的，不需要特别说明就会准备不加糖的咖啡。而那些小工点单的咖啡店，"农场人"则往往会说明要"不加糖"或者"少加糖"。这种对于"苦味"的消费习惯也大多是在外国的生活过程中所养成的。当问及"农场人"咖啡店里的咖啡味道是否正宗时，年纪稍长些的"农场人"往往会回答"很正宗"，例如 M 先生就端着一杯无糖美式表示全宾川就"二对"比较正宗，县城南面大路边的那家"二对"都没有老店做的正宗。[2]

如同星巴克咖啡在现代城市中给消费者带来的不仅仅是停留在生理需求层面的满足，星巴克也作为一种消费符号在被人们消费的同时赋予了消费者一种身份上的认同，即能够在繁忙的城市工作生活中坐下来消费一杯星巴克，满足了人们对于小资式的消费行为的需求和自我身份的标榜。同样的事情也发生在 20 世纪 80 年代末期的宾川县，对于普遍接受茶文化的中国人来讲，咖啡这种黑色的苦涩味饮料对于味觉上能够提供的满足感实在有限。就如同蒂姆·爱

---

[1] 资料由 2019 年 12 月 2 日访谈整理而成。
[2] 资料由 2019 年 12 月 11 日访谈整理而成。

德华兹所提到的服装消费[1]一样,蒂姆·爱德华兹认为在服装消费中,体现着符号价值的外观设计无疑是许多消费者选购服装的首要关注点,收入相对较高者距离符号消费更近,而收入越低的消费者在总体上的传统实用性倾向往往越强,[2]咖啡与传统的茶之间的关系就类似时尚服装与传统实用服装之间的关系。当时的宾川本地人在早期并不愿意去尝试这种脱离传统实用价值的饮料,在他们看来这种"黑色的苦味饮料并不好喝"。时至今日很多宾川本地的咖啡厅、饮料店的经营者也直言不讳地表示自己并不愿意喝咖啡。宾川本地某咖啡品牌经营者也明确表示过自己并不喜欢喝咖啡,只是作为一种营生手艺来经营咖啡店。

在很多宾川人看来,自己在日常生活中并没有享用咖啡的习惯。不管是在家里的日常消费过程中,还是在婚宴、宴请等场合中,普通宾川人还是倾向于茶消费。而且在"二对咖啡"消费的本地人其消费品并不倾向于咖啡饮料,反倒更偏向于奶茶、啤酒、烧烤、油炸食品的消费。他们或步行或骑着电动车摩托车前往"二对咖啡",生活地点偏向于电动车车程五到十分钟范围以内。而那些开着外地牌照汽车或者是自己驾车或者是由宾川本地人驾车陪同来到"二对咖啡"的外地人,反倒更加倾向于咖啡饮料的消费而不是去消费那些随处可见的奶茶等同质化的饮料消费品,在外地人和宾川本地人看来,咖啡饮料已然成为一种贴着"本地特产"标签的具有符号价值的消费品,而不是满足对于咖啡饮料本身需求的一般消费品。

作为对符号价值有着更多需求的"农场人"来说,咖啡这种饮料则再适合不过了。从某些层面上讲,由于华侨农场这种实在的隔

1〔英〕蒂姆·爱德华兹:《狂喜还是折磨——购物的当代性质》,凌海横译,罗钢、王中忱编:《消费文化读本》,中国社会科学出版社,2003年。
2〔英〕蒂姆·爱德华兹:《狂喜还是折磨——购物的当代性质》,凌海横译,罗钢、王中忱编:《消费文化读本》,中国社会科学出版社,2003年。

阔的存在，以及当时因为"农场人"所拥有的诸多在收入上以及基础生活设施上的优惠条件，"农场人"存在着一种对于自身社会角色的优越感，感觉自己就是和本地人有所不同的。同时"农场人"普遍被宾川本地人认为是"特立独行者"和"外来者"，这种自外向内的压力以及"农场人"个体之间无论是社会身份认同还是生活生计方式的共性，都使得"农场人"群体的向心力在这一时期内被加强。加上咖啡这种极具西方特色的饮料又具有当时来自国外的"时髦"舶来品的属性，咖啡的消费符号属性便得到了放大并且被贴上了能够代表"农场人"的"时髦"的标签而被"农场人"大量消费。而与之相关联的是X老板家的早点铺，从主卖早点小吃捎带着售卖咖啡到之后的主要售卖咖啡和其他饮品，并且进一步将店面扩大从小吃店转型成为实际意义上的咖啡店。据小X老板（X老板之子）所述，在最初的几年里，咖啡店的主要消费者以归侨群体为主，而随着时间推移咖啡店又演变成为"农场人"工作生活之余的社交活动场所。

莫里斯·哈布瓦奇认为：记忆是一种集体社会行为，现实的社会群体都有其对应的社会记忆，或曰集体记忆。[1] 集体记忆（历史记忆）理论强调当下如何影响历史记忆重构，其认为记忆不但具有社会性，而且个人或集体能够通过有意识地重组或结构性遗忘某些历史记忆来使现实利益合理化。对于农场人喝咖啡这一消费行为来看，这一群体名义上是在咖啡店里消费咖啡，实际上是在建构归侨群体这一象征符号，这种符号以咖啡为载体承载着"农场人"的自我身份认同，承载着"农场人"对于归侨群体的集体记忆，在咖啡店这样的沟通归侨群体家庭、亲属及社会关系场所里，归侨群体通过社交和消费活动来完成他们集体记忆的重构。在这样的过程中，咖啡店只是提

---

[1]〔法〕莫里斯·哈布瓦赫：《论集体记忆》，毕然、郭金华译，上海人民出版社，2002年。

供一个场所，咖啡也只是作为一种媒介存在。

2.咖啡的消费文化在"农场人"身份构建中的作用

宾川县地处干热河谷区，在夏季时气温较高，光照较强。从20世纪80年代中期X老板的早点铺开始卖冰咖啡后，很多"农场人"都愿意在半天或一天的劳动之后坐到X老板的早点铺内，点一杯冰咖啡解暑降温。Y先生有如下表述：

> 宾川夏天很热的，下午一两点钟的时候太阳很大，太阳底下都不能站人。夏天，这里生意是最火爆的，你看这里场地这么大，这么多桌椅，还是会不够坐。以前这个店面没扩大的时候，还没有这么多桌椅，到了夏天人多的时候，有的人都拿着杯子坐到了路边上，等喝完了再把杯子送回来。[1]

与星巴克咖啡在消费过程中营造给消费者的"西方中产阶级"氛围和情调所不同的是，在X老板咖啡店里售卖咖啡后的最初几年里，"农场人"的消费并不注重所谓的"氛围和情调"，而更倾向于冰咖啡本身的口感、价格等。在口感方面，"农场人"更关心咖啡够不够"冰"以及够不够"甜"。前者对于几乎所有人而言都是一种普遍的需要，因为宾川炎热的天气使得几乎所有人都存在消暑降温方面的需求。后者"甜"所表达的则是咖啡的"适饮"程度，够不够好喝。正如X老板所说：并不是所有人都喜欢喝苦咖啡，很多人还是喜欢喝甜的。[2]

在口味方面，并不是所有的"农场人"都在归国前培养了喝苦咖啡的品位，换言之，很多"农场人"喝咖啡的习惯也是"现培养的，

---

[1] 资料由2019年12月23日访谈整理而成。
[2] 资料由2019年12月2日访谈整理而成。

之前也不怎么喝"[1]。"农场人"从在家里偶尔喝咖啡到开咖啡店销售咖啡饮料，已经是20世纪80年代中期的事情了。在这一时间节点，"农场人"实际上已经经历了社会阶层上的"洗牌"：归侨在回国早期来自不同社会阶层的人被分配到了一起，但在几年之间，他们中条件较好的、原本所处社会阶层同农民差距较大的很多人都离开了农场。在这种"洗牌"过程中，这些"归侨"更接近"西方中产阶级"身份的人的离场同时也带走了更为原汁原味的"西方中产阶级"咖啡消费文化，取而代之的是以从事农业生产的"农场人"为主的"现培养"的咖啡消费文化。在这样的过程中，"农场人"的咖啡完成了其消费文化的本土化，以及这种"现培养"，即本土咖啡文化的载体：喝咖啡的"农场人"。而这种文化消费的场景的情调、氛围如何并不重要，农场人只需要手里端着冰咖啡，即使是身处咖啡店边的田间地头，也可以完成文化消费的过程。这也是"农场人"咖啡消费文化的一大特色。

在咖啡的消费过程中，"农场人"也在咖啡店内完成一定的社交活动。X先生有如下表述：

> 他们也不是所有人都过来喝咖啡，比如我自己就不喝，也不是所有人都喜欢喝咖啡的，有些人就点点别的东西。更多的人是过来聊天、打牌，还有带着自己女朋友过来喝咖啡的。也有些人只是过来玩什么都不点。[2]

当人们不再认为咖啡店只是用来喝咖啡的地方，而认为咖啡店是一种多功能性的社交场所、娱乐场所时，咖啡店便摆脱了其仅仅

---

[1] 资料由2019年12月2日田野笔记整理而成。
[2] 资料由2019年12月2日访谈整理而成。

作为消费场景的地位，进而被人们认为是他们生活的场地的一部分，成了社会生活的一部分。

"农场人"的消费文化的塑造及群体身份的建构，也不是"农场人"单方面作用的结果，而是"农场人"和"本地人"共同塑造的结果。一般而言，不同人群对于某些特定符号的理解是有差异的。一方面，"农场人"作为这种咖啡消费文化的最初创造者，在这种消费文化形成的初期，由"农场人"身处这种消费文化之中并不具备"他者"的视角，因而并不能认识到自己正在创造或正身处一种特殊的消费文化之中。而"本地人"则以一种"场外人"的角色，尝试进入这种由"农场人"营造的消费文化的"场域"当中。而这种尝试则使得"农场人"开始逐渐认识到自己正处于这种特殊的消费文化当中，并随着在"农场人"社会关系构建过程中逐渐明显的存在于"农场人"和"本地人"之间的区隔（区分），"农场人"也开始将在这一过程中产生的身份认同上的区隔引入消费文化之中。正如同鲍德里亚在《消费社会》中所述："消费不是被动的吸收和占有，而是一种建立关系的主动关系。"[1] 随着"本地人"这一"场外人""入场"尝试的开始，"农场人"开始认识到这种在社会关系构建中形成的区隔，并开始进一步完善这种围绕咖啡展开的消费文化。而这种展开方式是从"对立"的层面来展开的，即通过"对立"来加大"农场人"同"本地人"在该"场域"下的区隔（区分）。正如 L 先生所述：

> 我以前去过两次（"农场人"的咖啡店），但是那些越南人（归侨）非常吵闹，总是一群人聚在一起。他们（归侨）也不尊重我们，故意说越南话让我们听不懂，点单的时候因为我第一

---
[1] 资料由 2019 年 12 月 2 日访谈整理而成。

次去嘛，也不知道点什么，店员的态度就不太好，就去先给别人点单。[1]

正如布迪厄所述："审美配置起聚集和分隔的作用：作为与生活条件的一个特定等级相关的影响的产物，它将所有成为类似条件产物的人聚集在一起，但将他们按照他们拥有的最根本的东西与其他所有人分隔。"[2]"农场人"同"本地人"也被这种存在于咖啡这种消费符号的消费文化以及其他诸如服饰、穿着打扮之间的审美差异分隔开来。

随着"农场人"消费文化的逐渐完善，一同形成的还有包含范围更广的"农场人"的"生活风格"。这种消费文化的"追逐"可以用布迪厄所述的"编码"与"译码"的理论来解释。[3]即"农场人"为了维持这种由于消费文化及"日常生活风格"的区隔导致的"农场人"与"本地人"的区隔，并以此来向外界表达自己的"先进性""时髦"等，以及维持自身在认同中产生的"优越感"，就必须时刻保持对于自身消费文化和消费符号的"编码"。而一部分"本地人"抗拒这种文化层面分隔的时候，又不断尝试转换自己的"场外人"的身份，不断通过"农场人""场域"下的消费行为以及社交行为，从消费文化和社会关系两个层面来尝试对"农场人"先前的"编码"进行"译码"。进而进入该"场域"中以期尝试消除因此而生的"农场人"同"本地人"之间的区隔（区分），并最终达成削弱或者消除"农场人"在同"本地人"社会关系交集中存在和表现出来的那种"优越感"。

为了维持这种"优越感"和"农场人"已经构建的社会关系，"农

---

[1] 资料由 2019 年 12 月 2 日访谈整理而成。
[2] 〔法〕皮埃尔·布迪厄：《区分：判断力的社会批判》，刘晖译，商务印书馆，2015 年，第 92 页。
[3] 〔法〕皮埃尔·布迪厄：《区分：判断力的社会批判》，刘晖译，商务印书馆，2015 年，第 92 页。

场人"需要不断地创造和引入新的消费文化以及其他的"新鲜事物"，诸如各种从国外带回来的新鲜小商品、托境外亲属购买的（二手）手机、通过看境外亲属代买的"霹雳舞"录像带学习的"霹雳舞"等。就是在这样的"农场人"不断"编码"、"本地人"不断"译码"、"农场人"再"编码"、"本地人"再"译码"的过程中，一部分"本地人"在网络信息通信不发达的年代，通过"农场人"群体在学习理解消费文化和进行符号消费的过程中，通过"农场人"间接地和宾川以外以及国境线之外取得了信息上的联系，实现了文化上的快速学习。

"编码""译码""再编码""再译码"的过程不是永无止境的。"农场人"的消费文化和"新鲜事物"终究也是在当时网络信息不发达情况下，通过自身在国外亲属所带来的方便条件实现的。也是一个对于外界文化先学习再转换的过程，然而外部世界能够提供学习的"新鲜事物"并不是永无止境的，"新鲜事物"创造的速度还是要慢于学习的速度。特别是随着20世纪90年代网络通信基础设施的逐步建成，以及进入21世纪信息时代的到来，"农场人"对于外部信息以及"新鲜事物"的垄断也逐渐不复存在，导致在"编码""译码"循环的过程中"编码"的速度慢于"译码"的速度，导致"农场人"与"本地人"之间的区隔（区分）的减小，并最终进入一种文化适应中的"适应"[1]状态。

这群经历千难万险回归祖国的难民，被中国政府妥善安置在宾川华侨农场之后，国家对华侨农场按国有企业的建制进行生产管理，归侨们在国家制度形塑下成为具有特殊身份和待遇的"农场人"。"农场人"是一个被正式制度建构的身份，因为"农场人"的经济条件好、福利待遇高而与"本地人"形成了明显的身份区隔，"本地人"通过

---

[1] 孙进：《文化适应问题研究：西方的理论与模型》，《北京师范大学学报（社会科学版）》2010年第5期。

对土地分配的意见和与农场人打架等方式,来发泄他们对"农场人"的不满。另一方面,"农场人"作为一个特殊群体,他们也有意无意地通过以咖啡为代表的文化消费活动,来彰显其群体的特殊性,咖啡消费、咖啡经营成为"农场人"的消费文化符号,成为他们身份建构的一个符号以及集体记忆的符号。

三、宾川县城的咖啡店

在中国政府的安置下,宾川县三个华侨农场的"农场人"拥有了较高收入和较为完善的社会福利,"农场人"成为具有身份符号的名词,并且形成了与"本地人"的身份区隔。随着华侨农场改制,"农场人"相对优越的生产生活条件失去,"农场人"的身份也面临着解体的危机。一部分农场人开始尝试其他经营活动,于是"农场人"走出农场,他们的个体经营活动便首先在宾川县城开始出现并逐渐铺展。以"二队咖啡"(后改名"二对咖啡")为代表的咖啡店成为"农场人"走出农场,投身市场经济大潮的代表。

"二对咖啡"的成功,深刻影响着"农场人"的创业和宾川"本地人"的饮品经营,于是,开咖啡店成为宾川的一大特色,宾川县城到处都有咖啡店的身影。

(一)农场改制与"农场人"的失落

1.打破"铁饭碗"的农场改制

十一届三中全会后,在中央"调整、改革、整顿、提高"和"改革、开放、搞活"的方针指导下,云南省侨办对华侨农场经营方式进行探索性的改革。1979年试行"定额工资、出勤工资和超任务奖励"。1980年至1983年,华侨农场实行国侨办批准的"三定一奖、财务包干"制度。在经济运营方面,宾川各华侨农场在1984年开始分责任田到户并实行职工家庭联产承包制。[1] 华侨农场的改革改制开始拉开了序幕。

具有实质性体制改革是在1988年以后,根据省政府〔1988〕08

---

[1] 董中原主编:《中国华侨农场史》,中国社会科学出版社,2017年,第1776—1778页。

号文件《关于华侨农场领导体制改革的意见》，农场实行党政分开、政企分开、简政放权，农场成立管理委员会。后应中发〔1985〕26号和云发〔1986〕33号文件"把现行的由中央和省的侨务部门主管（以省为主）的领导体制，改由地方人民政府领导"的精神，1989年9月宾川县人民政府与宾川县彩凤华侨农场、太和华侨农场代表在省、州政府领导和侨务部门代表的参与下签署了《国营华侨农场划归宾川县人民政府领导交接书》。宾居华侨农场在1998年8月划归宾川县人民政府管理。[1] 2001年，宾川各华侨农场成为县属县管农业企业，[2] 并进一步明确了县属县管的领导体制和"家庭承包、自主经营、自负盈亏"的经营体制。

1989年彩凤华侨农场、太和华侨农场脱离省侨办管理，划归到宾川县管理。从此以后，"农场人"不再有省侨办发放的补贴，以往的"农场人""吃大锅饭"的局面被打破，农场以往经营中无法自给自足的问题也显露出来。经济收入上的减少、身份优势的逐步消失，以及在农场改制的各项政策引导下，许多"农场人"选择离开华侨农场自谋出路。

2. 自谋职业的"农场人"选择

在华侨农场不再由省侨办管理后，许多"农场人"选择脱离农场自谋出路，这里存在两种表述，一种是"农场人"由于经济上的压力被迫选择离开农场去参与市场经济活动，"农场人"有如下表述：

> 划归县里管理后农场收入少了很多，要像以前那样生活就必须出去找点营生。[3]

---

[1] 董中原主编：《中国华侨农场史》，中国社会科学出版社，2017年，第1733页。
[2] 董中原主编：《中国华侨农场史》，中国社会科学出版社，2017年，第1759页。
[3] 资料由2019年12月23日田野笔记整理而成。

"被迫"参与到市场经济活动中所表述背后的隐喻，是对于以往旧的生产生活无法维持的不满。导致旧的生产生活方式无法继续维持的根本原因，并不完全是收入上的缺失，经济因素在这里仅仅是间接原因，其内在深层原因是农场人以往的特殊身份和"高收入"所构建的社会地位、社会关系的解体而产生的失落。

另一种表述是"农场人"主动投入市场经济活动中去，"农场人"又有如下表述：

> 我们很早就可以像不少宾川人那样去做生意的，他们也有不少赚了大钱的，（我们）就是在农场里过得太舒服了，有人给钱什么都不用管。现在被人推了一把，正好有这个机会就出去（做生意）嘛。[1]

在主动进入市场经济的那一部分"农场人"看来，收入上的减少仅仅是一场"农场人"脱离华侨农场大变革的导火索，真正的原因是"农场人"所受到的制度限制，曾经让他们产生优越感的制度，今天却成为影响他们参与市场经济的绊脚石。在家庭联产承包责任制实施后，华侨农场内从事农业生产的劳动者不再按月发工资，但诸如食堂、小学、中学、派出所等后勤管理部门的职工依旧按月发放工资。1989年划归县治开始，省侨办便不再发放补贴，后勤管理部门职工的工资也没有了着落。华侨农场管理方的变革以及"农场人"收入的下降是导致一部分"农场人"离开的主要因素。时任太和华侨农场食堂师傅的Z先生有如下叙述：

> 当时就听说（华侨）农场经营不善亏钱了，赚不了钱。我

---

[1] 资料由2019年12月23日田野笔记整理而成。

> 当时收入也低得很，我记得很清楚，我不干了那一年（1997年），我走的时候那个月工资给我是246块钱。工资太低了，我刚工作的时候86块钱一个月，那会儿比外面人收入高。现在（1997年）他们（"本地人"）工资都三四百块钱，有的快500块钱，我发到手只有246块钱。就是并县给弄的。我离开（华侨）农场之后就开始跑运输，跑了16年。开大车也没挣到什么钱，把大车卖了之后回来开了侨味（餐厅）。[1]

"农场人"不再有省侨办发放补贴，这对"农场人"的社会心理产生了很强烈的冲击，H先生这样说道：

> 这笔钱是专门发给我们"归侨"的，是说明领导重视我们，不发了倒也不是说就过不下去了，就是感觉少点什么。[2]

这里所说的"领导重视"背后意义是：这笔钱的意义是在证明"归侨"这一身份特征，这也是"农场人"相较于"本地人"产生的优越感所在。这笔钱不再发放后所带来的一方面是收入的减少，更多的是使得"农场人"之前一种用于维系与"本地人"之间区隔（区分）的载体的缺失。这一时期内一部分"农场人"离开华侨农场与这种"优越感"载体的缺失有一定关系。但是到了90年代中后期由于华侨农场经营不善连续亏损，直接使"农场人"的收入出现了较为明显的减少。从Z先生的叙述中也可以看到，"1997年一个月的246块钱""外面的人一个月三四百块钱有的接近500块钱"，一方面这里收入上的减少已经切实影响到了"农场人"的生活质量；另一

---

[1] 资料由2019年12月18日对Z先生（1973年生，男，汉族）访谈整理而成。
[2] 资料由2019年12月19日对H先生（60年代生人，男，汉族、印度混血）访谈整理而成。

方面，在对比之下，被农场之外"本地人"收入落下后，先前那种"农场人"的"优越感"的缺失此时推动"农场人"离开农场，并且开始重新建构新的社会身份。

（二）宾川咖啡店的兴起与发展

宾川农场改制最终将宾川农场的职工推向了市场。在"农场人"看来由省侨办派发的额外补贴本身就属于他们，是他们"归侨"身份的一部分，而之所以省侨办不再派发补贴也不再管他们，而是"把我们扔给了县里"的原因在于其"归侨"身份的贬值。还有"农场人"说，"省侨办他们的钱是联合国专门发给我们难侨的，他们（联合国）那边不给钱了，省侨办自然也就不管了"。[1] 为了维持其在华侨农场内长时间的生产生活中所拥有的社会地位和社会权利，"农场人"又倾向于使用经济手段来完成对于其社会地位和社会权利的维系和重构，因而在华侨农场划归县里管制后，很多"农场人"便离开华侨农场并加入市场经济活动中。用"农场人"的话说就是：

> （华侨）农场给的工资已经不够花了，我必须自己去找点活干，多赚些钱。[2]

"农场人"Z先生认为自己：

> 像是被抛弃了，省侨办不管我们了，县里对我们也不重视，有点后悔没有像×××一样去香港发展了，还有×××好几

---

[1] 资料由 2019 年 12 月 23 日田野笔记整理而成。
[2] 资料由 2019 年 12 月 17 日访谈整理而成。

拨人都找过我，或者我那时也有机会去投奔我在英国的亲戚。[1]

"农场人"就这样带着复杂的心情进入了市场经济大潮。

1."二对"咖啡店开张

"二对咖啡"是当地最早进行经营活动的咖啡店，从1985年开始经营至今已有30余年了。应该算作宾川"农场人"离开农场自主经营的典型个案。

这家咖啡店起初是创始人X老板夫妇，作为越南归侨，他们在越南时曾经营早点生意，因而在"第二生产队"附近开了个早点铺经营早点生意。后至80年代末期华侨农场划归县治，没有了原来归省侨办管理时的补贴，农场人的收入因此大大下滑，加上当时中国经济进入上升阶段，因而X老板夫妇便脱离了原来的华侨农场的生产活动，转而全身心地经营早点和小吃生意。

"二对咖啡"的前身越南风味早点铺在向"农场人"售卖早点时"捎带着"卖一点咖啡，没想到咖啡一经推出便大受"农场人"欢迎。而最初售卖的咖啡也是很偶然得到的，在第二生产队管理区域内生长着几棵咖啡树，因而X老板便将成熟的咖啡豆摘下，使用其在越南时学得的咖啡加工技术炒制成成品咖啡豆，后制成咖啡饮用。

那些从越南回来的侨民到X老板家串门时，X老板便用咖啡来招待他们。在朋友的建议下，X老板将制成的咖啡放到早点铺售卖。由于当时宾川本地人并没有喝咖啡的习惯，从整个宾川县来看，售卖咖啡的仅X老板的越南早点铺一家。一部分归侨在国外时就已经养成喝咖啡的习惯，大多数归侨在华侨农场从事体力劳动，而咖啡正好又有提神的作用。正如H先生所述：

---

1 资料由2019年12月18日对Z先生（1973年生，男，汉族）访谈整理而成。

当时下地体力劳动还是很辛苦的，做完活能喝到咖啡是一件很惬意的事情。喝着咖啡跟别人聊着天，也算得上是比较丰富的娱乐活动了。[1]

Y先生也描述当时的咖啡店并没有很多座位，很多人就是拿着杯子随便在边上找个地方就坐下了。[2]

随着经营活动的持续进行，由于咖啡的大受欢迎，X老板便将"捎带着"卖的咖啡转为了主要经营产品。早点铺的早点也慢慢不怎么卖了，后来就以咖啡饮料为主打商品，同小吃、饮料等商品搭配销售，越南风味的早点铺也变为专门销售咖啡的咖啡店。本来没有名字的咖啡店，在大家口传之中慢慢地变成"二对咖啡"。

经营"二对咖啡"的X老板也就顺便用这个店名。当时不少农场人到"二对"咖啡店，"二对"对于他们来说就是"农场"的替代词，来到"二对"咖啡店，他们可以见到曾经在一起工作的同事，一起聊一聊他们过去的生活，各自打拼的情况，既是旧日情感的释放，也是信息的传递。"二对咖啡"，对于"农场人"而言，有着不一样的情怀，不一样的感受。

也正因为"农场人"常常来这里集聚，"二对咖啡"生意十分兴隆，一个小小的早点铺变成专营咖啡店，一个小咖啡店又逐步扩大经营场地，变成了当地最为有名的咖啡店。

2．"二对咖啡"的发展

随着生意的兴隆，X老板对他的"二对咖啡"的店面进行扩张，从最初的室内店面的建设到现在的室外经营区域的扩建，"二对咖啡"成了以室外露天区为主要经营区域的咖啡店。"二对咖啡"的室内区

---

1 资料由2019年12月19日对H先生（60年代生人，男，汉族、印度混血）访谈整理而成。
2 资料由2019年12月23日访谈整理而成。

域的座椅等依旧保留，但已经有三分之一的区域被改造成了越南及东南亚特色零食小吃的销售货架。室内即使是白天也比较昏暗，从不开灯，因为基本上没有什么顾客会坐在室内消费。现在的"二对咖啡"还有一个能停20余辆车的停车场，以供以外地人为主的开车来的消费者使用。

随着华侨农场内外情况的不断变化，咖啡的潜在消费群体开始变化。一方面，老一辈"农场人"年纪逐渐增大，前往咖啡店的消费活动逐渐减少，而在中国国内出生的年青一代的"农场人"，在口味上也不能接受原汁原味的苦咖啡。另一方面，随着"本地人"收入的逐渐上升，以及宾川县整体经济的发展，许多"本地人"和来往做生意的"外地人"，也成为咖啡的消费群体。

3."二对咖啡"的改名

这个宾川县城最著名的咖啡店，今天的名字叫"二对咖啡"。X老板说，咖啡店正常的叫法是"二队"咖啡，因为"二对咖啡"是在华侨农场的第二生产队的管理区域内经营的。我们也看到，在连接"二对咖啡"和宾川县城的太和路在鸿帆百货店路口处的金属路牌上写的也是"二队"咖啡，店家自制的写在木板上的路标也是"二队"咖啡。

但是在电子地图上登记的名称则是"二对咖啡"，咖啡店内的大招牌上写的也是"二对咖啡"。"二队咖啡"之所以现在改名叫作"二对咖啡"，其原因在于X老板在注册商标的时候，发现"二队"已经被人注册过了，因而使用相同读音的"二对"以通"二队"，以便让人们在口口相传时知道"这家二对就是以前的二队"。[1]

不过，从"二队"咖啡向"二对咖啡"的命名变化，具有"农场人"

---

[1] 资料由2019年12月2日访谈整理而成。

身份及认同的转化的隐喻，只不过它以文化消费符号的方式呈现出来。为了适应咖啡店在市场经济中的需要，一方面 X 先生需要注册商标来对自己的品牌进行保护，另一方面在商标注册的同时也在一定程度上去除了"二队"这一名字的符号化的意义。在使用同音字保存其品牌知名度的同时，也有意识地淡化其作为"农场人"的身份属性，而转向一种大众化的文化消费。

  在"有规律"的华侨农场生产生活开始打破之后，一部分"农场人"开始对于农业生产活动之外的经济活动的尝试。在一系列诸如小卖店、小吃、运输等多方面多行业的尝试中，咖啡厅和侨味餐厅又具有鲜明特点。通过"二对咖啡"店经营的个案，以及受"二对咖啡"影响出现的诸多咖啡店的经营，进一步分析了咖啡在"农场人"社会关系构建的过程作用：在"农场人"面临制度变革的过程中，喝咖啡的消费行为，成为一些农场人对自己曾经拥有的身份的回忆和想象。在咖啡的符号消费过程中，"本地人"也得以在消费文化的学习和符号消费过程中快速和大量地了解和学习外部文化。

四、喝咖啡的"农场人""本地人"和外地人

近年来,宾川的咖啡店一直维持在 20 多家的规模,这么多的咖啡店,出现在云南大理宾川县城,是一个非常独特的经济现象和文化现象。这至少说明了这个地区常年保持着一定数量的咖啡消费群体。

对宾川咖啡消费的田野调查表明,宾川咖啡经营和咖啡消费都与"农场人"有关,与农场改制有关。在农场改制以后,咖啡消费一度成为"农场人"共同体解体以后的集体记忆,是他们自我认同的一种文化符号。随着市场经济的发展,越来越多的人加入了咖啡的经营和咖啡消费,咖啡这一商品又成为"农场人"和"本地人"相互融合的黏合剂。

(一)喝咖啡的"农场人"

越南曾经是法国殖民地,在法国殖民统治时期,西方文化在越南得到了一定的推广,咖啡文化就是其中之一,不少越南人喜欢喝咖啡。宾川华侨农场安置的归侨中,从越南回来的人最多,这些越南归侨把喝咖啡的习惯带到了宾川。与现在宾川咖啡店销售的很甜的咖啡所不同,那些老板口中经常光顾咖啡店的年纪稍长一些的"农场人"无一例外喝的都是非常苦的咖啡,H 老板是了解这一点的,不需要特别说明就会准备不加糖的咖啡。这种对于"苦味"的消费习惯也大多是在外国的生活过程中所养成的习惯。

对于"农场人"来说,喝咖啡是他们曾经生活方式的一部分。"曾经"是指什么时候呢?是在外国的经历,还是作为农场人的经历?在田野调查所获得的了解来看,应该更多的是作为"农场人"的经历。"农场人"咖啡店开始销售咖啡饮料已经是 20 世纪 80 年代中期的事

情了,曾经的难民,在华侨农场工作生活了十几年,在国家的制度安排下,他们已经完成了具有特殊身份和特殊经济地位的"农场人"共同体建构。他们曾经从海外带回来的消费习惯和生活方式,在农场时期已经逐步消减甚至隐身而去。

在 90 年代中期,"喝咖啡"又回到了"农场人"的生活中,而此时的"农场人"共同体却因农场改制而趋于离散状态。"二对咖啡"这样一个带有很强西式文化的消费品出现,立刻就活跃了"农场人"的神经,他们去那里喝一杯咖啡,不是为了清醒头脑,不是为了感受品味,不是为了消费情调,而是去找回曾经是归侨"农场人"的感觉。这就是为什么"二对咖啡"店最早经营时,来咖啡店喝咖啡的主要是"农场人"的原因。

这些曾经或者还在农场的"农场人"来咖啡店里,喜欢用越南语交流,"因为大家都是越南人嘛。平时在工作中也没有机会说越南话,在这里说越南话大家觉得舒服。"用越南话交流,给"本地人"的 L 先生留下深刻印象:"我以前去过两次(指'农场人'的咖啡店),但是那些越南人(归侨)非常吵闹,总是一群人聚在一起。"对于"农场人",在他们遭遇企业改制那一段痛苦转型时期,咖啡店给他们带来的还有更多——那就是对曾经荣光的怀旧,也试图通过咖啡的消费保持与"本地人"的区隔。

对于"本地人"而言,当时很少去"二对咖啡"喝咖啡。原因有二:其一是经济物质层面上的。"本地人"在收入上相对较少,并不能像"农场人"一样对于咖啡保持一定的消费频率,其收入不足以使其像"农场人"一样可以因为天气炎热就去"农场人"的咖啡店消费一杯冰咖啡。且当时交通并不发达,X 老板的咖啡店位于宾川县东南方向,距县城主要居住区路程在 4 千米左右,稍远一些的"本地人"也不会为了喝咖啡而专程步行往返 8 千米左右的路程前往咖啡店。在信息方面，20世纪80年代中期，信息传递方式也比较滞后，有关咖啡店的信息是口口相传，因而在社会关系上同"农场人"存在一定区隔（区分）的"本地人"起初并不知道在县城的东南角有一家售卖咖啡饮料的咖啡店（那时还是小吃店）。其二是社会心理层面上的。"本地人"首先对"农场人"这种外来群体持一种对立的态度，认为"农场人"是一群"外来者""外国人"。且因惠侨政策，"本地人"同"农场人"在收入上的差距拉大，这也使得"本地人"产生了一种被人"喧宾夺主"的心理感受，好像一夜之间自己变成了"外来者"，而"农场人"成了宾川的主人。在这种背景下，社会、心理层面上的对立也使"本地人"对"农场人"所塑造的消费文化带有排斥或者偏见。

作为对符号价值有着更多需求的"农场人"来说，咖啡这种饮料则再适合不过了。从某些层面上讲，由于华侨农场这种实在的隔阂的存在，以及当时因为"农场人"所拥有的诸多在收入上以及基础生活设施上的优惠条件，"农场人"存在着一种对于自身社会角色的优越感，感觉自己就是和"本地人"有所不同的。加上咖啡这种极具西方特色的饮料又具有当时来自国外的"时髦"舶来品的属性，咖啡的消费符号属性便得到了放大并且被贴上了能够代表"农场人"的"时髦"的标签被"农场人"大量消费。

"二对咖啡"经营的红火，就是这一文化现象的最好注解。X老板家的早点铺，从主卖早点小吃捎带着售卖咖啡，到后来主要售卖咖啡和其他饮品，并且进一步将店面扩大转型成为具有宾川品牌的咖啡店。据小X老板（X老板之子）所述，在最初的几年里，咖啡店的主要消费者以归侨群体为主，而随着时间推移，咖啡店又演变成为"农场人"工作生活之余的社交活动场所。承载着"农场人"对于归侨群体的集体记忆，在咖啡店这样一个场域里，归侨群体社会关系得到了沟通,归侨群体曾经拥有的权利得到了追忆,可见,"农场人"通过咖啡消费活动来完成他们集体记忆的重构。在华侨农场社会构建被打散之时,"农场人"试图通过咖啡消费,维系曾经的群体意识,维系一种群体向心力,而这个向心力正是依托于"农场人"对于集体记忆的重构。[1]

(二)喝咖啡的本地人

据"二对咖啡"的 X 老板讲,在最近 10 多年,来咖啡店喝咖啡的"本地人"多起来了,"农场人"来得却少了,像过去"农场人"聚在一起大声说越南话的情况已经很少见了。

与此同时,宾川县城里,开咖啡店的人也多了,新咖啡店不断出现,竞争出现白热化,以至于很多咖啡店只能维持夏天一个季节,半年就倒闭了。从"二对"的客流量变化和县城咖啡店开张此起彼伏可以看到,喝咖啡的习惯,已经从少数的"农场人"扩展到了更为宽泛的"本地人"之中了。对于"本地人"而言,现在的"农场人"的"咖啡店"已经不再是以往的"农场人""场域"了,而更多扮演着普通"咖啡店"及社交场所的角色。

在田野调查中,曾有一桌客人,三个男人带一个五岁的小女孩儿。他们与其他的客人不同,他们不是开着车来的,他们是骑着电动车来的。其中一个姓 Y 的男人是附近村里的人。他说他干完活就出来,带着两位本地工人过来坐一会儿。他们没点咖啡,只点了奶茶和六瓶啤酒。说话的这个 Y 姓男子,第一次来这里喝咖啡是 1998 年左右的时候,是他哥哥带他来的。现在他过来喝酒,只是说这边比较近,而且环境比较好,适合跟人聊天。他还说,现在天太冷,

---

[1]〔法〕莫里斯·哈布瓦赫:《论集体记忆》,毕然、郭金华译,上海人民出版社,2002 年。

来的人不是很多，如果等到天热的时候，他们邻近村里人，很多都喜欢每天都过来喝咖啡、打麻将、打牌。他们都不是刻意过来喝咖啡，只是闲下来就过来喝点酒、聊聊天什么的。

"二对咖啡"的口味变化也是适应"本地人"增加的现实而转变。前面已经讲到，过去"二对咖啡"的咖啡是不放糖的，"苦"是老一辈"农场人"喝咖啡的特色。但是，今天"二对咖啡"的冰美式咖啡杯子里面总是糖多到无法溶解，呈小结晶体悬浮在杯子底。这主要是为了适应"本地人"对咖啡的偏好。

"本地人"L先生说的话代表了大多数人的心理：

> 现在二对的咖啡好喝一些了，以前去喝的时候非常难喝，很苦的。[1]

在对于咖啡口味的追求上，"农场人"和"本地人"走上了"苦"与"甜"的两个极端。"本地人"喝的咖啡一大特点是"甜"，另一特点则是"冰"。一般而言，现在宾川"咖啡店"里默认的咖啡都是全糖咖啡，甚至比一般而言的"全糖"还要更甜一些。当问及这里的咖啡味道是否正宗时，"本地人"则时常手握"风花雪月"啤酒或是一杯奶茶又或是一杯全糖的冰美式介绍起本地的招牌咖啡店"二对咖啡"，以及这里的美式咖啡是多么正宗。

作为"本地人"来说，喝咖啡是一种时尚，是一种社交，甚至是一种狂欢。正如H先生所述：

> 也不是所有人都有钱的嘛，这里（咖啡店）也算是娱乐性

---

[1] 资料由2020年7月23日田野笔记整理而成。

场所吧，相较于KTV什么的消费也是要低得多，但也不是所有人都能够（有钱）天天来。（现在）他们有时候来这里过生日，一家人带着孩子给孩子过生日，就是摆个蛋糕也不是说来喝咖啡。（现在）到过年的时候，那些小年轻有不少会拿着刚刚拿到的压岁钱过来跟一帮朋友一起花钱。去年有个孩子还拿着钱跟我说："老板，你知道我收了多少钱吗？200块钱一个红包啊！"他跟着几个朋友就在这里待到挺晚。那天是大年三十啊，基本上每次过年都有个三四桌人，全都是年轻人。[1]

咖啡这种消费符号在"本地人"那里被简单化了，在"本地人"眼里，咖啡的消费符号似乎仅仅存在于其上的"时髦"和"西方新鲜事物"的标签。咖啡的苦涩味道时至今日在宾川"本地人"对于咖啡的消费过程中依旧是一个减分项，只是在华侨农场时期，咖啡给那时的宾川"本地人"，尤其是宾川本地年轻人所带来的新鲜感和时髦感在心理上能够提供满足的效用要更高而已。

虽然"本地人"喝咖啡只是一种模仿性消费、时尚性消费，但是，因为它们模仿着"农场人"喝咖啡、经营咖啡店，这一市场行为，却在不经意地抹去"农场人"和"本地人"曾经存在的身份差异和社会区隔：农场人不再高高在上、拥有特权，今天他们与宾川"本地人"一样，做小生意，经营谋生，他们的经济地位和社会地位上都是平等的，"本地人"曾经的"羡慕嫉妒恨"也释然了。"农场人"开的咖啡店成为宾川一大名片，吸引了"本地人"常常去消费。对顾客和气的生意经，让曾经不太愿意和"本地人"打交道的"农场人"转变态度，开始平和友好地接纳"本地人"。越来越多的"本地人"

---

[1] 资料由2019年12月19日对H先生（60年代生人，男，汉族、印度混血）访谈整理而成。

到"农场人"开的咖啡店消费,曾经"农场人"专属的消费场域已经成为一个开放的、包容的空间。"农场人""本地人"的文化融合已然通过"喝咖啡"得以实现。

(三)喝咖啡的外地人

有趣的是,近年来宾川的咖啡消费又有了一些新的变化。过去在"二对咖啡"消费时,可以通过消费者是否点了特色咖啡(不加糖或少糖)来判断消费者的身份是不是"农场人",但如今咖啡的消费者却完全颠倒了过来。现如今在"二对"里看到有人点了"二对"特色咖啡,这位便有很大概率是一名"外地人"。越来越多的"外地人"来到宾川喝咖啡,成为咖啡消费群体的重要组成部分。来宾川喝咖啡的"外地人"主要有三类:

1. 外地商人

宾川是云南最具有特色的农业开发潜力的"热区"之一,宾川规模化水果经济在云南具有领军地位,早期有柑橘的生产,近期有葡萄,其产销量在全国水果批发市场有一定的地位。在宾川,常年有很多外地客商到这里收购水果。

外地商人们会在宾川当地的诸如葡萄、柑橘等主要经济作物上市之前,到宾川县看看当年上市的水果质量,并下一些订单。由于每年水果质量还是有些许不同,不同种植户每年产出的水果质量和产量也不尽相同。这一采购过程需要采购者们自行前往不同种植户处去实际调查,往往一家采购者需要前往多家种植户,同样的一家种植户的水果也会销售给多位采购者。在这样的交易前的准备过程中,交易双方都需要频繁多次地与不同的对象进行接触。

进行水果生意洽谈,咖啡店是一个很好的选择。咖啡店相较于餐厅更加方便、快捷且便宜,很好地满足了交易双方的需求。在咖啡店里，人们可以很快地消费完咖啡饮料，整个过程在半个小时左右，而不像在餐厅吃饭动辄几个小时。而且交易双方并不能够确定每一单生意就一定能谈成，如果请每一位采购者都去吃一顿饭，对种植户来说经济上也是一笔不小的开销。对于本地农产品经营者来说，"二对咖啡"是一个可以谈生意的体面地方，既具有宾川本地特色，而且单次咖啡店的消费又比较经济。

2. 货车司机

大规模的水果种植销售，也催生了红火的长途运输生意。开长途货车的司机也喜欢喝杯冰咖啡消暑解乏。

H老板所述：

> 到天气热的时候店里的人就非常的多了，其中很大一部分客人是开大车跑长途运货的司机，这些司机每次冰咖啡能喝好几杯，主要是为了开车的时候提神。

H老板提到，尤其是从昆明来的路过宾川的一些大车司机，总会选择在宾川歇息时找一家咖啡店坐下来喝咖啡。其一是宾川本地的咖啡非常便宜，一杯冰咖啡只需要8元就可以买得到，价格上的优势使得宾川咖啡的受众在很大程度上被扩大化。在田野调查中曾遇到两个20多岁女子，穿着打扮很像城里人。这两个女子开着一辆挂祥云县牌照的汽车，是来这里办事的。她们两个都是下关人。其中一个人说，在2005年的时候，她就曾经过来喝过。那个时候一杯咖啡是5块钱。这么多年，"二对咖啡"的咖啡都是一个味儿，非常好喝，而且也不是很贵，大家都消费得起。

3. 普通游客

宾川有著名的佛教名山鸡足山。鸡足山是知名景点，无论是吃住都比宾川县城贵得多。由于宾川县城离鸡足山并不远,而且有专门的巴士从宾川县客运站到鸡足山,不少外地人到鸡足山旅游,一般都会到县城里小住,有些游客就会在旅游指南或者是在常见的消费点评网站的引导下到宾川的咖啡店喝咖啡。在鸡足山的田野调查中,曾有两位南京的游客和两位浙江省丽水市遂昌县的游客都表示自己在宾川县喝到了"二对"的咖啡,而且并不是在到了宾川县之后才发现的"二对咖啡"并顺道消费,而是在来之前就已经在网上看到了"二对咖啡"的相关信息,并计划好路过宾川县城的时候要去"二对咖啡"打卡。在"外地人"看来,到一个旅游景点,前往网红咖啡店喝杯咖啡,在咖啡消费过程中还往往伴随着掏出手机对自己的消费行为进行记录和分享,这就是他们的乐趣所在。他们在从网上了解到"二对咖啡"到实际前往"二对咖啡"消费并打卡的过程中,"农场人"的咖啡又得以进行了其作为"地方特产"的符号消费过程,与之前"农场人"在特定场域下的咖啡消费以及其所提供的"满足感"显然完全不同。

(四)进一步的讨论

咖啡作为"农场人"集体记忆的载体,其物质层面在被"农场人"消费中很容易地唤起其在国外生产生活的记忆以及作为"农场人"的集体记忆。咖啡店既是咖啡的消费场所,同时也是社交场所,在咖啡的消费"场域"下,"农场人"又进一步加速了其华侨农场内新的社会关系的构建。咖啡消费进入"本地人"的消费之中,这与文化模仿行为有关。这一部分"本地人"或者在经济上相较于其他"本地人"有一定的优势,或在其社会关系中与"农场人""走得更近"。他们能够更好地进入"农场人"所营造的带有符号意义的消费品以及其他诸如衣着打扮、娱乐活动等象征物品和具有象征意义的活动中。在诸如咖啡等具有"农场人"符号的商品消费过程和生活方式的参与过程中，这一部分"本地人"的一般消费活动和文化模仿过程也相较于其他"本地人"更为完整。因而在这样的对于超过消费品本身的使用价值的消费过程中，"农场人"获得的心理上的满足感，同样也被这一部分在消费和文化模仿过程中更有实践性和策略性的"本地人"所获得。

也许因为有了咖啡消费这一介质的联通，昔日对立的"农场人"和"本地人"，今天也都以另一种视角看待自我和看待他者。在田野调查中，有相当一部分"本地人"非常愿意分享他们与"农场人"及华侨农场有关的事情和看法，他们中的一些人甚至能叙述出"农场人"在华侨农场内生产生活的一些细节，诸如某某"农场人"在哪个小学读书，跟哪几位"农场人"是同学。在谈及"农场人"在华侨农场划归县治之后的"农场人"诸多实际困境问题时，他们还表现出对"农场人"善意的同情。而曾经优越感爆满的"农场人"在经历了市场经济洗礼之后，能以一种平视的眼光去看待"本地人"，在经济活动中主动交往本地人，共享经济活动中的双赢。

"咖啡"这种"舶来品"在进入宾川之初就带有"异文化"影子。即使是"咖啡"在作为提供使用价值的一般消费品的阶段，"咖啡"的消费过程对于"本地人"来说就已经是一种不同的"消费习惯"，而且这种"消费习惯"对于当时的人们来说是一种更加"新鲜""时髦"、更加"西方化"的"消费习惯"。而"咖啡"的消费也仅仅是"农场人"带来的诸多"消费习惯"中的一个组成部分。也正是因为这一系列特征，不同的"消费习惯"对当时的一部分"本地人"尤其是年轻人群体产生了较大的吸引力，并且为其一系列的文化学习、文化模仿以及对于"农场人"所营造的"场域"的不断尝试入场行为提供了动力。

在一部分"本地人"实现某些特定的诸如喝咖啡等方面的消费行为模仿的同时，这些"本地人"也在潜移默化中学习和接受"农场人"这一群体，社群边界在逐渐消融。同时，在这种由特殊"消费习惯"所引导的"本地人"对于这一"消费习惯"的学习和接纳过程中，实际上也实现了消费文化的传播。区别于一般"本地人"在日常生活中更加节俭的消费行为，这一部分接受"农场人"消费文化的"本地人"则相对有着更大的开销。这种开销的放大导致了两方面的结果，一部分"本地人"选择到邻近县市例如大理、祥云等地打工，又或者为"本地人"以及"农场人"的日常生产以及婚丧嫁娶等提供劳务以换取报酬。而另一部分"本地人"则倾向于"更加节俭"，通过省钱来攒钱并实现某一次特殊场景下的爆发式消费。

由此可见，随着以"农场人"自我认同为内核的咖啡消费，经历从一般消费品的使用价值向符号价值消费，一部分"本地人"也在这种商品消费中实现了对于"农场人"消费文化以及"消费观念"上的模仿与学习。在这样的文化产品的消费以及文化的学习和模仿过程中，一部分"本地人"又进一步参与到"农场人"的生产活动并实现了两个群体之间更进一步交流交融。在这样的过程之中，"农场人"和"本地人"两个群体之间的区隔（区分）逐渐淡化，两个群体的身份边界也逐渐模糊，并最终在"本地人"和"农场人"之间实现了文化适应及社会融合。

在农场改制后，"农场人"群体面临被瓦解、离散的困境中，咖啡适时出现在"农场人"生活中，参与了"农场人"社会关系聚合与重构的过程。但是，市场经济具有的开放性、流动性，使咖啡这一符号消费构建起来的"农场人"聚合并没有长久，其勾引的历史记忆也昙花一现，更多的是被越来越多参与咖啡消费的"本地人"和"外地人"所溶解，最终走向了"农场人"与"本地人"的融合。

结语

由于20世纪60年代到70年代末南亚、东南亚等地政治局势动荡等原因,大量常年以及世代旅居国外的华侨成为归侨回到中国。为解决这一归侨群体的生计问题,中国政府在云南建造了数个华侨农场安置归侨,同时为其提供诸如食堂、医院、小学、中学、派出所、邮局、储蓄所等社会服务机构。宾川县的三个华侨农场就是这些华侨农场之一。华侨农场为"农场人"提供生产和生活场所的同时,也为"农场人"在回国后的身份构建提供了制度安排和社会场域,促成了"农场人"的共同体构成。但是在"农场人"共同体和社会关系的构建过程中,由于制度上、经济上、文化上的差异以及缺乏交融条件,导致了"农场人"和"本地人"产生了明显区隔。不仅是在生产活动中的角色同"本地人"农民有区别,"农场人"在文化上同"本地人"之间也有较大区别。"农场人"与"本地人"之间的区分与边界既是国家制度安排所形成的,更是一种文化上的边界。在宾川的"农场人",特别地采用咖啡这一带有极强的异文化色彩的消费活动来表达这一边界。

在华侨农场内生产生活的"农场人"一大特点是"有规律",生产活动以及就餐、上学、就医等都有一套相对固定的流程。但是,华侨农场体制改革打破了"有规律"的"农场人"生产生活,一部分"农场人"开始了对于农业生产活动之外的经济活动的尝试。在一系列诸如小卖店、小吃、运输等多方面多行业的尝试中,咖啡作为一种具有"农场人"符号意义的象征消费品从归侨群体的个体偏好中脱颖而出。伴随着咖啡从一般咖啡饮料消费品向消费符号的演变,为处于离散状态的"农场人"在"二对咖啡"这一小咖啡馆里通过喝咖啡寻找属于他们辉煌时代的集体记忆。

由于市场经济的发展,特别是咖啡作为一种商品在经营方面必须保持的开放性，使咖啡消费逐步从"农场人"专属向更为广泛的"本地人"传递，并且通过"农场人"在维持"场域"和与"本地人"打破区隔的过程中出现了不断"编码"和"译码"循环，使得"本地人"得以在消费文化的学习和符号消费过程中快速和大量地了解和学习外部文化和信息，最终导致"农场人"与"本地人"之间的区隔（区分）逐渐减小，并进入一种文化"适应"状态。

随着以咖啡为代表的"农场人"自我认同组成部分的消费品经历从一般消费品的使用价值到成为符号价值消费，一部分"本地人"也在这种商品的消费形式的转变过程中完成了从对带有"舶来品"标签的一般消费品的消费转变到对符号价值的消费，并实现了对于"农场人"消费文化以及"消费观念"上的模仿与学习。在这样的文化产品的消费以及文化的学习和模仿过程中，一部分"本地人"又在局部参与到"农场人"的生产活动中并实现了跨越"农场人"身份阻碍而进行的两个群体之间交流。社会关系形成过程中形成的"农场人"身份优势进入了加速消失的过程。"农场人"需要面对在市场经济活动中必须与"本地人"全方位交往或接触，"本地人"也因为在市场经济活动中收入的增加不再仰视"农场人"，可以以一种更加平和的心态来看待"农场人"并与之增加交往。在这样的过程中，"农场人"和"本地人"两个群体之间的区隔（区分）逐渐淡化，两个群体的身份边界也逐渐模糊，并最终在"本地人"和"农场人"之间一定程度上通过咖啡店这一文化消费实现了文化适应及社会融合。

如今，"农场人"只是一个曾经的群体，喝咖啡的"农场人"也日渐减少，随之而来的是越来越多的"本地人"和"外地人"在宾川喝咖啡，宾川的咖啡店生意异常火爆，竞争也日趋白热化。在这一过程中，我们看到了咖啡文化的在地化发展，更看到了外来文化与本地文化的融合，这是令人欣喜的变化，是一种社会的进步。

那柯里村：乡村旅游经济发展中社会关系变化与社会资本形成研究

作　　者：赵晓丽

　　　　　云南大学民族学与社会学学院 2016 级中国少数民族经济专业硕士研究生

指导教师：张锦鹏

本文主要探讨旅游经济发展中，社会关系的变化以及社会关系逐步变成一种社会资本的研究，为此选取了云南宁洱县的一个民族村寨——那柯里作为田野点。位于路边的那柯里，交通便利，是著名"茶马古道"上一个重要的停靠点，同时不同的道路也对那柯里的经济形态产生了较大影响。2008年，作为"茶马驿站"的那柯里被外面的人所熟知，越来越多游客的到来不仅使得村民收入增加，也对该地村民的社会关系产生了较大影响。

通过田野调查和资料分析，笔者发现旅游经济的发展给那柯里传统社会关系（主要包括家庭关系、邻里关系等）带来了新的挑战，如家庭关系中出现了新内容的同时掺杂了较多的利益因素，邻里关系朝着更加理性的方向发展。这些社会关系的变化主要由于旅游开发后，那柯里村人、地关系的改变、村民生计方式的变化以及人口流动频繁等因素造成的。此外，旅游经济和地方政策也重组了当地的财富和资源分配，外来游客和投资者的涌入也使当地的社会关系更加复杂化。

影响社会关系的因素较为复杂，旅游开发不是影响那柯里村社会关系变化的唯一因素，但旅游开发后那柯里村社会关系变化较为明显。面对社会关系的变化那柯里村民并不是被动接受，而是积极采取诸如与游客交朋友扩大客户群、利用政治资本获取经济资源、吸引外来投资者形成新的社会关系等多种策略，来应对新的经济形势，并从中获取经济利益。由此可见，旅游经济与社会关系二者之间是一种双向互动关系，旅游经济会改变和影响传统的社会关系，但人们也会通过重组社会关系、形成新的社会资本来发展旅游经济。

导论

在研究生期间，我很幸运地参与到张锦鹏教授主持的国家社科基金一般项目《道路变迁对边疆少数民族影响研究：以路边村寨那柯里为例》中，这一机遇让我重新连接起与农家乐的缘分。2017年7月份，我在张锦鹏教授的带领下来到宁洱县那柯里村，第一次真正走进了那柯里。其实在田野之前我就开始收集与那柯里村相关的资料，并得知这是一个兴起于明清时期的马帮道路时代，2007年地震之后，政府在灾后重建中引导村民发展乡村旅游的民族村寨。到了那柯里之后，我切切实实地参与到了那柯里的旅游经济中：住在村民经营的客栈中，体验村民精心打造的农家乐，吃那柯里特色的"马帮菜"，甚至为村民如何吸引游客出主意等。在我后来的研究中，我发现那柯里村旅游开发的主要模式是村民经营农家乐，这个村一半的村民都在经营农家乐。在为期10天的田野调查中，我渐渐发现，村里传统人际关系的转型与旅游开发后村民经营农家乐关系密切。

由于这个问题引起了我的研究兴趣，因此在调研的时候我就聚焦在乡村旅游发展之后村民经济行为及社会关系的变化。在与村里的杨阿姨（农家乐经营者）一起去山上摘"扫把茶"、摘橄榄来村里的"商业街"摆摊卖的过程中，我体会到这既是旅游开发之后那柯里村民生计方式的变化，也是村民对旅游经济参与度提高的体现。在与杨阿姨一起劳动的过程中，我也了解到农家乐的经营情况以及经营过程中"回头客"及社会关系对于农家乐经营的重要性。

导师建议我以此为主题对那柯里村不同时期的社会关系进行研究。乡村旅游开发后那柯里村的社会关系到底发生了何种变化，又是什么因素导致村民经营农家乐，农家乐经营背后每个家庭、整个村落的关系又发生了什么变化，经济利益的驱使和资源的博弈对人际关系产生什么影响,以及人际关系网对村民农家乐经营状况的影响等。想起小时候的经历,加上张老师的建议和自身的兴趣,人际关系对农家乐的影响便成了我论文的主题。

就研究意义而言,不同的生计方式与社会环境可能会影响到地方的社会关系。面对外在条件的变化,当地村民如何从灾难中走出来并且抓住机会来发展自身?这个问题在笔者看来有研究的必要。作为一个历史古村寨,那柯里村无疑抓住了时代发展的脉络,即通过发展乡村旅游来发展地方经济。那么,旅游经济的发展模式又会对当地的社会关系产生什么影响?当地村民所拥有的经济资本如何相互糅合共同作用于那柯里村的经济发展,村民又是如何通过社会关系为自身争取社会资本来获得经济效益?本文以上述问题为导向,立足于那柯里村的社会现实,从社会关系的角度出发,将其作为一种社会资本,对以个人、家庭、村落为基础的关系网络的变化对乡村的经济活动的影响进行研究,将乡村旅游的发展经验提升到理论层次。

其次,对中国乡村社会的研究是认识和理解中国的关键所在,而乡村旅游开发作为一种新的经济发展方式,不仅将古老的经济融入现代经济发展之中,而且改变了农民的日常生活方式、人与人之间的关系。乡村旅游的开发和农家乐的经营,为乡村带去经济、社会、文化资本的同时,使乡村传统的人际关系发生转型,这种转型使乡村社会更具有开放性、异质性和市场性特征,因此社会关系也成了学术界理解乡村社会结构的重要切入点。

一、"茶马驿站"那柯里

（一）那柯里的基本情况

1. 自然条件

云南省普洱市宁洱哈尼族彝族自治县同心镇那柯里村是一个行政村落。从词源上考察，"那柯里"为傣语发音，"那"为田，"柯"为桥，"里"为好，因此那柯里指的便是桥旁的好田地，由村名发音也可看出村落形成之初的那柯里村是一个傣族村寨。据村里老人说很久以前那柯里叫"马哭里"，因为在这里马要蹚水，而水太冷了，连马都开始哭泣，由此得名。那柯里村位于两山之间，前方沿磨思公路以南北方向延伸，磨思公路的东边是用绿色隔音板把那柯里隔绝在外的昆曼高速公路。在两路中间有一条宽15—20米的河流，与其两边的高速公路大致平行，已经废弃的旧213国道盘旋在村子后方的半山腰上，静静地见证着这个小村庄的历史更替。

新中国成立前，那柯里属关哨汛塘要地，清朝光绪年间称"那柯里塘"，设兵6名，归中营左哨头司把总管辖。如今那柯里行政村下辖10余个村小组，分别是那柯里组、扎捌寨组、打磨寨组、抛竹林组、老魏寨组、大平掌组、壮山田组、纸厂组、扎六寨组、老普山组、老王寨组、团山组、中良子组、大山组等。截至笔者调研时村寨总人口为1704人，男性876人，女性828人，男女比例基本持平，其中劳动人口1371人。本文所说的那柯里村小组，有农户69户267人，东邻同心村，南邻富强村，西邻普洱市，北邻漫海村，地处东经100°59′—101°02′、北纬22°53′—22°54′之间，距离宁洱县城22千米，距离普洱市（原思茅）24千米。2017年农民人均可支配收入10261元，经济收入主要以茶叶、养殖业和餐饮业为主，硬化主路1条2100米，硬化串户路2条1000米，公厕4座，安装太阳能灯 25 盏。如今的那柯里村保留有属县级文物保护单位的那柯里段茶马古道和拥有百年历史的荣发马店、那柯里风雨桥等。

2. 人文环境

历史上的那柯里在村落形成之初只有五六户人家，分别为赵家、高家、张家、李家等，其中李家和高家是村里最大的马店和客栈（村里人称人店）的经营者。那柯里是一个少数民族村寨，主要有彝族、哈尼族、傣族、白族等民族居住。尽管在平常的生产活动中很难体验到浓厚的彝族和哈尼族风情和生活氛围，但在生产方式及民族风俗上面仍然能看到民族痕迹，如在重大的庆典上他们仍然会身着盛装，以舞蹈及歌声等形式向世人展示着他们的民族风采。

这个路边的民族村寨凭借着自身的地理区位优势、历史时期"马帮驿站"和国家开发"昆曼高速沿线特色村寨"的文化优势，开始修建属于自身发展的"文化之路"。这个具有"唱响中央电视台《马帮情歌》的诞生地""古普洱府茶马古道上的重要驿站"等多种称号的小村庄，在乡村旅游的开发中正在发生着翻天覆地的变化。

（二）旅游开发前的生计经济

本文的田野点那柯里村可以说是一个"因路而生"的村庄，不同时期的那柯里都被不同的道路所影响，其中最为显著的就是对村民生计方式和村落经济发展的影响。村落形成之初至昆洛公路的开通（1958 年），作为马帮中转站的那柯里被纳入古道商业网络中；公路开通后马帮逐渐退出历史舞台，那柯里进入了汽车旅馆时代（1958—2008 年），从事服务行业的村民逐渐增多，为旅游开发后村民积极参与旅游经济奠定了基础。因此本节主要就是对旅游开发之前那柯里村民所经营的马店和汽车旅馆进行分析，马帮和马店是那柯里旅游开发的文化基础，而汽车旅馆在某种程度上可以说是旅游开发后农家乐的前身，因此对二者的介绍有助于对那柯里经济发展的理解。

1. 马帮中转站时期

（1）马帮中转站那柯里村的形成

在地理上，滇西南地区山高路远，交通不便。为了通货往来，古时的人们在山间崖侧修筑出了一条供马帮通行的马帮道路，即现在被我们所熟知的茶马古道。该古道以滇藏川三角地带为中心、以茶马互市为主要商业行为基本特征，并伸向中国内地、印度、东南亚。[1] 长期以来，普洱府辖区内的思茅、勐海、景洪等地盛产品质优良的大叶茶，这种茶叶通过古道行销海内外。尽管早期文献记载中鲜有提及云南是茶的原生地，但是"行走在茶马古道上的马帮知道茶马古道伸向的主要茶山一定是最古老的茶山，一定有茶源。在两条最为古老的原生茶马古道中，滇藏茶马古道伸向云南普洱一带，川藏茶马古道伸向四川雅安一带"。[2] 因此从普洱府向南延伸有勐腊茶道、旱季茶马道和江莱茶马道三条古道；从普洱府向西延伸有滇藏茶马大道，路线为普洱→景东→大理→丽江→中甸→德钦→西藏芒康→拉萨。从普洱府向北延伸的是官马大道，以运输贡茶为主。这条线路从勐海、景洪出发，经过思茅→普洱→墨江→玉溪→昆明→曲靖（或昭通），然后出省转运到北京。由上所述，那柯里位于茶马古道起点普洱府的核心区域，古道的数条线路均在此交汇，从中央政府到被西方殖民的东南亚，各地区的经济、文化通过这条通道交流、传播、碰撞、融合。解乐三先生曾撰文介绍："1911 至 1932 年为马帮极盛时代……公路未通以前，云南马帮总计不下一万头牲口，

---

1 木霁弘、陈保亚：《滇藏川大三角探秘》，云南大学出版社，1992 年。
2 陈保亚、彭玉娟等：《走进银生诸茶山：探索滇藏茶马古道延伸的奥秘》，《科学中国人》2012 年第 12 期。

为城乡物资交流、繁荣经济、扩大市场起到了很大的作用"。[1]云南茶马古道那柯里路段遗址，位于那柯里村至思茅区坡脚，是古普洱府至思茅的古驿道，全长共4.377千米，元、明、清时此驿道用人工打制条石和砾石铺成，路面宽1.5—2米，有石台阶盘旋而上，是古代直至20世纪50年代滇南地区北上普洱府（今宁洱县）—昆明—北京，南下思茅（今普洱市）—景洪—打洛—东南亚各国的古茶马古道，属"关、哨、汛、塘"之要地。清光绪时期称那柯里塘，设兵6名，归中营左哨头司把总管辖，2005年5月，宁洱哈尼族彝族自治县人民政府公布为县级文物保护单位，2013年3月国务院公布为全国重点保护单位。[2]

那柯里村地处滇西南通往昆明及通向内地的主干道，也是滇西南通往缅甸、老挝等东南亚国家道路的必经之地。最初的那柯里并没有村寨，当时马帮在古道上运输普洱茶，从普洱到思茅需两天路程，那柯里大约位于两地中间，在那柯里停歇一宿正好适合。加之那柯里向南要接连翻越几座高山才能到达思茅，马帮队伍在那柯里停歇休整一晚，第二天一鼓作气方能顺利抵达思茅。[3]因此便形成了那柯里这个规模不大的"马帮驿站"的雏形。当时散居在那柯里的几户山民为马帮队伍提供停歇住宿之需，后来一些外地人也陆续迁居至此，于是一个小村落应运而生。

马帮时期（村寨形成之初至昆洛公路开通），村中有三户人家经营马店（以马匹给养为主）和人店（以人的住宿为主），双方之间会通过易货各取所需。正如著名史学家方国瑜先生在《云南史料目录

---

[1] 解乐三：《云南马帮运输概况》，《云南文史资料选辑》第9辑，第230页。
[2] 资料来源：那柯里村景区介绍公告牌拍摄，2018年1月。
[3] 张锦鹏、高孟然：《从生死相依到渐被离弃：云南昆曼公路沿线那柯里村的路人类学研究》，《云南社会科学》2015年第4期。

概说》中所指出的"甲部落与乙部落之间有通道,乙部落与丙部落之间有通道,丙与丁,丁与……之间亦有通道递相联络,而成为长距离之交通线。"[1]来往的马帮队伍让这个小村庄颇有生气,这个朴素的小村庄也因其地理位置开始被纳入古道的商业网络之中。

（2）马店经营

马帮时期,那柯里有荣发马店和赵家马店（规模较小）。马店本质上是客栈,但是与普通客栈之间最大的差别就是除了为赶马人提供服务之外,还要为马匹服务。那柯里村最早的荣发马店始建于1831年（道光年间）,至今已有近200年的历史,是茶马古道沿线保存较为完好的马店。马帮时期的荣发马店建筑风格全为土木中式建筑,正房为二层楼房,正房前有厢房（三间平房）,左边是一个规模较大的四合院马圈,两个四合院中为一矮墙所隔断。李家接手经营马店后不久,一个官员下榻此店,见无名店,并取爷爷李DR的荣字题名"荣发马店",李DR去世后由其子李FQ（今荣发马店店主李TL的爷爷）经营,当时的荣发马店能一次容纳100匹马,是村中规模最大的马店。

村中除了马店外还有人店,人店和马店最大的区别就是人店不提供马歇脚的地方（马圈和马料）,只能住人。而只有能同时接待不少于40匹马和相应马锅头的店才能够开"马店"。马帮时期除了由马或骡子进行买卖交易的队伍之外,在古道上还有用肩挑进行买卖交易的人,叫"挑挑",接待老挑挑的店即为"人店"。那柯里村最典型的"人店"就是高家,一般情况下赶马的人不会去住"人店","挑挑"也不会到马店去住宿。

马帮时期只有高家经营人店。高老庄的李奶奶如今已经87岁,出生在大户人家,后来从邻村嫁到那柯里高家。嫁入夫家后她就帮

---

[1] 方国瑜：《云南史料目录概说》,中国标准出版社,1984年。

着夫家打理人店。由于各方面条件的限制，高家只有一间专门为来往的苦力、"挑挑"准备的房间。住客多时才会腾出楼上的房间，最多每晚可住七至八人。住店的基本都是过往驿站的苦力，经济条件也有限，没有太多钱好吃好喝，因此对吃住条件要求较低，吃的主要以青菜白菜为主。价格主要由高家定，具体的收费标准为：一个青菜四五分钱，人多时吃四五个菜，住宿一人一晚收一两毫的半开钱（两毫钱在当时能买一两斤大米），[1]有的也收一角二角。住人店的一般早上很早就要出发，所以店主很早就要给客人们准备早饭，同时还要兼顾农活。高家人店面积较小，可供居住的客人并不多，但因来往客流量较大，因而保证了生意能长期维持下去。

（3）马帮时期的社会交往

①外来者与村民

那柯里最初的村民关系结构，主要是以各种血缘亲疏关系集结而成的，彼此之间都是亲戚，因此没有哪一个家庭是单独孤立的，亲属关系和日常交往互动使村民彼此之间联系紧密。尽管那柯里村在村落形成初期便不断有马帮路过，但只有经营马店或人店的人家才会和马帮有经济往来。至于村里其他以务农为生的村民，他们几乎不与或很少与外来者有往来。

根据格兰诺维特提出的衡量人与人之间连带的强弱程度的四个因素"认识时间的长短、互动的频率、亲密性（相互倾诉的内容）以及互惠性服务的内容"[2]来看，马帮时期那柯里村民的社会关系具有极强的相似性，即所谓的强关系，同时也验证了他所说的强关系主要存在于社会经济特征相似的个体之间的说法。只有少部分的马店

---

[1] 毫：一种货币单位，云南的半开银圆，即清政府所批准的银铸币中的2号银圆，每两枚抵一枚1号银圆使用，最初由湖北传入。
[2] 马克·格兰诺维特：《镶嵌：社会网与经济行动》，罗家德译，社会科学文献出版社，2007年。

经营者，依靠自身所拥有的稀缺资源和特殊的社会关系，从马帮手中获取一些生活用品，慢慢地在人与物的流动中，积累了大量的经济资本和社会资本。

②马店经营者与村民

费孝通的"差序格局"理论从一种宏观的社会结构和微观的家庭关系角度对中国社会十分重视关系的传统做了分析，指出中国传统的社会关系是由"家"到"小家族"再到"外人"的格局，这样的格局也说明当人们遇到困难时更有可能，也更愿意向家人和亲属求得帮助，然后才是非亲属、外人，关系由强及弱。[1]最早的荣发马店能容纳80匹马，如此大规模的马店仅凭自家人打理是不够的，因此需要请人帮忙。由于村内人口稀少，李家便会请亲戚过来帮忙。当问到为什么不请村里人来帮忙时，李TL说当时村里的人家少，要忙农活，要帮忙也只能是临时的帮忙，找亲戚的话可以长期帮忙，给他们支付点钱，也算是亲戚之间的相互帮扶。

除了李家，经营马店的赵家也同样会请亲戚帮忙。马帮时期赵家田多人少，为了更好地经营马店，赵家便会请一些长工来家里帮忙（长工是一年四季都给雇主家帮忙的）。雇主家要为长工提供吃住和衣服（衣服鞋子帽子），工钱一般是年底结算，但结算不一定是以钱的方式，有时会为长工提供粮食（如三担两担的谷子），因为长工一年的酬劳需要养活自家人。有些长工是自己找到他家的，但是也有很多长工是自己请亲戚过来帮忙。老赵家给长工发工资每月也不固定，特别能干的支付的酬金就相对多。那时候村里请长工的没有几家，除了长工，还有短工，农忙的时候会请短工帮忙，一般的短工工作时间只有一两天，提供食宿，给点工钱。

---

[1] 费孝通：《乡土中国》，北京大学出版社，1998年，第26—30页。

"在亲密的血缘社会中商业是不能存在的,这并不是说这种社会不会发生交易,而是说他们的交易是以人情来维持的,是相互馈赠的方式,实质上馈赠和贸易都是有无相通的,只是清算方式上有差别"。[1] 由此可以看出,马帮时期那柯里村民的社会关系主要以亲密的血缘关系为主,以人情往来、相互馈赠的清算方式的开始嵌入当地的马店经营活动中。马店经营者不可能请一些自己信不过的人来帮助自己经营和打理马店,信任是双方合作的基础,因此也说明马帮时期那柯里村亲戚之间有较强的信任机制,按照村里人的说法就是"肥水不流外人田",这是那柯里村社会关系的原初状态。

2. 公路边的食宿店时期

(1)高速公路的修建

1958年10月1日,全长158.44千米的昆洛公路(旧213国道)支线勐养至勐腊公路通车,技术标准为六级公路,昆洛公路是新中国成立之初规划修建的一条起自昆明,经玉溪、元江、普洱、思茅、景洪(原名车里)、勐海(佛海),止于中缅交界打洛的公路,是一条连接云南和东南亚各国的通道。随着昆洛公路的通车,马帮逐渐退出历史舞台。20世纪80年代开始,中国进入改革开放时代,"要想富,先修路"的口号激发着各地兴修道路的热潮。最明显的反应出现于道路修建过程。为了改变昆洛公路道路等级低、行程时间长等问题,磨思二级公路的修建被云南省交通部门提上了议事日程,1997年磨思二级公路通车。磨思公路紧贴那柯里村而过,直接成为那柯里村"我们的路"。磨思公路是距离村子最近的一条公路,也是对村子发展影响最为显著的一条。

---

[1] 费孝通:《乡土中国》,北京大学出版社,1998年,第75—76页。

(2)食宿店的兴起

如果说道路的兴建展现了国家的意志，那么公路经过的村寨不论在公路修建还是通车过程都会表现出自己的能动性。从马帮时期的古道到发达的高速公路体系，体现的不仅是社会和经济的发展，更是对所经过地区村民的思想、生活方式、社会观念的冲击和碰撞。昆洛公路的修建，实现了人与物的快速流动，那柯里开始进入"传统"与"现代"交接的发展时期，具有新时代标志的昆洛公路在距离村寨半千米的地方经过，实实在在地影响着村民的生活，公路上行驶的车流量增多，村民知道的新鲜事也逐步增多。

磨思公路的开通不仅是道路等级的提高，车流量增多也使这个路边村寨的区位优势大大提升。川流不息的载货长途大卡车需要沿途停歇休息、吃饭住宿，于是那柯里人又开始重操祖上旧业——只是旧时的马帮食宿店由具有现代色彩的公路边的食宿店所替代。磨思公路修建时政府共向那柯里村民征地82亩，一部分村民因此获利，获得经济资本的累积。这一部分村民利用这些经济资本，沿磨思路修房屋，开旅店饭馆，一时间，十几家食宿店如雨后春笋般兴起。磨思公路的修建使得村庄的空间布局被重新塑造，原本的农田变成了路，村民沿着道路建起了一排排房屋，用来经营汽车旅馆、小卖铺等。

2002年至2007年是沿路生意最繁荣的时期，食宿店经营十分红火，有的甚至成为宁洱县的明星私营企业。随着交通革命的兴起，人们不再依靠传统的自然形成的小径，而是有计划、有目的地修建公路。现代交通带来的是人流、物流、信息流的更大规模流动，同时也是对所经地区人的"改造"。从传统的务农到公路边经营食宿店，生计方式的变迁背后，体现的是那柯里人经济观念的转变，由此也为旅游开发后农家乐的经营奠定了基础。

（三）旅游开发后的"茶马驿站"

随着昆曼高速的开通，与高速公路隔绝的那柯里似乎结束了汽车旅馆时代，但是突如其来的地震又将那柯里推向新的发展舞台，借着灾后重建的契机和固有的文化底蕴，"茶马驿站"那柯里又以崭新的姿态出现了。

1. 灾后重建中被选择的旅游开发

2007年6月3日，宁洱县发生了6.4级强烈地震，造成那柯里村民小组民房倒塌37户、重度损坏4户、一般损坏25户，地震发生后那柯里村民小组在各级政府的领导下开始了震后恢复重建工作。灾后重建工作中政府打造特色民居和新农村建设示范户共46户，恢复重建总投资257.44万元，其中民房恢复重建投资95.94万元，村庄基础设施建设投资161.5万元。[1] 以灾后重建为契机，为改善当地村民生产生活条件和深入挖掘那柯里旅游文化，宁洱县按照"旅游文化活县"的发展战略，基于那柯里村"茶马古道"和"茶马驿站"的历史文化基础，重新定位和打造那柯里村。2008年那柯里开始了乡村旅游开发之路。

"一个民族的自然空间是提供民族成员生存的基础，任何一个民族都必须在此基础之上去构建文化，凭借该文化去获取民族成员生存环境。一个民族生存的自然空间能提供哪些不同种类的动植物资源，在一定程度上规约了该民族经济的发展前景，但是却无力决定该民族利用自然空间的方式，以及经济生活中的消费、交换与生产。"[2] 如果说马帮时期经营马店、人店是村民在该生存环境中一种自然的生计选择，那么现在那柯里凭借古道文化打造旅游景点，可以

---

[1] 资料来源：那柯里村委会提供的那柯里村灾后重建工作报告。
[2] 罗康隆：《论人文环境变迁对民族经济发展的影响——以西南地区为例》，《民族研究》2001年第4期。

说是政府和村民对这种自然空间和文化的一种利用方式。灾后重建、昆曼高速建成通车使得那柯里作为马帮交通要道的身份开始向一种历史符号转变，马帮中转站的身份也向茶马古道上的"驿站"转变，自然空间所带来的文化底蕴让那柯里具有较大的旅游开发优势。

2."茶马驿站"那柯里的全新打造

灾后重建工作基本完成后政府对那柯里的旅游规划正式启动，其中主要包括对那柯里村落的整体规划及农家乐的打造。

2010年8月，政府相关部门完成了《那柯里茶马驿站风情谷》旅游专项规划的编制，其中规划那柯里景区土地面积725亩（其中：核心区133亩，景观协调区592亩），规划拟建项目有：茶马古道遗址博物馆、游客接待中心、名人工作室、烧烤服务区、野外宿营区、田园茶马古道、文化广场、盘山茶马古道、观景台、河道景观治理、沿河茶马古道、景区绿化、景区排水等。景区核心区域：共有农户43户，房子68幢（农户58幢，学校和其他公共建筑10幢）。[1] 政府加大力度对那柯里进行旅游打造，2015年共投入资金334.33万元，对景区道路、停车场、水车、景区栈道等公共设施进行了打造提升，并且开始实施那柯里村农村环境连片综合整治等项目。

对景区有了整体规划后，农家乐的打造是那柯里旅游开发的重点项目，也是让大部分村民参与到其中的主要方法，因此政府也出台了《宁洱县民宿客栈等级评定及管理办法》[2]。利用灾后房屋的重建工作，对民居进行打造，利用自家的住宅，为观光、休闲游客提供住宿、餐饮等，其中客房数量需在3间以上并且不得用于日常自住，政府对达到标准的农户进行相应的补贴。[3] 在政府的支持与鼓励下，

---

[1] 资料来源：同心镇政府提供的《那柯里茶马驿站风情谷专项规划》。
[2] 资料来源：同心镇政府提供的《宁洱县民宿客栈等级评定及管理办法》。
[3] 资料来源：同心镇政府提供的《那柯里茶马驿站风情谷专项规划》。

村民断断续续加入旅游经济中。截至 2018 年底，经营农家乐的村民从 2007 年的 3 户增加至 26 户，其中沿磨思公路分布的最多。其中部分农家乐只提供住宿，或只提供餐饮，有的则住宿餐饮均提供。随着政府对农家乐政策的完善和越来越多村民加入其中，生意的竞争为村民社会关系的变化埋下了种子。

乡村旅游开发后的那柯里，接待以餐饮服务为主，接待高峰一般为黄金周、小长假，游客以市内家庭式自驾游游客居多，作短途旅游及途经那柯里停留观光游览，外来游客中以昆明自驾车游客为主（占 70% 以上），还有相当数量的外省自驾车游客，到普洱、西双版纳旅游，往返经茶马驿站那柯里景区就餐或作参观游览。目前那柯里日均接待量达到 700 余人，每年可实现营业收入 1200 多万元，"茶马驿站"的名字也开始被广大游客所熟知。

在政府的规范化打造之下，那柯里也先后荣获"云南省第二批省级旅游特色村""云南省 30 佳最具魅力村寨"等荣誉，并且成功举办首届泛亚茶马古道马帮文化艺术节、首届泛亚茶马古道国际乡村音乐节、"美丽中国—2015 年丝绸之路旅游年"云南启动仪式等活动。此外中央电视台、云南卫视、云南广电传媒等国内主流媒体都曾深入那柯里观光采风，那柯里对外影响力和推介力不断扩大。

小结

那柯里的发展分为旅游开发前和旅游开发后两个阶段，主要从生计经济变迁的角度，对不同时期的那柯里村的生计方式做了详细的介绍。马帮时期的那柯里村落规模较小，但却是马帮道路上不可缺少的中转站，来来往往的马帮除了马店、人店之外，和其他村民鲜有交集；昆洛公路开通，马帮逐渐退出历史舞台，后又成为磨思二级公路边的汽车停靠站和司机食宿点；2008 年那柯里又因昆曼高速成为"茶马驿站"那柯里的旅游景点被外面的人所熟知。

自古以来就具有优越交通位置的那柯里，不同的道路都是对其全新的塑造，也在"改造"着那柯里的村民，使其经济行为和生计方式都在发生变化。然而历史总在向前推进，也总是会发生让人们意想不到的事。突如其来的地震、政府的灾后重建以及对那柯里旅游发展全新规划，对那柯里村的经济结构与资源配置、社会关系进行了重新洗牌。

二、政府主导下的那柯里村旅游发展

开发旅游是我国农村经济发展的一种良好途径，但是离不开政府的指导与规划，那柯里村亦是如此。本部分主要介绍在政府对那柯里的开发过程的作用：对村落空间的打造和利用，对游览路线的规划以及对"摊位经济"的规划都体现出了政府想让村民最大限度地参与到旅游经济中的目的；但是政府对旅游经济的打造并不是盲目的，而是与互联网大时代背景紧密结合，依据那柯里的文化底蕴和民族风情进行的，文化才是吸引和留住游客的核心内容。

（一）政府主导的开发过程

1.对村落空间的重新打造

灾后重建过程中，政府对那柯里村的居住空间进行了"重新布置"，不仅改变了村民的私人居住空间，也改变了那柯里的公共空间。回顾那柯里村落空间变迁过程，可大致分为两个时间段，即2007年地震搬迁和2013年政府指导的为发展乡村旅游的搬迁。2007年地震搬迁的主要原因是为防止地震后泥石流等次生灾害的发生，政府对所涉及的搬迁户按每个家庭的人口数进行补贴，并且进行统一的房屋式样设计——坡面屋，彩色瓦的砖瓦结构。搬迁户需先自行确定搬迁的位置（通常都是村民出钱买地的），如村中李家，地震发生后搬迁至目前村内鱼塘附近，搬迁时鱼塘附近均为稻田，李家与田地主人家商量后买到了土地。

如果说2007年的村民搬迁是政府对地震后那柯里村的灾后安置，是被动的村民搬迁，那么随后的村民搬迁则是政府为乡村振兴、旅游发展而做出的主动选择。2013年、2014年，政府进一步打造那柯里特色旅游村，不仅有更多的人家主动迁往磨思公路附近，而且部分在2007年地震时期在原址上新建房屋的住户也被要求搬离原来住址。顺着北寨门往北边的农田边走，有一片新建的客栈区，就是于2014年建成的，这里有5家住户，是从村里后山以及土陶体验馆一片搬下来的。这5户人家的征地，与政府进行的旅游开发息息相关，并且得到了较多的征地补偿：政府拆建老住宅的补偿款和每家3万元用于经营客栈的补贴，甚至还得到政府统一购买发放的经营客栈用的电视、柜子、铺盖等。

此外2017年政府开始投资建设那柯里停车区，2018年2月开始动工实施。昆曼高速把村子隔绝在外，而停车区的修建又重新打破隔离，为那柯里带来新的发展契机。停车区与通往南寨门的栈桥相连，通过栈桥，游客可直接进入那柯里村用餐、住宿。此时的那柯里又重新与高速路连接在一起，又面临着更大的发展机遇。

政府对村落空间的重新打造，有限的土地和资源，地理空间的利用率得到了提高、功能性得到了丰富。正如王卫东所说的乡村空间的本质是一种关系空间，正是乡村居民之间及乡村与外部世界的相互作用，推动了乡村空间的演变。[1]在政府的推动下，村民原本的私人空间开始对外开放，住宅变为客房接待游客，居住空间发生了较大变化。

2. 对游览路线的规划

从那柯里村的整体村落布局来看，村里的道路主要有两条，一条是始于村子北寨门直至荣发马店的石板路，这也是村中主要的游览路线。沿着此路能看到瓦渣兄弟、高老庄等游客参观点和农家乐。位于这条主干道尽头的风雨桥，也于2007年进行了翻新。风雨桥是马帮时期商客、马帮的必经之地，也是那柯里村历史发展、兴衰

---

[1] 王卫东：《中国城市居民的社会网络资本与个人资本》，《社会学研究》2006年第3期。

的见证者，因此在政府的指导下，人们为这座位于荣发马店前面的栈桥修建了供游人休息的长凳，搭建了仿古的飞檐棚子，还在两侧挂上了对联，"风雨桥上听风雨，人生路上话人生"，并将其取名为风雨桥。过了风雨桥就是荣发马店（古道陈列馆），古道陈列馆分为上下两层。上层主要介绍茶马古道的历史和展示茶马古道、那柯里马帮驿站深厚的历史底蕴。下层主要是供游客休息和品尝普洱茶的场所，四周围绕的展柜，展示了大量马帮时期的历史图片和马帮用过的文物。政府对该路线进行了统一规划：北寨门—古道溪流—风雨桥—碾子房—荣发马店—古道遗址—马跳石—石心树连心桥—同心亭。

村中的另一条路实则为磨思公路的一部分，因道路提供了方便的出行和大量的人流使得那柯里村民不断往路边迁移，因此磨思公路就成了村民心中"我们的路"，心园、连心桥、乐土、馨香园、老班长等村内的"明星饭店"和农家乐就位于磨思公路边。村子旅游的宣传与打造也以茶马古道文化为主，村中随处可见与"茶马古道文化"相关的店铺名、对联等文化符号，荣发马店的李大爷每天都穿着干净整齐的民族服装，已经成为一个重要的文化符号。在旅游业的发展过程中，那柯里村民不断寻找新的发展思路，村落景观也在旅游开发之下被重新建构。

在政府有方向性和指导性的灾后重建工作中，那柯里村原本"山水—公路—农田—村民"的空间格局开始向"山水—公路—农田—村民—景观设施"转变，不仅整个村容村貌焕然一新，并且按照历史文化旅游的整体思路，完整修复了历史遗迹。那柯里村也结合这一次发展机遇，进一步加大旅游宣传力度，那柯里"茶马驿站"的名声再次变得响亮。

3. 政府打造的"摊位经济"

在村中半务农、半经营农家乐的人家占大多数，还有部分村民因各种原因未能经营农家乐，为了提高村民的参与度和整体经济的发展，政府开始打造"摊贩经济"。从村子北寨门沿着村子主干道走，便可看见路边长廊，长廊里设置了一排商位，长廊由政府向村民租地后修建。2018年政府还在靠近南寨门的路边修了摊位亭，从已经出租的摊位亭来看，主要是未经营农家乐的村民租来卖米线、小吃等。每个月租金200元，一年2400元。摊位所经营的大多是以当地的特色小吃为主，如米糕、荷叶包糯米粑粑、烤猪皮、炸洋芋等。政府这些举动无疑是让尽可能多的村民参与到旅游经济中，尤其是那些没有充足的资金经营农家乐的村民，尽管规模较小，但也能为家庭增加收入。

这部分村民通过摆摊的方式出售当地的土特产品，如香橼、"扫把茶"、土蜂蜜、菠萝蜜、芭蕉、橄榄等，这些原本"不值钱"的东西在旅游开发后变成了那柯里村的特色商品。原本对于村民来说普通的食物如粑粑、米糕、咸菜等，在旅游经济中也变得炙手可热，妇女们的这些小手艺也有了施展的机会，由此可以看出旅游经济对那柯里村民的影响是全方位的。

此外路边摊的投资成本与效益远远小于农家乐，但是参与到旅游经济并且获得收入后，路边"摊贩"在热情之中也散发出自豪感和收入增加之后的底气和满足，这也足以说明政府打造的"摊位"经济是成功的。在市场经济和政府的双重影响下，村民的旅游开发意识和参与意识都大大提高，这种新的生计方式也使得村民主动做出调整来适应其所带来的变化。

(二)"茶马驿站"旅游文化符号的打造

对于民族地区的政府而言,发展旅游经济是实现民族经济又好又快发展的良好途径,而对于旅游经济的发展来说,民族文化又引导着其发展的方向。关于那柯里村的旅游开发,有政府官员表示"不管从古道文化还是民族文化方面来说,那柯里都始终具有旅游开发的优势,之前就想要开发那柯里,这一次的灾后重建正好提供了一个契机"。

为了重现马帮时期那柯里的繁荣景致,政府将那柯里村的旅游发展定位为茶马古道上的"民族旅游村寨",因此民族文化和古道文化是旅游经济发展中必不可少的。

1. 茶马古道文化元素

人类的一切经济活动,都必须在既定的自然条件下展开,人类的经济活动,本质上是一场综合性的社会活动,经济活动的良性运行,必然依靠社会背景的支撑,受客观的自然条件的制约。[1]那柯里的旅游开发无法依赖于纯粹的自然风光,依托古道文化对村里的景点进行打造和规划,让游客真正体验到茶马古道的历史韵味,同时也体验到那柯里的民族风情才是其旅游开发的重点,因此参与到旅游经济活动中的村民围绕"茶"和"马帮"两个元素开始对那柯里进行改造。

(1) 茶文化的再次凸显

中国的茶文化博大精深源远流长,中国也分布着众多的茶区,但是西南的茶始终在茶文化中占据着重要位置。从学者对茶马古道的定义中,就可得知茶是古道上进行贸易的主要商品,作为茶马古道上的一个驿站,那柯里的茶文化自然也成为一大消费特色。历史

---

[1] 杨庭硕:《民族文化与生境》,贵州人民出版社,1992年。

上的彝家人民热情好客，那柯里村也不例外，旅游开发后茶也自然成为村民接待游客的主要方式之一。旅游开发后，政府免费为村民提供茶桌和茶具用于招待游客。大部分村民将茶桌置于屋外显眼宽阔之地，便于游客体验，同时也有欢迎外来游客之意。在旅游过程中游客能在农户家喝茶、体验做茶，在茶桌边娱乐闲聊，了解普洱茶的文化，茶叶的生长过程等，一些游客甚至会主动要求去茶园采茶。这样不仅培养了东道主与游客之间的感情，游客也能多停留些时间，产生更多的消费，推动旅游经济的发展。

村中高老庄就以茶为主另辟蹊径，开展普洱茶手工制茶体验项目。因自家鲜叶不够，高家便会到邻近村寨去采购鲜叶，挑质量好的茶叶收购。院子内制茶的作坊里有成套的制作工具，包括炒锅、石磨（用作压茶之用），据介绍制作普洱茶共有十二道程序，游客可从鲜叶杀青开始全程体验制茶过程。村里每逢大的节日都会举行与茶马古道有关的活动，每当此时也是生意最好的时候。GSX做体验式茶作坊的同时也卖成品茶叶，并打出了"仕兴茶"（生茶）、"那柯茶"（熟茶）等品牌，前者售价80元，后者售价60元（这个茶量比较少），选择不同的茶叶制作价格各不相同，有一棵老树上采下来的鲜叶做的一饼茶要800多块钱。此外G还在规划利用自家的茶园开辟亲子采茶体验项目，让游客真正体验到"茶"的乐趣。尽管村中大部分村民并未开展制作体验项目，但是纯天然、未加工的干茶叶也受到众多游客的青睐，因此出售干茶叶也成为旅游经济下村民的收入来源之一。

（2）马帮文化的"复兴"

"茶马驿站"除了"茶"，还须有马帮。马帮作为一种交通运输方式，在高速公路兴起后已经完全退出了那柯里的历史舞台，然而旅游开发后马店的"复兴"，也意味着马的"复兴"，因此部分村民也以马帮文化为所求进行营销。

①那柯里特色餐饮"马帮菜"

饮食文化是吸引旅游者的重要文化，也是游客的重要消费项目，因此打造特色餐饮是那柯里旅游的重点项目。马帮文化的"复兴"，不仅是马的"复兴"，政府对"马帮菜"的推出，不仅是与茶马古道文化的相互映衬，同时也能让游客体验到那柯里真正的原生文化。

马帮时期条件较为艰苦，由于条件的限制，马店经营者也不能为马帮提供大鱼大肉，因此青菜和豆腐便成了马帮队伍的主要饮食，马帮时期菜的价格是由人店定，吃一个青菜就四五分钱，人多的就吃四五个菜。旅游开发后政府推出的"马帮菜"也主要由豆花、豆汤、豆腐、豆渣组成，"四位一体"是马帮菜的特色之一，即一顿饭菜通常同时具有这四道菜——蒜酱拌豆花、豆汤煮苦菜、葱炒豆腐、豆渣拌青菜（价格在20—30元不等）。

为了提升那柯里旅游质量，政府先后组织村民参加了食宿服务培训。首先餐饮方面最重要的就是教授村民如何烧制传统的马帮菜，此次培训老师还给部分菜肴进行了再次命名。其中，对于豆渣，从字面就很容易理解这道菜的做法和味道，但是在培训过程中，就把豆渣这一道菜名改成了"楼上楼"，不难看出对一盘普通菜肴的改名其实就是为了迎合就餐者的好奇心理。例如村中农家乐之一"心园"，所推出的菜就比较有特色。据访谈得知，心园老板Z家祖上有几位厨师，且做的是马帮菜（曾经给马帮做菜）。老板透露说现在的一些菜只是改了菜名，就像原来的马帮肉改成了油炸肉，像火烧干巴、特色土鸡都是招牌菜。除了这些特色菜，有些菜是为了迎合游客的口味新增的，没有统一的菜单，一切都是在不断的改进中。

"马帮菜"的推出也为那柯里的旅游经济锦上添花，到那柯里的游客在吃饭时都会点"马帮菜"，不仅是因为清淡营养健康，更是对马帮文化的一种体验。

②马为游客提供新的体验

GSX家从2014年6月开始经营农家乐——高老庄，生意不错，回头客也多，生意算是成功。他于2015年回家过年后便未再前往广州打工，开始帮父母打理农家乐。GSX是一个富有理想和方法的年轻人，他期待用新的理念和方式丰富游客在那柯里的旅游体验。因此GSX从大理买进6匹马，并且注册成立了普洱那柯里马帮有限公司，目的是想让那柯里恢复马帮文化，让游客能重新体验茶马古道风情，重走马帮路。

由宁洱县旅游局拨款进行修建的那柯里到烂泥坝的茶马古道全部铺成石板路，修建完工就会投入旅游使用，高家的马也为游客重走这段茶马古道提供了机会。高老庄在高速公路旁的另一栋宅子建有马圈，还修有跑马场。在访谈中得知GSX还想通过新媒体（微信）等方式召集几个会骑马的人在村里骑马，以专业的方式展示给游客看，感兴趣的游客可用会员的方式加入骑马行列，专业骑马员会以教练的身份对游客进行教学。骑马既有健身的效果，又能真正地做到重走马帮路。他们在一些节日时和几个朋友一起赶着几匹马，还原"马帮"出行的场景，在村内形成一道亮丽的景观。

"赶马的小阿哥，阿妹来等着，阿哥你要快快来，妹妹把情话说，咦哟喂阿妹哟你等着，阿哥放马喽，等着太阳快快落，再把情话说，咦哟喂……"近年来那柯里村以针对马帮时代创作的文艺作品《马帮情歌》，不断强调村庄的历史底蕴，同时在建筑和装饰上也多采用旧时的风格，这种行为不仅对来访的游客具有感染力，对朝夕生活在这里的那柯里人来说更是如此。那柯里村有众多的旅游元素，还需要有更多的宣传，才能把"茶马驿站"的文化品牌做大做强，把《马帮情歌》唱得更加响亮。

2. 新媒体对旅游文化的推广

对于大部分人来说通信工具已经成为互联网时代的必备品,即时性、穿越时空性等性能彻底改变了传统人际交往的空间限制,对于那柯里村民来说亦是如此。旅游开发后的那柯里也进入了"新媒体时代",部分年轻人在这些新媒体网络中看到了新的商机,为那柯里的旅游发展注入了活力。村民开始使用各种通信方式,后来又演变为村民用各种通讯方式主动接触游客并且保持联系来培养"回头客",大大扩大了村民的交往空间和交际手段,同时也潜移默化地改变着他们的认知和行为方式。

2014 年,由于大部分村民都有微信并且都会使用微信,因此那柯里村建微信群,如有村民群、党总支群、工作组群、小组群等,村干部主要用微信群来通知一些消息,或者在群里发布与旅游相关的政策等。通过微信群,村民能直接快速地接收和了解与旅游相关的政策和信息。

为了推广骑马体验活动,2015 年 GSX 建立了"新马帮""那柯里"微信公众号,对自家的农家乐进行宣传,推送的内容多为其组织的马帮活动,并会定期推送那柯里的旅游文化和自然景色等,语言多以优美的辞藻以吸引游客。第一个将真人 CS 代入那柯里的 BGH,是那柯里村的女婿,他也是深受新媒体影响的年轻人,在他看来目前那柯里村的旅游开发项目薄弱,无法吸引游客进行消费,为了提高那柯里旅游五位一体(吃喝玩乐购),BGH 将真人 CS 引入那柯里。在田野调查期间,BGH 还热情地邀请我们关注其宣传公众号"那柯里茶马驿站",其公众号主要分为三块:"野战拓训、经营项目、会员战队",并且还会推出"关注公众号和转发此条消息,可获得那柯里真人 CS 拓展基地赠送的免费体验卡一张,点赞数到 20 均可获得由那柯里真人 CS 野战营提供的价值 20 元代金券和中华茶博园提供的价值 50 元门票 1 张"等内容来吸引游客。公众号运营后，确实收到了较好的反响，到那柯里组织同学聚会的游客便会选择玩真人CS，带动了消费。

客栈的互联网化不仅方便游客的预定，还能推进对那柯里民宿的宣传，如今那柯里村利用互联网进行宣传的农家乐逐渐增多，如在美团、去哪儿、糯米等平台对自家的农家乐、客栈进行宣传，并附上图片，方便游客进行了解和预订等。

以互联网为媒介的即时通讯工具交流的虚拟性特点使得人际交往拥有一个有利于弱纽带形成和扩张的交往环境，这种环境更适合与陌生人形成弱纽带，有助于社群形成平等的互动模式并使得沟通没有障碍，并有助于成百上千个弱纽带的扩张，其中有些会发展为强纽带。[1] 与传统社会相比，大众传媒在年青一代人身上的作用越来越明显，年青一代利用互联网进行旅游推广的现象在那柯里也越来越普遍，为其旅游发展提供了无数种新可能。

小结

在政府的全方位打造下，那柯里村落空间发生了全新的变化，原本"公路—农田—村民"的空间格局也开始向"公路—农田—村民—景观设施"转变。游览路线的设计也尽可能地让村民都参与到旅游经济中，村里各个空间的价值都得到了发挥和利用。

旅游使目的地的某些因素发生变化，必然会导致另一些因素的改变，政府主导下的那柯里村寨景观与家庭空间开始发生较大变化，这也预示着那柯里进入了旅游开发的新时代。

那柯里的茶马古道文化、民族文化在网络新媒体的推广下被外

---

[1] 王森：《即时通讯工具对人际关系的影响》，成都理工大学硕士学位论文，2009 年。

面的游客所认知,然而旅游经济带来的不仅有村民经济收入的提高,还有村中的社会关系也面临着较大变化。

三、旅游开发后那柯里村社会关系的变化及其原因

旅游业的不断发展给原来的民族村落带来很多影响，这种影响涵盖民族村落经济、社会和环境等各个方面，并可能会进一步引发和带动民族村落社会文化的深层次变革，即从最初的民族村落物质文化变迁开始，逐渐渗透到制度和精神文化领域，并使民族村落原有的各文化事项不断变迁。[1] 旅游的开发，人、地关系的改变，村中就业和务工机会日益增多，村民的谋生手段逐渐多样化，旅游经济发展后机动车辆的增多导致的人口流动加大，这些因素都成了影响社会关系变化的关键。

社会关系涵盖范围较广，本文无法全部涉及，因此本部分所关注的社会关系主要是在那柯里近 10 年的旅游开发中社会关系变化较大的方面，主要集中在旅游经济发展后家庭关系中夫妻关系、兄弟关系，以及邻里关系和熟人之间的借贷关系等。具体表现为：一些原本经济收入较低的村民参与到旅游经济中而逐渐成为更富裕的人，较大的农家乐经营者和生意较好的村民与其他村民之间的收入差距逐渐增大。此外传统的基于血缘和地缘的邻里关系逐渐被商业性的邻里关系所取代，以商业街道为单位的新的"邻居关系"正在形成，邻里、社区的社会经济地位发生断裂分化，因此社区关系也在发生重大变化。

（一）婚姻和家庭关系的变化

从马帮时期直至磨思公路时期，那柯里始终都是对外开放，但是在旅游开发之前由于各方面条件的限制，只有较少的村民参与到

---

[1] 王生鹏、张静：《旅游开发与民族村落文化变迁》，中国社会科学出版社，2016 年，第 53 页。

"开放"的状态中，对于大部分村民来说，种植始终是其唯一的工作，在同一片土地上进行耕种，邻里之间相互帮扶，农忙时相互换工，单一的经济形式使得村民经济收入差距不大。因此那柯里村也和中国其他地区的大部分农村一样，家庭依靠血缘和亲缘关系来维护，即家庭成员形成长幼有序的"差序格局"。

乡村旅游开发后，经济收入的增加使得村民参与旅游的意识被唤醒，旅游资源的博弈和外来文化的快速进入使得那柯里村原有的社会关系受到较大的冲击，父子、婆媳、夫妇、兄弟之间的关系均或多或少地出现问题，因小利而导致的冲突时有发生，这在实质上破坏了以血缘为纽带的人与人最亲密的关系。

1. 婚姻圈的变化

婚姻圈的变化能折射出时代的变迁，因此郑杭生也将其称为社会圈。旅游开发后的那柯里村，婚姻圈呈现出了新特点。那柯里村是民族村落，在20世纪五六十年代，人们往往优先选择本民族进行通婚，但是各民族相互通婚的现象在村中也较为常见。随着村中民族成分的增多和婚姻观念的变化，不同民族之间相互通婚的现象更为普遍。婚后居处模式一般主要是新婚夫妇与男方父母及未婚兄弟姐妹居住在一起，有时还包括男方祖辈的老人。

马帮道路时期，那柯里通婚圈与一般传统村落的通婚圈相似，具有10千米范围内缔结的特点，经过村寨的马帮道路对当时作为小型村庄的那柯里通婚圈的影响微乎其微。昆洛公路时期，那柯里婚姻圈因为昆洛公路的通车而发生改变，带状线性延伸的公路使得之前相对内化的通婚圈得以松解，也打破了之前较为封闭的通婚结构。磨思二级公路时期，那柯里婚姻圈已经发生很大的变化，尤其是通婚职业结构方面，可以归结为修路期间的农民—农民、农民—修路工人通婚，通车以后的村里的农民—司机、农民—国家干部等的通婚。因此公路的开通打破的不仅是地理之间的间隔，还有人与人之间阶层的间隔。

旅游开发使得那柯里村的婚姻圈呈现出前所未有的自主选择性，阎云翔曾在其著作中指出，年青一代是浪漫、勇敢追求爱情和表达爱情的一代，自由恋爱被他们奉为圭臬，[1]时代的变化让人们的观念越来越"开放"，即对爱情、结婚对象的选择、离婚的观念等在思想上发生了较大变化（与过去相比束缚减少），这对于传统村落来说是革命性的变化，也是现代化的显著特征。

对于年青一代，父母在他们婚姻上几乎插不上手，父母们也比较开明，并不太干涉他们的个人选择。下面是一个中年的村民的访谈：

> 我结婚的时候家里人主要考虑的是希望我不要嫁太远，回个娘家或者是家里亲戚之间有什么事都帮不上什么忙，所以一般就是那柯里周边村寨，家庭条件过得去，两个人也合得来就可以了，其他没有什么要求。像现在我儿子和儿媳他们就不一样了，现在我们村交通太方便了，家里也有了车，所以基本上也不会对他们找对象有什么限制了，我现在的儿媳就是澜沧的，就是他们在普洱打工的时候认识的，她娘家离那柯里是远了一点，但是现在可以开车嘛，那边有什么事我们也还是经常去帮忙的，还有像我们家采茶，忙的时候她的娘家人也还是会来帮忙的。

那柯里旅游的发展，不仅吸引了年轻人回乡创业，同时也吸引

---

[1] 阎云翔：《私人生活的变革：一个中国村庄里的爱情、家庭与亲密关系：1949—1999》，龚小夏译，上海书店出版社，2006年，第67—70页。

了外地的男人随着村里的女孩来到那柯里，进入本地生活。比如村里一家烧烤店老板的女儿，外出打工几年之后回到那柯里，对象是西双版纳人，因为"6·3"地震后的灾后重建，到那柯里来修水车和栈道而相识。如今男孩觉得那柯里这几年的发展态势良好，无回版纳之意，就算作为上门女婿也不在意。再如村口的冷饮店，因其店主是北京某大学毕业的身份成为那柯里村民经常聊到的话题，她不只是自己一个人回那柯里，她还带回了自己的男朋友。下面是笔者与这位女子的访谈：

> 问：感觉现在的年轻人在大学毕业了之后都会想留在大城市打拼，你怎么会选择回家乡创业？
>
> 答：我在北京读的大学，毕业了之后在昆明工作了两年，然后和男朋友一起回家创业，我在外面读书，但是并不会对外面的世界很感兴趣，而且外面工作压力太大，近两年家乡旅游开发，发展前景良好，就回家创业。
>
> 问：那你的男朋友是哪里人，以后结婚了也打算在那柯里生活吗？
>
> 答：我男朋友是外地人，而且他从小生活在城里，但是现在他和一起在那柯里创业卖冷饮，发展也挺好的，我们双方家长都挺同意的，没有什么意见，以后结婚了也继续在我们这里做生意，他就算是我们村的人了。

由此可见，旅游开发增加了村民的资本累积，思维方式也在其作用下加速转变，那柯里的社会关系在以上张力的作用下已经扩展到比之前更大的范围。总的来说，这一时期那柯里的社会关系的范围大大扩展，通婚圈也在这样的情况下扩大到一定的范围，村民也始终积极地努力适应这种转变。如上女孩从外面带了男朋友或者丈夫回到村里发展的并非个案，这也是那柯里村村民年轻人婚姻中的新特点。一系列的变化也使得村民的社会关系网更加复杂化和多元化。

本地旅游开发带来了新的血液，外地人逐渐参与到本地的旅游建设中，成为其中的一分子，这个新的变化正深刻反映出了当地通婚圈范围的扩大。除了通婚圈的扩大，旅游经济也给当地的家庭关系带来了新的变化，具体表现为夫妻关系与兄弟关系的变化，接下来我将详细阐释这点。

2. 家庭关系的变化

家庭关系包括代际间亲子关系以及代际内关系两类，前者包括婆媳、祖孙关系等，属于纵向关系，后者包括夫妻关系、兄弟姐妹以及姑嫂妯娌之间关系，属于横向关系。[1] 旅游开发后的那柯里村，家庭关系变化显著，本小节主要关注夫妻之间和兄弟之间的关系，并不意味着其他家庭关系没有发生变化，而是因为夫妻关系、兄弟关系在旅游开发后变化较为显著，如家族之间对旅游资源的博弈、分家房屋位置的争夺等。

（1）夫妻关系的变化

昆曼高速的开通和乡村旅游的开发，使得那柯里社会流动空前增加，夫妻尤其是年轻夫妻之间的同质性减少，异质性增加，相互之间社会与家庭背景、职业、风俗习惯、价值观念、生活方式等存在着差别乃至迥然相异，使婚姻调适发生了困难。现代社会家族、亲友、邻里、街坊等初级社会关系日益淡化，传统牢固的初级关系网络与非正式控制手段对婚姻家庭关系的约束与调适作用降低。

---

[1] 叶文振、林擎国：《我国家庭关系模式演变及其现代化的研究》，《厦门大学学报（哲学社会科学版）》1995年第3期。

比如，赵家是较早迁居那柯里的白族人家（300年前迁于此），早年以酿酒为生，由于酿酒技术的纯熟和较好的口感使得赵家发展成为村中的大户人家。ZGH有三个孩子，两个儿子在那柯里经营农家乐。赵家农家乐自2016年开始经营，因为ZGH儿媳刚从外地打工回来，能依靠外面的人际关系来经营自己的生意，回头客很多。但是由于和外面朋友还有娘家人联系频繁，丈夫怀疑其和外面人有不正当的关系，夫妻俩还经常因此吵架，这使得夫妻关系越来越疏远，朋友们知道这种情况之后为了避免不必要的误会而减少了来往次数，店里的生意也因此淡了，如今赵家经营的农家乐仅能维持家里的开支。

旅游经济发展为那柯里村民带来的前所未有的发展契机，但是同时也让村民面临着较大的选择与挑战。村中的Y家同样2008年开始经营农家乐，由于占据公路边的优势地位，农家乐生意风生水起，因此妻子便有扩大农家乐规模的打算，但是丈夫却反对，保守的财富观让夫妻二人在生意中出现了较大分歧，最终双方以过两年再说将扩大农家乐规模事件搁置。在访谈中笔者了解到，Y家妻子看到村中生意规模较大的人家会产生羡慕之意，从而产生对丈夫的抱怨，夫妻双方对家庭发展观念不一致产生苦恼，类似的案例在近年来较为常见。此外旅游开发后随着人流量的增多，村民思想观念的逐渐开放，离婚也不算什么丢脸的事情了，因此年轻夫妇的离婚率比他们的上一辈要高很多。据走访了解到，旅游开发后那柯里村离婚率增大，七十几户人家中，有八户离过婚。在问及原因时某村民说道："主要还是人们的思想观念发生了改变，认为两个人有矛盾在不拢过就没必要硬撑，也没什么大不了的，离了以后也是可以找其他人的。"

夫妻关系是家庭关系的基础，也是目前旅游经济下那柯里村农家乐经营的主要关系模式，这样的经营模式要求夫妻双方都要更加理性地面对旅游经济和农家乐的经济效益,这也加大了对夫妻情感的考验,彼此之间不仅要充分信任,在生意过程中还必须进行充分沟通和理解。

(2)兄弟关系的变化

费孝通在《乡土中国》中提出中国的家是一个事业组织,家的大小是依着事业的大小而决定的。[1]由此可以看出家庭是社会组成的基本单位,在社会的发展过程中,核心家庭也逐渐从大家族中脱离出来,经营自己的事业,因此家是会分的。[2]核心家庭从大家庭中分离出来在中国家庭中较为常见,但是过多经济利益的加入就使得兄弟分家出现问题、隔阂。作为马帮时期的一个中转站,"马帮文化"自然成为那柯里旅游开发的主打文化。荣发马店作为那柯里的"活招牌"和古道驿站的最大标志,对马店的大力打造自然成为那柯里旅游开发的重要环节。政府花费80万元将老的马店进行重修,于2008年重新开张供游人参观,与磨思公路相连接的村落主干道直通马店门口,风雨桥、碾子房、古道陈列馆等旅游景观也集中于此。历史悠久的荣发马店成为村里马帮文化独一无二的缩影,荣发马店的李大爷也早已成为村里的"明星人物"。作为马店所有者的李家,主要就是靠经营荣发马店来获得经济来源。目前荣发马店的第三代传承人李TL有两个儿子,大儿子原本在外地修车,2007年地震后在外务工的大儿子带着自己的媳妇回到那柯里经营荣发马店;小儿子原本也在外地的建筑工地打工,旅游开发后也回家帮忙。旅游的开发,马帮文化的"复兴",使得荣发马店恢复了生机,到那柯里的游客无一不在这里拍照留念。

随着小儿子的成家,分家也被李家人提上日程,小儿子于2016

---

[1] 费孝通:《乡土中国》,北京大学出版社,1998年,第40—42页。
[2] 费孝通:《江村经济》,商务印书馆,2002年,第42—43页。

年提出分家。在中国历史上，兄弟分家天经地义，然而一个人的身份和财产并不是平等地传递给子女的。[1]分家后李 TL 的两个儿子分别继承经营"荣发马店"和"荣发驿站"，但是相比之下荣发马店占地面积较大，经营情况也远远好于荣发驿站，此时兄弟关系的亲疏越来越取决于他们在生产经营中互惠的维持。由于地理位置的接近，二者在分家后形成了强烈的竞争关系，但是因为共同的招牌和"一家人"所形成的必要的合作关系，使得二者之间的利益因素大于感情因素。因此分家的李家，家族关系变得冷淡，甚至发生争吵，荣发马店的两兄弟关系早已成为村里人饭后闲谈的话题。

"幸运"带给李家的却是家庭关系的复杂化，对"荣发"二字的继承背后承载着重大的经济利益，使得李家兄弟的分家动机远远超出了对老人的赡养和对先祖的祭祀义务，更多的是旅游开发之后经济利益的竞争，此时所呈现出的亲属和家庭关系早已超过传统的血缘关系和家庭的范畴。市场经济的冲击和旅游开发资源博弈使得亲缘关系分裂，如果说传统的家庭分家纯粹是从赡养老人的实际需求把小家庭从大家庭中分离出来，那么那柯里"荣发马店"的分家则是对于传统资源重新建构的理性选择。

家庭关系是社会关系的基础，家庭关系的变化也折射出那柯里村民社会关系的变化。面对旅游资源的博弈和经济利益的冲突，兄弟关系变淡甚至引起冲突，面对不断进入的外来者，家庭的相对封闭性越来越被打破，合力经营农家乐的夫妻之间也会面临很多挑战。家庭关系的变化使得以家庭关系为主的社会关系也发生着变化，如旅游开发后那柯里村的邻里关系。

---

[1] 费孝通：《江村经济》，商务印书馆，2002年，第45页。

（二）邻里关系的变化

所谓的邻里是由几个家庭组合而成的，日常生活中这些家庭之间有着亲密的接触，并且在婚丧嫁娶时会相互帮助，因此自古以来中国就存在着"远亲不如近邻"的说法。邻里关系的变化，也是旅游经济发展后那柯里村社会关系变化的一个重要表现。

1. 资源分配与邻里关系

在灾后重建和旅游开发中政府对那柯里村投入了大量资金，其中对荣发马店的投资就有80多万元，主要是因为马帮时期荣发马店是村中最大的马店，而政府打造茶马驿站就是以荣发马店为主的，因此对他家投入的钱最多。该行为在最初便引起了很多村民的不满，重新开张供游人参观后的荣发马店，生意却赶上甚至超过了开业接近20年的老班长、心园、乐土等老牌饭店，因地震前后荣发马店的经济差异较大，因此有村民斥之为"暴发户"。乡村旅游的开发，村民对资源的争夺以及资源的分配不均，使得村民将"远亲不如近邻"的观念抛之脑后，村民之间因各种利益产生矛盾甚至斗争，传统意义上的邻里关系受到前所未有的挑战。

近些年来村子里因为利益关系而引起的纠纷愈来愈频繁。如有村民想利用路边的空地摆摊，但这会占用旁边农家乐经营者的空间和客源，因此就会产生冲突，类似的例子在村中较多。在新的经济形势下，村民获得了比以往任何一个时候都多的信息和财富，因此当利益主体（村民）面对不同的资源和利益时，熟人社会有限的空间难以满足新的发展格局，势必导致经济活动主体"脱嵌"于旧的社会关系网，拓展新的关系模式。旅游开发之后的那柯里村，依旧是中国传统社会的"差序格局"，但此时这种格局有了极为深刻的社会内涵，即实际上是一种对社会稀缺资源进行配置的模式或格局。[1]

---

[1] 孙立平：《"关系"、社会关系与社会结构》，《社会学研究》1996年第5期。

人际关系与制度的建构之间有着复杂的关系,在制度缺失或是不合理的条件下,人际关系便成了一种获取稀缺资源和控制社会风险有效的方法,因此可以说人际关系和制度之间存在着某种替代性,[1]这也是政治资本相对薄弱的那柯里村民积极寻求新的社会关系网的重要原因。

2. 借贷与邻里

一般而言,相互借贷的群体间交往频率和相互了解程度都较高,信任是借贷关系形成的基础。但是对于那柯里村民来说,旅游开发前后的借贷关系发生了较大变化,旅游资源的博弈,村民社会关系数量和质量的差异,都导致了个体之间的信任水平下降。[2]在借贷过程中,人们对社会关系的处理都是多角度、多层面的,既要顾忌人情,还要顾忌利益因素,旅游开发后,利益因素明显多于人情因素。

(1)旅游开发前的借贷关系

传统农村借贷通常是以亲缘关系、社会关系网、人际信任等非正式制度为基础的,即村庄成员通过与当地文化紧密相连的社区规范与规则嵌入村庄系统中,相互之间产生了对彼此的积极预期,形成了村庄信任这一重要的社区秩序,促进了农村民间借贷的缔约与履约。[3]旅游开发前那柯里村的借贷亦是如此。对于村民来说,一旦生活出现较大变故,都会将其陷入困境(建房、重病、婚丧嫁娶等),而困境的解决都需要大额资金。如何筹集资金是一大难事,此时村民如何借钱,借方如何选择贷方都与村民社会关系有关。

旅游开发前,那柯里村外出打工的人不多,大多数村民以在家

---

1 汪和建:《经济社会学:迈向新综合》,高等教育出版社,2006年,第98页。
2 托马斯·福特·布朗:《社会资本理论综述》,木子西编译,《马克思主义理论与现实》2002年第2期。
3 胡万俊:《中国农村民间借贷中村庄信任机制的实证研究》,《湘潭大学学报(哲学社会科学版)》2018年第1期。

务农为主（主要种植水稻和玉米），经济收入不高，在整个村小组中收入排名较为靠后，但是村民依旧坚持自身保守的经济观念——挣多少吃多少。然而当自家的收入无法支撑家庭支出，或发生重大变故需要较多的资金时，就会选择借钱，但村民不是漫无目的地找任何人借钱，而只是找特定的对象借钱。其中，他们借钱的主要对象是自家邻里和亲戚（且主要是来自姻亲关系的亲属）。当问及原因时，大部分村民的回答都较为类似，觉得邻居还是和亲戚一样亲热靠谱，而且因为外出的机会不多，导致认识的朋友也不多，认识的一些朋友也拿不出那么多钱，拿得出来的又不一定敢借你，有些亲戚又离得太远，解不了燃眉之急，所以找邻居借钱是村民的主要选择，又不要利息，还款的时间也比较灵活。尽管村民所说的"不要利息"和经济学中的"理性人"概念有所偏差，但是这种不要利息却从侧面反映出邻里之间"人情"二字的宝贵。

  旅游开发前那柯里村的借贷关系主要是邻里之间的互助，借和贷的形式较为简单，主要通过口头的形式而非书面契约的形式，"这次我借钱给你，等我没钱的时候我也找你借"或"我给他借钱，等我家忙的时候他们也会来帮助我们"等观念在邻里之间普遍存在。由此也证明了波兰尼提出经济是浸没（submerged）在它的社会关系之中的观点。[1] 此外由于借贷用途的多样化和不确定性，贷方在贷款时会更加谨慎地考虑双方之间的关系，以及短时间内还不上钱的后果，因此更加证实了此时的借贷关系主要是邻里间的相互帮助。但是旅游经济出现后，当地的借贷关系出现了一种新变化，其重要的表现便是村民利用政府的政策来进行借贷，借贷范围和借贷数额都发生了相应的变化。

---

1 〔英〕卡尔·波兰尼：《大转型：我们时代的政治与经济起源》，冯钢、刘阳译，浙江人民出版社，2007年，第40、72页。

（2）旅游开发后的借贷关系

地震后的那柯里村民，不仅面临修建昆曼高速所带来的"失地"危机，还面临灾后重建中重新破土建屋的大事，以及在政府的鼓励下很多村民对经营农家乐跃跃欲试。在磨思公路时期经营汽车旅馆的群体，在旅游开发后想把生意进一步扩大，急需资金周转。在经济发展的需要和外界力量的推动下，那柯里村民的金钱观发生了前所未有的变化。

旅游开发后村民经济观念变得更加开放，他们开始贷款并且善于贷款，尤其是参与到旅游经济中的村民充分利用国家的政策进行贷款。在访谈中笔者了解到，部分村民只要政府有相关贷款政策就会去贷款，尽管家里暂时没有较大的支出，贷款后支出剩余的钱会被存入银行，期限一到就把钱拿出来还。贷款的合理化和合法化，让他们不觉得贷款有任何问题，更不会担心贷款还不清，因为贷了款就能做自己想做的事，钱感觉也是自己资产的一部分，因此贷款也没有什么见不得人的。通过相关政策和政府贷款的，需要有担保人且担保人须有稳定工作（在政府、机关单位工作的最好），这也对贷款主体的社会关系质量提出了较高的要求。在灾后重建过程中，村里的高家在昆曼高速边盖起了4层的复古风格的新房，再加上高老庄对旅游项目的投资，前后共用去资金60多万元。尽管作为村里高层收入的群体，前期已经有一定的资金积累，但面对如此庞大的资金，还是需要贷款。这些资金来源中，和政府贷了30万元，贷款时找了3个担保人，都是GJB在宁洱工作的朋友。从对高家的访谈中得知，贷款的担保人很难找，首先必须是好朋友，并且相互信得过才肯帮忙。除此之外家里只凑了小部分钱，其余的主要是找同学、朋友家借。GSX也透露并不会和村里人借钱。由此也可以看出村民在经营农家乐后对客源的竞争、村中自然资源的博弈等利益因素对村中的社会关系产生了较大的影响。

村民的借贷用途已经从基本的生活消费转向了生产投资（经营农家乐），这也势必使得民间借贷关系网扩张,[1]对经济利益的追求也增加了借贷网络的不稳定性。从村民借贷对象的选择中可以看出，村民的借贷对象发生了较大变化。在旅游经济中初尝甜果使得村民在经济追求与"人情道德"之间进行选择和博弈，往日相互帮扶的邻居向生意对手身份的转变，以及经济利益的掺杂都使得传统的人际关系扩大并且复杂化，因此社会关系从相对封闭性向开放性和契约性转化。

（三）旅游经济下那柯里社会关系变化的原因

人类学学者认为旅游是一种涵化和发展形式，它使得目的地的社会文化发生变化，并且社会文化体系中的各因素都是相关的，其中某些因素的变化必然会导致另一些因素的改变。[2]旅游开发、社会进步改变了那柯里村民的生产生活方式，原本的生活环境得到了更新和变迁。

1. 土地征收：人地关系的改变

那柯里人、地关系发生了改变，只有当村民从土地上脱离出来，生计方式的改变才有可能。在那柯里一份名为《宁洱县同心乡那柯里村那柯里小组磨思高速公路征占田地群众意见的情况报告》中，记述了如下情况：那柯里小组64户人家241人，原有农田220亩，1993年磨思公路的修建政府以3700元一亩的价格征占82亩，涉及农户多达46户；2006年昆曼公路的修建，磨思公路东边的约80亩

---

[1] 史晋川、王婷：《社会网络与非正式金融制度——基于私人秩序与替代性法律的视角》，《中国法经济学论坛》2012年第10期。

[2] 李伟：《民族旅游地文化变迁与发展研究》，民族出版社，2005年，第4页。

平坝农田以 26000 元一亩的价格被征用；2009 年开始政府在那柯里搞旅游开发，鼓励村民开农家乐。[1] 2017 年那柯里停车区的修建，政府再次向村民征地 68 亩，直到 2017 年停车区的修建征地，村中 90% 的村民已经失去了其原本赖以为生的土地，据访谈得知现村中只有六家还有田地。

村里的李某回忆说，历史上的那柯里尽管一直有家庭从事服务行业，但是大部分村民在发展过程中还是以务农为主，离开土地就无法生存。在这种以农业生产为主导的自然经济状态下，最鲜明的特点就是"人"与"土地"的紧密结合，农民生于"土地"、长于"土地"并终于"土地"。政府征地后按照国家规定进行赔款，然而村民获得的赔款往往只能解决新房的修建和两三年的吃饭问题，"失去"土地的村民必须另寻生计。人、地关系的改变，使得村民对土地的依赖程度降低，在征地过程中得到的赔偿也成为很多村民生计转型的重要资金来源，对于土地赔偿中处于弱势的村民而言，社会资本成为其获取信息与资源配置的一种替代机制。

2. 旅游经济：生计方式多元化

旅游开发之前，村民的生计方式较为单一，除了少数几家经营汽车旅馆的人家外，大部分村民以采茶、种植业（水稻、玉米）和养殖业（养猪）为主，因此大部分村民经济收入差距不大，整体发展较为均衡。旅游开发后，那柯里村民生计方式呈现出多元化的特征，村民田地被征，无法为养殖提供足够的粮食和饲料，加上景区中农户院子无法进行养殖，因此如今的那柯里村民仅在政府统一修建的猪圈里养几头每年杀的年猪，而不进行买卖，一系列的变化让村民不得不对自身的生计方式做出调整。根据职业的多元性将村民

---

[1] 资料来源：田野时村委会提供的资料。

分为三类，第一类为纯务农型村民，第二类为半务农半经营农家乐型，第三类为纯经商或是经营农家乐类型，如今旅游收入已经占据村民总收入来源的50%。不同生计方式下村民呈现出不同的特点，对旅游资源获取的差异，导致村民之间贫富差距逐渐加大，使得村落内部的社会发生分化。

不同生计方式下村民的收入存在较大差距，如经营馨香园的G家主要理念是打造有机农家菜，如今一年收入几十万元；摆路边摊做小本生意的村民收益则远远小于农家乐经营者，一年能维持在3万—4万元收入；未参与到旅游经济中的村民则还是依靠采茶来获得收入。尽管村民对财富还是保持一种保守的不外露的观念，但是在田野过程中还是能听到村民说某某非常赚钱的话语，言谈之中还是听得出村民之间因收入差距较大而产生的羡慕之情。

生计的多元化导致村民收入差距逐渐变大。不同职业类型的村民，社会关系差距较大，对旅游资源的博弈和对社会稀缺资源的获取也存在较大差异，每家人所拥有的社会资本数量和质量各不相同，村民对于资本的利用率和相应获得的回报率也不尽相同，这也导致了那柯里村社会阶层的分化和新型人际关系的形成。不同社会结构中的村民收入存在较大差异，其中高收入阶层主要集中在农家乐经营者中，低收入阶层主要是未参与到旅游经济中的村民，大多还在从事着单一的采茶等农业经济。社会阶层的变化使得邻里间原本熟悉的生活圈子变得生疏冷漠，传统邻里乡亲的人情社会交往行为也变成都市契约社会的经济活动。[1]

3. 人口流动频繁

从马帮时期的古道到现代发达的高速公路体系，体现的不仅是

---

[1] 邵壮：《乡村旅游与乡村都市化研究》，广西民族大学硕士学位论文，2011年。

社会经济的发展，更是对所经过地区人们生活方式和社会观念的冲击和碰撞。交通条件的变迁给那柯里村村民的生活带来了很大变化，它为村庄带来了更多商机。道路形式的不断变化使那柯里村民的交通工具也出现了改变，如那柯里微型面包车的出现就是近20余年那柯里村民出行方式变化的一个缩影，也是旅游开发后那柯里人口流动加速、打破传统人际关系的重要原因之一。

旅游开发后农家乐的经营使得村里微型面包车发展起来。面包车价格多在3万—6万元不等，据村里人回忆，村中面包车一度达到20余辆。近年来，随着旅游经济的发展和村民收入不断提高，私家车入户率开始不断提升。据笔者统计，三分之二以上的村民（共72户）都有了车，具体为摩托车21辆，汽车47辆，车型多为小轿车、越野车一类。车辆增多给村民带来的最显著的变化就是人与人之间的交往半径和社会交往空间进一步扩大，村民和亲戚朋友之间的走动更加频繁，交集变多。在访谈中得知如今那柯里村民朋友之间你来我往的次数是以前的2—3倍。结识外地朋友的概率增加，接收信息的能力也增强，朋友之间相互光顾生意的次数大大增加。高速公路和车辆为那柯里带来了前所未有的地理位移速度，成倍地放大了道路的"时空张缩效应"，[1]也带来了"人口流动效应"。

小结

乡村旅游开发后，那柯里村社会关系发生了变化。乡村旅游开发后村民参与旅游的意识被唤醒，传统的人际关系开始扩大化和复杂化，旅游资源的博弈和外来文化的快速进入使得那柯里村原有的社会关系受到较大的冲击。父子、婆媳、夫妇、兄弟之间的关系或

---

[1] 周永明：《重建史迪威公路：全球化与西南中国的空间卡位战》，《二十一世纪》2012年第8期。

多或少出现问题,传统的邻里关系逐渐被商业邻里关系所取代,以商业街道为单位的新的"邻里关系"正在形成。传统的兄弟分家是从赡养老人的实际需求出发,把小家庭从大家庭中分离出来,而旅游开发后以"荣发马店"为代表的分家则是对于传统资源重新建构的理性选择。

在新的经济发展形式中,旧的社会关系中出现了新的内容,村民获得了比以往任何一个时候都多的信息和财富,但是利益主体(村民)面对不同的资源和利益时,现实中原有的血缘和地缘的关系已经无法满足需要。可以说旅游开发之前社会资本的相对封闭性和以亲属关系为核心的社会关系,已经向旅游开发之后的开放性和契约性转化,这种转化也使得村民寻找新的获取社会资本的方式和途径。

四、新社会关系建立与社会资本形成

社会资本是一种以社会关系为核心的资本形式，不同社会关系中的社会群体具有不同的社会资本和特征。实际上社会关系本身并不等同于社会资本，只有人们对其进行利用并产生效益时它才成为社会资本，但是任何的行动者都不可能单方面拥有这种资源，而是必须通过关系网络的发展和积累来获得。[1]在现实生活中由于社会交往的随机性和复杂性，人们不可能总是处于一种社会关系之中，在不同的社会关系中可能得到不同的社会资源，因此只有为自己构建一个以自己作为恒等元的社会群网络，才能最大限度地利用该关系中的资源，形成自己的社会资本。[2]那柯里旅游经济的发展，村民在旅游经济中获得的经济效益，不仅在于物质和人力资源，而且在于社会性的资源，即它们内部和外部的关系存在的比较优势。[3]

经过近10年的发展，村民也在旅游开发中不断获得收益，因此村中不断有新的农家乐开张，尽管大多数农家乐的生意尚未达到一个理想的状态，但是老板们依旧积极地利用着自己的亲属网络和社会关系维持并发展着自己的生意，也利用着景区不断增加的客流量努力培养着"回头客"，村中的年轻人们不断地想着新的赚钱方式。

（一）与游客交朋友扩大客户群

社会资本的产生是以社会活动中个体或群体之间的互动为基础的，资本的效用来源于社会互动，基于社会互动产生的社会关系及

---

[1] 边燕杰：《城市居民及社会资本的来源及作用：网络观点与调查发现》，《中国社会科学》2004年第3期。

[2] 李德昌：《关系社会学与社会群：一个理论模型》，《西安交通大学学报（社会科学版）》2010年第3期。

[3] 边燕杰：《社会资本研究》，《学习与探索》2006年第2期。

其特征都可看作是社会资本的一种形态。传统农村社会资本的获得主要是以人情为基础扩散开来的，主要以亲缘、血缘关系之间的互惠为主。然而乡村旅游发展过程中，这种传统的以"熟人"为基础的社会关系开始淡化，一种主动与陌生人打交道的新型社会关系开始盛行，尤其是当某种社会关系能够给人们带来好处的时候，人们会有目的地创建和维持这种社会关系。[1]这也是人的逐利性本质的一种深刻体现。

如果把一个社会的经济机制同社会关系联系起来研究，那么它会呈现出另外一种非常不同的景象，商品和服务交换取决于人与人、群体与群体之间的关系网络，我们甚至可以把经济体系看作是人与人、群体与群体之间的一系列关系。[2]笔者发现，村民口中出现频率较高的一个词就是"有关系"，即大部分村民认为认识的人多好办事，因为认识的人多，就意味着获取信息、机会的概率更大。当拥有一定经济资本和社会关系的村民经营农家乐或是参与到旅游经济体系中时，村民之间就多了一层关系——竞争关系，处于这种竞争关系中的村民便可能会利用自己现有的关系网络（其中包括他们现在认识的人、已经认识的人，以及他们所不认识，但却认识他们的人等）创造新的社会关系来获得更大的竞争优势。

在磨思公路边普洱往宁洱方向有家看上去较为"低调"的农家乐——盈利园，一楼是看上去不起眼的停车场，并没有进行农家乐的经营，第一眼甚至会让游客产生混乱之感，然而生意却很红火。盈利园老板姓杨，由于家中劳动力丰富，除了重大节假日之外都不用请小工。对于笔者的问题：处于景区边缘如何把生意经营得有声

---

[1] 崔巍：《社会资本、信任与经济增长》，北京大学出版社，2017年，第16页。
[2]〔英〕A.R.拉德克利夫—布朗：《原始社会的结构与功能》，潘蛟、王贤海、刘文远、知寒译，中央民族大学出版社，1999年，第221—222页。

有色，杨老板的回答可以总结为"找关系"，然后进一步强化。首先是熟人、朋友会介绍游客来吃饭，体验真正的农家生活，对于朋友介绍来的游客，杨老板说会在饭菜的口味、量上更加下功夫，特别熟的朋友介绍过来的游客有时还会送点农产品；然后家里人也会主动去和游客交流，讲解那柯里的一些情况和奇闻轶事，在交谈中慢慢地拉近距离，有些会因共同朋友产生共同话题。这种把朋友的朋友变成自己朋友的"滚雪球"式的社会关系的拓展，对于农家乐经营来说是比较重要的。如果说强关系是指朋友、熟人之间的关系，那么弱关系则是强调认识的人之间的关系，杨老板的回答体现了弱关系的重要性。

类似的例子还有村中YSX，在那柯里算是大家族，其婆婆有8个儿女，除了自己的丈夫外其余都在城里工作，这些来自城市的强关系网就能为其带来一定的生意。此外YSX的二儿子在外面打工，经常承包一些小工程，认识了很多不同领域的人，如一些本地驾校的教练，练车到那柯里时都会到家里来吃饭，而且还经常介绍人（同行较多）光顾生意。这种强弱关系相互混合的关系网，足以证明YSX一家所拥有的关系网性质，尽管因为2017年8月份YSX娘家弟弟去世，农家乐暂停一段时间没有营业，但是在和笔者的聊天过程中，YSX说等过了此事，就会再重新经营，亲戚朋友都劝她重新经营起农家乐，因为认识的人多所以也不担心生意不好。

社会关系中的弱关系往往就是依靠强关系来建构的，并且可以为网络中的人提供大量的信息和资源，因此在做生意过程中村民会主动去建构自己的生意网络。杨美惠所总结的建立关系的三个步骤：首先是要确立关系的目标人物，也就是可以满足自己要求的人；二是要与目标人物建立一种熟人关系；第三步就是弄清目标人物的喜好，以及目标人物是否在得到礼物后即偿还人情，然后选择礼物，选择送礼的合适场合和时间，送出礼物，提出要求。剩下的就是等待受礼者办理所求之事，偿还所欠人情。[1] 旅游经济发展过程中，那柯里村民社会关系产生已经不是单纯的依赖于礼物交换和熟人之间的交往，对于熟人介绍过来的游客村民的热情、饭菜质和量的注重，在一定意义上来说既是双方的互惠方式，也是关系强度的增加。

（二）与外来者投资者共享旅游经济

旅游经济不仅带动当地经济发展，同时也吸引外来投资者的进入，为当地旅游发展注入新鲜血液的同时，也使得村内的社会系统和市场体系逐渐变为一个广阔、内容丰富的且复杂的体系。因此若将目前那柯里村生意人按照来源地分类，则可大致分为两类，第一类为本村经营者，第二类为外来投资者。外来投资者的资金和对那柯里村的发展投资，改变着村内原有的社会资本。村民也通过与其合作建立新的社会关系，形成新的社会资本。正如肯尼斯·纽顿（Kenneth Newton）所认为的，社会资本的关键是使人们倾向于去合作、去信任、去理解、去同情的主观的世界观所具有的特征，并且有助于推动社会行动和解决事情的特性。[2] 主动与外来投资者合作甚至建立新的关系，也是村民获得新资本的途径之一。

我田野调查的主要报道人之一的 ZHL 透露，目前那柯里旅游的开发处于初级阶段，很多基础设施还不完善，比如一些公共空间的建设还不能为游客提供较好的服务，农家乐的餐饮设施也还有待提高等。但是在政府招商引资机制的吸引下，来自宁洱、普洱等地的人到那柯里村进行投资。最初进入那柯里村的外来者 CY，是政府引进的音乐人，引进他的初衷是为村庄旅游经济的发展提供文化支持。

---

[1] 杨美惠：《礼物、关系学与国家：中国人际关系与主体性建构》，江苏人民出版社，2009 年。
[2] [英] 肯尼斯·纽顿：《社会资本与民主》，《马克思主义与现实》2000 年第 6 期。

在后来的发展中版画又以提供当地文化支持,增加旅游体验感的身份被引进那柯里,负责人L为普洱学院的老师,在农闲时节,还会有普洱学院的教授对村民进行版画制作培训。类似的外来投资者还有制陶的瓦渣兄弟,老板是宁洱县(被称为制陶之乡)人,游客能在店中体验制陶,也为那柯里的发展带来了活力。

随着旅游的开发,越来越多的村民在旅游经济中得到一定的收益。越来越多投资者的进入,使本地村民意识到商机的到来,即他们可以将他们自身拥有的固定资产(房屋)转化成为可运作的经济资本,但是如何获得这些资本,还必须依靠社会关系的建立。

1. "搭桥牵线"成为"圈内人"

罗纳特·伯特的"结构洞"理论指出"社会资本指的是个体与他人或与社会更广泛的联系,通过这些联系可以间接地使用其他形式资本"。[1] "结构洞"理论中较为关键的点是第三者对两者关系的桥梁作用,而连接两者关系的第三者往往处于获取信息的优势地位。在旅游开发过程中,资源稀缺者会通过社会关系网络的扩张把自己纳入社会资源支配者的关系网络之中,成为"圈内人"。[2]

笔者在那柯里调查时遇到了GSX与在路边租房子做生意的LQ(27岁),后者来自宁洱,因其哥哥是村委会的书记,于是就介绍其来那柯里做生意,并且帮助其租场地和介绍生意,所租的场地是村子主干道边做生意的"黄金地段",一年的租金是2万元。他主要经营烤红薯、包装的野生菌、黑糖以及自己制作的一些小手工艺品等。看到LQ和GSX在路边闲聊,笔者也加入了他们的聊天。他们两个年纪相仿,生意上没有竞争关系,彼此之间共同话题很多,自然会

---

[1] Granovetter, Mark. The Strength of Weak Ties.American Journal of Sociology,1973:1360-80.
[2] 张海东、杨隽:《转型期的社会关系资本化倾向》,《吉林大学社会科学学报》2000年第1期。

成为好朋友。后来在 L 和 G 的带领下，笔者又来到位于高老庄前大概 5 米的"我的绘画我的心"，店主（LFY）也是一位较为年轻的生意人，主要经营以葫芦为主的手工艺品。在后来的访谈中笔者了解到这位年轻人也是 GSX 的朋友，是通过 GSX 介绍才来到那柯里村创业的。由于社会身份相近，就会有更多的共同利益，关系也更容易维持，因此在闲暇之余他们便经常聚到一起闲聊，为彼此的生意出主意，谈做生意的经验，有游客时也经常给彼此介绍生意，在村中做田野调查时笔者就是 LQ 和 GSX 介绍给 LFY 的生意。在这个年轻的社会关系中，来自那柯里村的 GSX 自然成了"结构洞"中的桥梁和关键人物，为自己的关系网"搭桥牵线"，最大限度地获取信息和机会，其余两者也在旅游开发中获得一份属于自己的利益。

2. "有形"和"无形"关系的形成

（1）"有形"关系的建立

外来投资者 YHQ，普洱人。在来那柯里前曾经在普洱某银行工作，后来辞职，经朋友介绍来到那柯里租房子经营农家乐。她在村中租了两栋房子经营民宿——茶人故里，租期为 40 年，所租房屋的原主人现住在客栈的楼下一层。

茶人故里的条件配置被标榜为当地规格最高，可达到城市 3 星级水准，且价格适中，仅收 150 元一个标间。由于 YHQ 不是本村人，并且刚来的时候认识的人不多，因此便雇了一个当地的村民 L 来帮忙打理农家乐。L 大概 45 岁，主要工作是做饭，每个月 2000—2500 元工资，此时当地村民和外来投资者之间就是"老板"和"员工"的关系。类似的例子还有笔者在田野时住的房东家 Y 阿姨，Y 阿姨在旅游旺季时会到"青树梅"农家乐帮忙，主要工作是端菜、洗碗，工资按天计算，工作强度不大，且时间较为灵活；家住在"富人区"的 ZHQ 为外来引进的音乐家 CY 种菜打工，CY 每月支付其工资2100元。村中较大的农家乐"老班长"家亦是如此，老班长家请的小工保持在3—4个，工资在1500元左右，主要是本村的中年妇女，很少有外地人。旅游经济下，外来投资者和村民之间这种"老板"和"员工"关系的形成，不仅是弱关系的发展，同时也是共享旅游经济的体现。

笔者还了解到，北寨门后第一个摊位租的房子刚开始租的时候租金为4000元一年（2016年），到了2017年变成了5000元。旅游开发刚起步时的那柯里房价便宜，房子租金也不贵，但是近两年发生了很大的变化，租金已经涨到10000元以上。南寨门和北寨门的广场上可以摆摊的空地，租金每年均在上涨，家在路边的村民也出租家门口的空地，为想做小生意的人提供场地，此时村民将自家的房子和土地用具体的金额来衡量。这种"房东"和"租客"之间的"租赁关系"的形成，为村民提供了一份收入的同时，也改变着村民对土地和自身财产观念的认知。

"老板"和"员工"、"房东"和"租客"等新型社会关系的建立，不仅是对那柯里村传统社会关系的"解构"，同时这些关系的建立过程本身，就是村民将社会关系转化为社会资本带来经济效益的过程。

（2）"无形"关系的形成

随着外来投资者的增多，如何与村民建立联系，村民又如何将自身原有的资本进行置换，从而在旅游经济中获得更大的效益，这些都是外来投资者与村民必须面临和解决的问题。笔者对新开的农家乐经营者进行访谈，得到的答案大多为："外地人都能到我们村开农家乐，我们村里人也可以试一试，我们可以自己种菜、自己养鸡养猪，更关键的是我们都是自己的房子不用出房租，因此不管成不成，看着周围的人做自己也想试一试。"这在一定程度上说明与外地人的接触刺激了村民在旅游开发后对生意的"冒险精神"。

他们积极迎合这种趋势，来发挥其已有的资源发展自身，改善自身状况。最明显的变化就是村民更加注重家里的卫生情况，时常保持着干净整洁的状态，就算没有游客入住，也是每天打扫客房，给游客打造干净卫生的状态。此外村民还会主动接触游客，为游客讲解那柯里的本土知识，如茶叶的生长周期和采摘经验，关于马帮的故事等。尽管普通话不标准，但是也增进了游客对那柯里的了解，也增加了一种"本土体验"，这既是外来投资者给村里人带来的无形的影响，也是外来投资者无法为游客提供的服务，这也形成了村民的一种资本。

因此很多村民就形成了农业（采茶）和旅游业相结合的生计模式，这既体现了村民传统的小农心理——财富的保守观和对土地的依恋，也体现了村民在外来事物面前跃跃欲试想发展自己的心理。然而不论是外来者还是当地村民，如何寻求最优的发展模式、利益分配模式才是那柯里未来发展的关键。外来者大多有着比村民丰富的阅历，甚至有外来者认为是外来的人引领着村里人来发展当地的旅游，外来者对那柯里旅游的开发有更加独特的见解，能快速接受新鲜事物，言谈之中也透露出很多对当地发展模式的探讨和思索。

小结

本部分主要以那柯里村民对社会关系的充分利用为主，对于生计方式多元的那柯里村的村民来说，每家人所拥有的社会资本数量和质量各不相同，对于资本的利用率和对所获得的回报率也不尽相同，这也在一定程度上导致了农户对社会资源的整合能力和所获得的经济效益的差异。为了获得更多的旅游资源，村民主动与游客交朋友，让其变成"回头客"；积极了解、响应相关政策，获取政治资源，将其转化为社会资本带来经济效益；与外来投资者学习经验，互惠互利，共同发展。

在现实生活中，由于社会交往的随机性和复杂性，人们不可能总是处于一个社会关系之中，在不同的社会关系中可能得到不同的社会资源，因此只有构建一个以自己为核心的社会关系网，才能最大限度地利用该网络中的资源，形成自己的社会资本，以此获得经济效益。

结语

自村寨形成之初就具有优越交通位置的那柯里，不同的道路都在塑造着全新的那柯里，也在"改造"着那柯里的村民，使其经济行为和生计方式都在发生变化。历史总在向前推进，也总是会发生让人们意想不到的事。突如其来的地震，政府的灾后重建以及对那柯里旅游发展全新规划，对那柯里村的经济结构与资源配置与社会关系进行了重新洗牌。从对政治力量在那柯里村所扮演的角色以及社会关系和社会资本为主要视角分析那柯里村经济结构、家庭经济关系等的重大变化的分析中，可以得出以下结论。

第一，在昆曼高速公路开通之前，大部分村民始终在从事农业生产，村里的社会关系同质性强，主要以亲缘、血缘关系为主。2007年的地震和灾后重建是那柯里发展的重大转折。土地征收导致人、地关系改变，旅游开发使得生计方式发生变迁，村民在经济追求与"人情道德"之间进行选择和博弈。因此传统的人际关系扩大并且复杂化，市场经济下的互惠色彩增强，社会关系从相对封闭性向开放性和契约性转化。

第二，不同生计方式的村民的社会关系差异较大。通过调查研究，可以把那柯里村的村民分为三类：未参与旅游经济的村民、摆摊的村民和经营农家乐的村民，不同职业类型的村民在经济收入、社会关系方面都存在较大差异。未参与到旅游经济中的村民经济收入较低，他们大多至今仍从事单一的农业（采茶），没有外出打工经历，受教育程度不高，社会关系网同质性强。摆摊的村民旅游意识较强，但经济资本不足，无法扩大生意范围，家庭成员有过外出打工的经历或现阶段仍有人在外打工或求学，社会关系网较前一类村民有所扩大。经营农家乐的村民，经济资本相对较为充足，人生经历较为丰富，社会关系广，部分家庭成员在城市或政府部门工作，能依靠强关系带来一定的社会资源的同时，也能依靠自身的社会关系获得社会资本。

第三，旅游开发之后，村民利用自己原有的关系网去建构新的社会关系网，并从中获得社会资源和经济利益。首先，强关系是大多数村民建立新的关系的基础，大多数农家乐的客源是靠亲戚、朋友介绍来的，因此强关系网络的质量也对村民生意有着较大的影响。其次，利用已有的强关系进行弱关系的缔造和维持是农家乐经营者之间拉开经济收益的重要方式，农家乐经营者在做生意的过程中弱关系越多，那么就越有可能获得经济效益。弱关系的作用在旅游开发之后日益凸显，但是对于那柯里村民来说，弱关系的形成依旧以强关系为基础，因此二者之间需要平衡。在现实生活中，由于社会交往的随机性和复杂性，人们不可能总是处于一个社会关系之中，在不同的社会关系网中可能得到不同的社会资源，因此只有为自己构建一个广阔的社会关系网，才能最大限度地利用该网络中的资源，形成自己的社会资本，以此转化为经济效益。